北京市"十三五"时期教育规划实施监测研究

高兵　雷虹　主编

知识产权出版社
全国百佳图书出版单位

图书在版编目（CIP）数据

北京市"十三五"时期教育规划实施监测研究／高兵，雷虹主编．
—北京：知识产权出版社，2018.12
　ISBN 978-7-5130-5860-5

Ⅰ.①北…　Ⅱ.①高…②雷…　Ⅲ.①教育规划—研究—北京—2016-2020　Ⅳ.①G527.1

中国版本图书馆 CIP 数据核字（2018）第 219496 号

责任编辑：徐　浩　王颖超　　　　　　责任校对：潘凤越
封面设计：SUN 工作室　　　　　　　　责任印制：卢运霞

北京市"十三五"时期教育规划实施监测研究
高　兵　雷　虹　主编

出版发行：	知识产权出版社 有限责任公司	网　　址：	http：//www.ipph.cn
社　　址：	北京市海淀区气象路 50 号院	邮　　编：	100081
责编电话：	010-82000860 转 8343	责编邮箱：	xuhao@cnipr.com
发行电话：	010-82000860 转 8101/8102	发行传真：	010-82000893/82005070/82000270
印　　刷：	北京虎彩文化传播有限公司	经　　销：	各大网上书店、新华书店及相关专业书店
开　　本：	787mm×1092mm　1/16	印　　张：	17.5
版　　次：	2018 年 12 月第 1 版	印　　次：	2018 年 12 月第 1 次印刷
字　　数：	300 千字	定　　价：	66.00 元
ISBN 978-7-5130-5860-5			

出版权专有　侵权必究
如有印装质量问题，本社负责调换。

序　言

党的十九大报告指出，建设教育强国是中华民族伟大复兴的基础工程，必须把教育事业放在优先位置，加快教育现代化，办好人民满意的教育。北京教育经过改革开放40年的发展，取得了巨大成就，从国内和国际两个视野来看，实现了"六个率先"和"七个超过"[1]，始终站在高起点，制定全国最高的奋斗目标，反映世界教育发展的潮流和趋势。

我国的教育改革和发展主要以五年教育发展规划为指导，这就要求教育系统必须进一步加强对教育规划实施情况的监测和评估。《国家中长期教育改革和发展规划纲要（2010—2020年）》明确提出要"对《教育规划纲要》的实施情况进行监测评估和跟踪检查"，"对各地实施《教育规划纲要》中好的做法和有效经验，要及时总结，积极推广"。《北京市中长期教育改革和发展规划纲要（2010—2020年）》明确提出"加强《教育规划纲要》实施情况的督导评估工作，建立实施情况的跟踪、监测和定期公布机制"。《北京市"十三五"时期教育改革和发展规划（2016—2020年）》进一步提出"市教委对《北京市"十三五"时期教育改革和发展规划》实施年度监测，发布年度监测报告"的工作要求，先期开展相关研究、做好前期基础性支撑工作就成为教育科研部门的任务。

北京教育科学研究院教育发展研究中心成立伊始，就为北京市委、市政府和市委教育工委、市教委的教育改革与发展重大决策提供决策咨询与建议，将

---

[1] 六个率先：（1）率先实现普及九年义务教育；（2）率先实现扫除青壮年文盲；（3）率先实现普及高中阶段教育；（4）率先实现区域高等教育大众化；（5）率先实现区域高等教育普及化；（6）率先实现新增劳动力平均受教育年限达到14年。七个超过：（1）25—64岁人口受过高等教育的比例超过发达国家的平均水平；（2）学前教育毛入学率超过发达国家的平均水平；（3）小学净入学率超过发达国家的平均水平；（4）中学净入学率超过发达国家的平均水平；（5）高等教育毛入学率超过发达国家的平均水平；（6）基础教育师生比超过发达国家的平均水平；（7）公共教育经费占政府总支出的比例超过发达国家的平均水平。

北京宏观教育发展战略与规划研究作为机构的核心研究领域，长期坚持收集和分析与北京市教育事业发展相关的统计数据及改革实践案例，形成北京市教育事业发展状况分析报告。国家和北京市从"十五"中期开始尝试对教育规划实施状况开展监测与评估工作。中心由于在此方面具有长期、丰富的专业积累，受北京市委教育工委、北京市教委委托承担了一系列相关研究工作。经过"十五"中后期的探索，从"十一五"开始，中心逐步形成符合北京实际的教育规划监测与评估框架，并随着教育决策机构的新需求不断改进和完善，为把握和了解教育规划的实施情况、及时调整相关教育政策措施提供重要的决策信息支持，为北京市每一轮教育战略和规划的制定提供了基础性研究支撑。

"十三五"时期，中国特色社会主义进入新时代，首都将率先全面建成小康社会。伴随着京津冀协同发展这一重大国家战略的落地，有序疏解北京非首都功能的大幕开启，首都教育的内外环境、发展定位、资源结构、评价标准均发生了广泛而深刻的变化，实现教育治理体系和治理能力的现代化成为紧迫而现实的任务。教育规划实施监测与机制建设是教育现代化治理的重要环节，这既是依法治教的必然要求，也是改进规划工作、改善教育政策执行效果的迫切要求。一方面，面对新形势、新要求，北京市"十三五"时期教育规划实施监测框架要在继承传统研究的基础上体现新思路、展现新作为；另一方面，随着世界进入战略管理和全球化竞争的时代，我国教育改革逐步向纵深发展，教育现代化与教育规划二者逐渐走向融合，不同时期的教育规划都把不同程度地实现教育现代化作为发展目标，教育现代化的地位日益凸显。因此，在研究过程中，我们对如何区别"教育现代化"和"教育规划"的监测指标展开了多次研讨。

对于"现代化"，理论上目前有四种界定：一是指经济和技术落后国家追赶世界先进水平的历史过程；二是指经济落后国家实现工业化的进程；三是指自工业革命以来人类社会的深刻变迁；四是指人类心理状态和生活方式的变化过程。由此可见，"现代化"既可用来表示成为现代的过程，又可表示现代先进水平的特征，并几乎可以用在人类生活的各个领域。❶ 因此，"教育现代化"是一种价值选择，其主要任务在于实现人的自由而全面的发展，实现教育的体制机制和谐、有序、高效运转，使个人发展需求与社会发展需求相契合。教育现代化监测是一种描述教育全方位变化的过程。

---

❶ 中国现代化战略研究课题组．中国现代化报告 2003——现代化理论、进程与展望 [M]．北京：北京大学出版社，2003：4．

"教育规划"则规定一定历史时期各级各类教育的基本发展目标和实施这一目标的根本途径，是从规模、速度、质量、结构等方面拟定的最优化安排，并明确规定其进行的步骤条件。教育规划监测不能完全以规划为参照，必须尽可能捕捉实际执行中的内外部世界的变化以及政策与之差距，采集规划实施过程中有关规划进展、预期目标达成度等重要参数和信息，通过系统分析和归纳，得到重要的规划运行资讯。据此，要对规划实施过程进行必要的动态调整，以确保规划实施的可行性和目标性。

教育现代化监测更关注人的发展和教育体制机制的完善程度或变化过程，指标侧重于价值维度的选择；教育规划监测更关注教育事业的规模、结构、供给等发展现状，指标侧重于衡量与所设目标的差距。教育规划为实现规定时限内的教育现代化目标制定了行动路径，并不断地对规划内容加以改进和提升，以保障教育现代化目标的实现。

正是在这种共识下，我们做北京市"十三五"时期教育规划监测的基本原则是，以规划文本提出的任务目标为参照系，利用公开资料对规划实施情况开展监测，通过比较与目标的差距，对规划实施中出现的问题做具体剖析，而不做进展程度的测算。

在新的历史时期，开展北京市"十三五"时期教育规划监测对促进首都教育健康发展具有重要的持续性影响，对于完善首都教育规划监测与评估体系、进一步提升首都教育科学决策水平具有良好的长期影响，对于营造良好的教育舆论环境，引导全社会更好地理解教育改革、支持教育改革与发展发挥较好的宣传作用。本书作为阶段性研究成果之一，以"十三五"时期的年度性监测为主，研究内容集中在如下领域。

一是开展北京市教育规划监测评价体系的理论与方法研究，持续强化教育规划研究和监测工作的基本理论与基本方法研究，努力推进符合市情、具有首都特色的教育规划监测体系理论与方法的形成。

二是开展北京市教育规划监测体系研究。以理论和方法研究为基础，反思北京市"十三五"时期教育改革与发展规划实施的经验和问题，开展首都各级各类教育事业发展状况监测。

三是开展北京市区县教育改革与发展动态监测研究。监测北京市主要区县落实市教育规划和其自身区域教育规划执行情况，及时了解各区县在教育规划执行中存在的困难和问题，把握首都教育改革与发展的基层创新经验。

四是开展北京市"十三五"时期教育热点与难点问题研究，为把握北京市教育发展的基本情况提供丰富而重要的基础性信息支持。

五是开展国内外教育改革与发展动态的比较研究，追踪沪、苏、浙、粤等我国发达地区的教育规划制定与实施情况，特别是有关教育体制改革政策的推进状况，及时发现这些地区的教育创新实践经验，为北京市教育改革与发展政策提供决策参考；开展国际教育发展与改革动态研究；围绕新时期国际组织、发达国家、世界城市教育发展战略规划和教育改革与发展动态及时开展研究。

作为集体研究成果，虽然本项目的研究人员努力工作，希望为关心首都教育改革与发展的机构和人士提供有益参考，但是囿于时间和能力以及相关信息的可获得性，研究中仍有许多不尽如人意的地方，观点和判断未必完全准确，相关的政策建议不一定切合实际。我们会正视问题与不足，进一步改进和完善教育规划监测的理论和方法，把教育规划监测的研究工作提高到一个新水平，敬请相关专家和广大读者批评指正。

北京教育科学研究院教育发展研究中心

高　兵

2018 年 4 月

目 录

总报告

北京市"十三五"时期教育规划实施监测研究……………………雷 虹（3）

专题报告

北京市"十三五"时期基础教育发展监测研究………………尹玉玲（39）
北京市"十三五"时期职业教育发展监测
  研究……………………………………………杨小敏 高莉亚（65）
北京市"十三五"时期高等教育发展监测研究………刘继青 王 铭（85）
北京市"十三五"时期学习型城市建设监测研究………………李 政（107）
各区实施北京市"十三五"时期教育规划情况监测……………曹浩文（123）

热点与难点

北京市"十三五"时期教育对外开放状况监测研究……………汤术峰（149）
北京市学龄人口与教育资源需求预测研究
  ——2016—2035年义务教育阶段…………………………赵佳音（166）
北京市"十三五"时期教育治理状况监测研究…………………朱庆环（181）

比较与借鉴

北京七区县"十三五"时期教育规划纲要的文本诠释分析 …… 李　璐（207）

我国发达地区（京、沪、苏、浙、粤）"十三五"时期教育综合改革的
　　政策分析 ………………………………………… 刘继青　梁明伟（230）

2017年全球教育改革动态研究 ………………………………… 李　旭（243）

后　　记 ……………………………………………………………（271）

总报告

北京市"十三五"时期
教育规划实施监测研究

雷 虹[*]

摘 要：在梳理教育规划实施监测的内涵、标准、内容、方法的基础上，结合《北京市"十三五"时期教育改革和发展规划（2016—2020年）》的主要特征，围绕教育公平、教育质量、人才培养体制机制、教育治理体系与能力建设、教育协同与开放、学习型城市建设、教育信息技术七大维度，构建教育规划实施监测指标体系，并据此对《北京市"十三五"时期教育改革和发展规划（2016—2020年）》的执行情况开展监测研究。在对其进展及存在的主要问题进行研判的基础上，为规划的进一步顺利实施提供相关政策建议。

关键词：北京市；"十三五"；教育规划实施；监测

教育规划实施监测对于提高规划制定和执行的质量、促进规划预期目标的实现、预防和减少负面效应具有重要作用，其作为一种公共管理工具日益受到政府决策机构的重视。随着我国教育发展方式的转型以及教育改革的持续深入推进，教育规划监测研究迫切需要加强，从而为规划执行结果的评估提供必要的支撑，并适应科学决策和教育治理需求。北京市教育规划实施监测体系应该如何构建，并无现成的答案可循。下文在梳理规划实施监测的内涵、标准、内容、方法的基础上，结合《北京市"十三五"时期教育改革和发展规划（2016—2020年）》的主要特征，构建教育规划实施监测指标体系，并据此对《北京市"十三五"时期教育改革和发展规划》的执行情况开展监测研究，进而为规划的进一步顺利实施提供相关政策建议。

---

[*] 雷虹，北京教育科学研究院教育发展研究中心助理研究员，主要从事教育战略、教育规划监测与评估研究。

一、教育规划实施监测理论依据

（一）对规划实施监测核心概念的理解

教育规划通常指一个国家或地区在一定历史时期对教育的发展目标及其实施步骤、措施等拟定的最优化安排。

在公共政策领域，监测是指用来提供公共政策的原因和结果的信息的政策分析程序，它是形成关于政策运行历史与现状报告的一种重要途径。[1] 就时态而言，监测可分为事前监测、事中监测和事后监测，其中的事中监测是指在政策运行过程中实施同步监测，记录政策实施的变化，评估执行的效果。如发现执行情况与预定目标有不一致之处可酌情采取纠偏措施，提出调整意见。[2] 此处所涉及的教育规划实施监测属于事中监测，即随着教育规划的实施与开展，系统地收集和分析有关任务的进展、任务预期目标的达成程度等情况，从而帮助规划管理者及其他利益相关者保持对规划执行的动态了解，并可根据实施中存在的问题及时做出调整，进而促进规划的顺利落实。在实践中，监测通常作为评估的基础和支撑而存在。公共政策领域的评估是对政策的效益、效率及价值进行判断的一种评价行为。相比较而言，监测强调对实施过程进行客观描述，偏重事实判断；评估则是在事实判断的基础上，由评估者对政策的效益、效率及价值进一步做出价值判断。但监测与评估并非泾渭分明：没有监测，评估就只能在"黑箱"中研究；规划实施监测也可视为对规划的过程性评估，很多监测研究也常带有一定的评估性质。

（二）对规划实施监测依据、内容和方法的理解

规划实施监测的基本目的就是根据一定的标准对规划的执行活动进行检查、监督，反映其执行效果。因此，在做监测之前，必须明确三个问题，即监测依据什么标准、监测围绕哪些内容、监测采取什么方法。

---

[1] 威廉·N.邓恩．公共政策分析导论［M］．谢明，杜子芳，译．北京：中国人民大学出版社，2001：363．

[2] 陈振明．公共政策学——政策分析的理论、方法和技术［M］．北京：中国人民大学出版社，2016：270．

1. 规划实施监测参照依据的确定

对于规划实施监测应依据什么标准，现有的研究和实践中，既有主张完全以规划为依据的，也有坚持自设标准、不参照规划的。若完全以规划为依据，其暗含的理论假设是规划执行结构以计划理性为取向，同时规划本身具备清晰一致的目标、明确的因果关系链、认同规划并具有较强执行力的执行者、主要利益团体的支持等。但公共服务领域的政策或规划、目标、因果关系等往往比较模糊、抽象，具体衡量的难度很大，大型综合性政策或规划更是如此。此外，由于政策的客观外部环境总处于不断变化中，人的认知又常落后于主客观条件的变化，而政策的变动又滞后于人的认知，导致政策或规划的原定目标时常与实际情况有较大差距。因此，完全以规划为依据的监测结果，往往令监测结果使用者失望。若抛开规划，完全自设一套标准，就意味着监测者不认同规划，那么所谓规划监测也就失去了应有的意义和作用，除非规划本身质量太低，完全没有存在和借鉴的价值。可见，规划实施监测既不能完全脱离规划来设定标准，也不能完全以规划为参照。就目前的国际研究和实践来看，以规划为主要参照依据已成为主流，也是对规划权威性的一种认可；在此基础上强调尽可能捕捉实际执行中内外部世界的变化以及现有政策与之差距，特别是当规划文本自身的可监测性不够理想时，更需要监测者重新梳理和建构规划的行为目标因果逻辑链并据此形成更符合现实需求的参照系，从而更好地发挥监测的作用。

本研究将规划实施监测的标准归结为两类：一是结果性标准，二是过程性标准。所谓结果性标准源于规划中已设定的目标或监测者自设的预期目标，它既包括规划的总体目标，也包括规划中各主要任务的目标，这是衡量规划执行情况最主要的参照系。对于正在执行中的规划，每个项目以及规划整体的预期结果有些尚未显现，特别是处在执行中期以前的规划和项目更是如此。因此，监测还需要有过程性标准的介入。过程性标准可根据规划执行过程，估计预期目标的推进程度，制定相应的监测标准；如难以制定此类标准，可描述规划执行中某些重要举措的推进状况并通过与事前状况对比反映进展情况。

2. 规划实施监测内容的确定

每个规划都有自身的目标——行为假设。监测研究本质上是为明确执行结果、理解和解释影响因素而服务的。了解所发生的事是解释或推测项目运行是否正常的先决条件。因此，规划实施监测的内容，理论上应围绕规划拟订的主要任务、保障措施及一系列相应的重要举措设置。美国学者斯塔弗尔比姆

(Stufflebeam, D. L.) 1967 年在对泰勒的行为目标模式反思的基础上提出了 CIPP 模型，即背景评估—输入评估—过程评估—成果评估。❶ 以世界银行、OECD 为代表的一些国际组织和发达国家认为 CIPP 模式对于确定政策监测内容具有重要的宏观指导意义，因此纷纷将其应用到教育政策的监测评估中，CIPP 模型成为影响最广的一种决策导向型监测评估模型。实践中可根据监测目的与要求、监测时点、监测信息可得性的不同，对监测内容和重点有所选择，即并非监测内容必须覆盖规划的所有行为假设。较大规模的综合规划通常包含复杂的目标、主要任务、重点项目体系，因此，对于年度规划监测或执行初期的规划监测而言，一味求全、平均施力往往效果不好，应聚焦于重点任务、重大项目、更具改革性的任务、已进展较多的任务和监测委托方迫切想要了解的任务，尽可能描述出任务或项目目前的投入、产出、结果；此外，还要对外部环境的重要变化有所关注。

3. 规划实施监测方式的确定

从整体模式来看，规划监测方式有多种，通常根据一定的监测目的而建构。常见的监测目的有监察、审计、核算、解释、问责等，与之相联系的规划监测方式有社会系统核算、社会实验、社会审计、综合实例研究、管理信息系统、绩效监测系统等。❷ 在教育公共政策监测中，综合实例研究、管理信息系统、绩效监测系统等监测方式应用得较多，在更为广泛的教育政策监测实践中，受监测目的复杂性、数据信息质量水平、规划执行机构配合度等因素的影响，监测方式可能是多种方式的结合或创新。从基本的研究手段来看，定量和定性灵活组合的方式被运用得越来越多。从数据应用类型来看，除了日常性、连续性的数据信息以外，政策执行的案例、反映政策因果关系的总结材料和研究材料同样具有重要价值，但在现实中，它们往往被忽视或人们把其重要性排在量化数据之后，甚至是不得已才为之。

---

❶ Daniel L. Stufflebeam. 评估模型 [M]. 苏锦丽，等，译. 北京：北京大学出版社，2007：323.

❷ 陈振明. 公共政策学——政策分析的理论、方法和技术 [M]. 北京：中国人民大学出版社，2016：273.

二、北京市"十三五"教育规划实施监测指标体系的建构

(一) 监测目的与总体模式

本研究开展的规划实施监测，与监察、审计、核算、问责等目的相比，主要目的在于解释与改进，即描述规划的运作状况及执行中出现的变化，反映其执行结果，为后续的规划执行提供政策建议。

从《北京市"十三五"时期教育改革和发展规划（2016—2020年）》的特征来看，作为对公共教育事业的全面综合性五年规划，它是在大量前期研究基础上认真制定的规划，具有权威性；此规划虽然也在逐步向精准化发展，但目前仍具有明显的宏观指导性强、政策框架性强、细节指导性弱的特点，规划目标和其中各主要任务、重点项目的目标和行动策略大部分没提供明确的、易于量化监测的指标，并且与市级综合教育规划相配套的专项规划和项目库的设计也常常具有此类特点；规划监测目前尚未建立起系统、规范的基于政策或项目执行情况的管理信息系统，因此全面而连贯的规划执行过程性信息较为缺乏；当前北京市教育发展正处于改革活跃期，外界发展环境亦如此，政策变化可能性大大增强。鉴于上述特征，本研究对规划实施监测的总体模式建构如下。

第一，以规划目标为主要参照的目标达成模式为基础。这意味着监测将以《北京市"十三五"时期教育改革和发展规划（2016—2020年）》预设的目标——行为假设作为基本参照，同时根据实际执行情况、数据信息可获得情况、教育改革和发展的新形势等进行再建构，使规划监测有用、可行。

第二，借鉴CIPP模式（背景—投入—过程—产出），细化监测框架。本研究不会按CIPP模式建构各级监测维度，而主要在具体监测点层面有所应用。这里所指的投入不局限于经费和设备的投入，还包括人力的投入、制度的供给。

第三，采取非全面性监测模式。本研究属于规划中期之前的监测，很多任务或项目还处于启动期或实施初期，加之本课题组尚有一系列专题研究围绕某一领域进行较为全面的监测分析以及受诸多客观条件的限制，因此将不采取全面监测的方式，主要聚焦北京市教育发展和改革中突出的重点、难点、创新点和薄弱点进行监测分析。

（二）监测指标体系

1. 一级监测指标

"十三五"时期，北京市教育规划强调以"提高教育质量"为主题，"到2020年，建成公平、优质、创新、开放的首都教育和先进的学习型城市，全面完成《北京市中长期教育改革和发展规划纲要（2010—2020年）》确定的各项任务，实现教育现代化"；规划又进一步从"教育事业发展全国领先、基本公共教育服务更加公平、优质教育供给显著增加、人才培养模式灵活多样、教育治理体系规范高效、教育辐射影响力持续提高"六个方面丰富了主要目标的内涵。❶ 本研究对上述目标进行了重新梳理，并结合规划实施以来北京市教育发展的主要导向将基本公共教育服务公平推进、教育质量提升、人才培养模式发展、教育治理体系建设、教育协同开放发展、学习型城市建设、教育信息化建设七个维度设为一级监测指标。需要额外说明的是：其一，由于所涉指标缺乏年度性官方公开数据，暂不对规划具体目标中的"教育事业全国领先"这一维度进行监测；其二，不单独监测"优质教育供给"，而是将其融入其他维度；其三，鉴于教育信息化建设在世界范围内的教育战略地位日益提升，因此特别将其作为一个单独的维度进行监测；其四，在监测指标体系框架中，将监测维度与监测标准相结合加以呈现，例如，基本公共教育服务公平性有所增强、教育质量进一步提升（具体指标体系见表1）。

2. 二级至三级指标

为了实现规划目标，《北京市"十三五"时期教育改革和发展规划（2016—2020年）》设置了八类主要任务、五类体制改革工作、五个领域的保障措施以及二十个重大项目。规划实施监测框架的二级、三级指标将选取主要任务、体制改革工作、保障措施、重大项目中的部分重要内容作为监测要点，其中下一级指标是对上一级指标在政策内涵、重点举措、具体目标等方面的进一步诠释。由于规划中的主要任务、体制改革工作、保障措施与规划各具体目标之间并非简单的对应关系，因此二级到三级指标均需要研究者根据委托方的要求和自身的理解对主要任务、体制改革工作、保障措施、重大项目重新梳理，进而形成相应的指标体系，每个指标同样采用与监测标准相结合的方式呈现（具体指标体系见表1）。

---

❶ 北京市教育委员会，北京市发展和改革委员会. 北京市"十三五"时期教育改革和发展规划（2016—2020年）[EB/OL]. http://zhengwu.beijing.gov.cn/gh/dt/t1457650.htm.

表1　北京市"十三五"教育规划监测指标框架

一级指标	二级指标	三级指标
1. 基本公共教育服务更加公平	1.1 学前教育学位供给增加	1.1.1 学位数增加
		1.1.2 园长和教师数增加
	1.2 教育资源布局更加合理	1.2.1 优质资源总量和覆盖面有所扩大
		1.2.2 教育资源布局更加合理
	1.3 城乡和区域教育发展水平差距进一步缩小	1.3.1 城乡间差距有所缩小
		1.3.2 区际差距有所缩小
	1.4 义务教育入学公平性进一步提升	1.4.1 入学政策进一步完善
		1.4.2 公办学校就近入学率有所提升
	1.5 特殊群体受教育权利保障水平有所提升	1.5.1 残疾儿童义务教育入学率（接受教育率）99%以上
		1.5.2 残疾儿童义务教育融合率有所提升
		1.5.3 来京务工人员随迁子女接受义务教育保障度有所提升
2. 教育质量进一步提升	2.1 基础教育质量进一步提升	2.1.1 育人理念进一步优化
		2.1.2 学生的全面发展和综合素养进一步提升
		2.1.3 学生个性化发展有了更多的"可选择性"资源支撑
	2.2 职业教育质量进一步提升	2.2.1 中职学生职业素养进一步提升
		2.2.2 高职学生职业素养进一步提升
		2.2.3 高水平职业院校和骨干专业建设进一步加强
		2.2.4 职教学生参加国家级大赛的成绩和就业情况进一步走强
	2.3 高等教育质量进一步提升	2.3.1 学校定位进一步明确、分类指导性有所增强
		2.3.2 学科和专业进一步优化
		2.3.3 高端人才培养进一步推进
		2.3.4 学生就业与创业能力进一步提升
	2.4 教育服务首都社会发展的意识和能力进一步增强	2.4.1 基础教育培养未来高素质劳动者、创新型人才的意识和能力有所增强
		2.4.2 职业教育服务首都经济社会发展的意识和能力有所增强
		2.4.3 高等教育服务首都经济社会发展的意识和能力有所增强
	2.5 教师队伍专业化水平进一步提升	2.5.1 基础教育教师队伍专业化水平进一步提升
		2.5.2 职业教育教师队伍专业化水平进一步提升
		2.5.3 高等教育教师队伍专业化水平进一步提升

续表

一级指标	二级指标	三级指标
3. 人才培养模式更加灵活高效	3.1 优质教育资源整合不断推进	3.1.1 整合力度更大，方式持续创新
	3.2 培养方式持续创新	3.2.1 培养方式更加多样、高效
	3.3 招生考试改革科学推进	3.3.1 教育评价从关注"学科""知识"进一步向关注"人""素养"转变
4. 教育治理体系更加规范高效	4.1 管理体制改革有新进展	4.1.1 "放管服"改革进一步推进
		4.1.2 政务信息公开工作进一步推进
	4.2 办学体制改革有新进展	4.2.1 继续探索学校办学自主权的落实
		4.2.2 继续推进办学主体多元化、协商共治的探索
		4.2.3 继续推进学校内部治理结构的完善
	4.3 教育督导改革有新进展	4.3.1 教育督导体制机制进一步健全
		4.3.2 教育督导体系进一步建立健全
		4.3.3 教育督导模式进一步完善
		4.3.4 教育督导队伍建设进一步加强
	4.4 依法治教有新进展	4.4.1 政府依法行政、学校依法办学、教师依法执教、社会依法评价与监督得到进一步推进
		4.4.2 青少年法治教育体系建设进一步推进
	4.5 人事制度改革有新进展	4.5.1 基础教育人事制度改革有新进展
		4.5.2 职业教育兼职教师聘任改革有新进展
5. 教育协同开放性进一步增强	5.1 京津冀三地协同发展有新进展	5.1.1 教育领域的非首都功能疏解任务进一步落实
		5.1.2 城市副中心教育发展提升工作进一步推进
		5.1.3 京津冀三地教育协同发展进一步推进
	5.2 央属高校和市属高校资源的协同进一步推进	5.2.1 协同育人进一步推进
		5.2.2 协同创新进一步推进
	5.3 对外开放内涵发展进一步推进	5.3.1 开放交流的整体格局进一步优化
		5.3.2 国际化人才培养力度加大
		5.3.3 中外合作办学进一步推进
		5.3.4 来京留学生教育质量进一步提升
		5.3.5 境外办学力度加大
6. 学习型城市建设取得新进展	6.1 终身教育体系更加完善	6.1.1 国民教育体系内部沟通融合进一步加强
		6.1.2 继续教育体系进一步完善
		6.1.3 国民教育体系和继续教育体系的衔接沟通进一步加强
	6.2 终身学习资源与平台建设有新进展	6.2.1 终身学习网络平台建设进一步加强
		6.2.2 市民终身学习示范基地建设进一步加强

续表

一级指标	二级指标	三级指标
6. 学习型城市建设取得新进展	6.3 学习型组织建设有新进展	6.3.1 学习型社区、企业等各类学习型组织建设有所增强
		6.3.2 终身学习品牌活动持续开展
	6.4 学习型城市建设的研究和指导有所加强	6.4.1 北京市社区教育指导中心成立
		6.4.2 "学习指导师"研修活动开始实施
7. 教育信息化建设进一步升级	7.1 硬件建设进一步加强	7.1.1 信息化教学设施进一步优化
		7.1.2 信息化管理环境进一步优化
	7.2 优质数字教育资源建设进一步加强	7.2.1 优质数字教育资源的丰富性和质量均有所提升
	7.3 与教育教学模式的融合更强	7.3.1 网络学习空间的建设与应用不断推进
		7.3.2 信息化在教学中的应用与创新进一步加强
	7.4 管理服务平台建设有所增强	7.4.1 信息化管理服务平台建设进一步推进
		7.4.2 信息化管理服务平台应用有所增强
	7.5 师生信息化素养进一步加强	7.5.1 教师信息化素养培训进一步推进
		7.5.2 学生信息化素养教育进一步推进
		7.5.3 行政管理人员信息化素养培训进一步推进

（三）监测方法

本监测所使用的方法具有综合实例监测方法和绩效监测方法的部分特征。研究将定量和定性方法相结合。定量方法体现在监测中涉及部分量化指标；定性方法主要指对于难以进行定量监测的指标，将对其进行定性描述与分析。规划监测既然要反映规划执行的情况，就必然涉及比较的方法。本研究主要将现状与预期目标或举措进行比较，以及将现状与上一轮规划的末期情况进行比较。

三、北京市"十三五"教育规划实施进展分析

本研究根据上文构建的教育规划实施监测指标框架，对北京市"十三五"教育规划实施进展状况进行分析，主要结论如下。

（一）进一步补短板、促进高水平均衡，基本公共教育服务更加公平

北京市将保障教育公平，特别是保障基本公共教育服务公平，视为教育改

革发展的基石。其着力点在于多种方式增加学前教育资源供给、推进基础教育资源优质均衡发展、坚持实施义务教育阶段就近入学和更好地保障特殊群体的受教育权。

1. 多途径增加学位供给，学前教育服务保障能力有所增强

北京市学前公共教育服务保障的核心任务在于努力增加学位供给。规划从初期到中期，主要以《北京市第二期学前教育三年行动计划（2015—2017年）》为抓手推进工作。截至2017年12月，北京市普惠性学前教育资源供给进一步扩大，共计新建、改扩建127所幼儿园，提供2.8万余个学位。部分区通过内部挖潜等方式，增加1400余个学位，顺利完成本年度新建、改扩建幼儿园及扩增学位任务；共审批59所无证幼儿园，取缔893所无证幼儿园。❶从全市整体情况来看，与2015年相比，2017年北京市幼儿园学位供给和师资供给均有较快增长，其中，民办幼儿园在学位供给中的比重不断提升，公办园中教育部门办园是学位增加的主力。具体而言：幼儿园增加117所（增幅为7.9%），其中公办园增加27所（教育部门办园增加18所），民办园增加90所，民办园占幼儿园总数的比例由38.6%提升到41.4%，城区园增加150所，乡村园增加24所；班数增加1712个（增幅为12.1%）；入园幼儿数增加28312人（增幅为19%），其中民办幼儿园入园人数增加14140人（增幅为27.5%），占入园幼儿总数的比例由34.5%提升到37.9%；在园幼儿数增加51414人（增幅13%），民办幼儿园在园幼儿数增加20842人（增幅为14.9%），占在园幼儿总数的比例由35.4%提升到36.0%；园长和专任教师数增加4009人（增幅为11.0%）。

2. 坚持拓展基础教育优质资源，教育资源布局更加合理

北京市围绕学区制改革，大力推进教育集团、教育集群、大校年级组制、名校办分校等举措；开展城乡一体化学校，统筹高中教育资源，建设一体化的九年一贯制学校和推进九年一贯对口直升改革；积极探索高校创办附中附小、市区教科研部门支持中小学发展、民办教育机构参与中小学学科教学改革、外籍教师参与中小学英语教学改革，拉动优质教育资源横向和纵向上均呈现总量增加、覆盖面扩大、联通更为紧密和流动性增强的态势，资源布局更趋均衡合理，其辐射和引领效应不断增强。截至2017年10月，北京市共有学区131个，覆盖12个区；共有1053所法人学校，占中小学总数的64.6%。平均每个

---

❶ 北京市教育委员会关于2017年度绩效管理工作自查报告［EB/OL］. http：//jw.beijing.gov.cn/xxgk/ywdt/zdly/201801/t20180109_35818.html，2018-01-09.

学区规模为8所学校，学区在校生总数为96.8万人，平均每个学区在校生7400多人。❶ 截至2016年，已有26所在京高校参与创办附中附小，对口支持8个区的56所中小学建设，让8万名中小学生和6000余名教师在项目中受益，超过70%的项目学校认为"学校品牌显著提升"；全市21个教科研部门参与支持中小学发展，项目覆盖41所学校；新东方等13家民办教育机构参与到东城、海淀等10个区的101所中小学的学科教学改革中，共派出教师600余人，覆盖学生约4万人；12家单位协助76所中小学聘请到英语外籍教师。❷

> **专栏一：东城区教育优质资源供给方式改革典型案例**
>
> 　　东城区在原有八大学区基础上，实施六大路径融通"学有优教"，包括深度联盟制、建立九年一贯制学校、构建优质教育资源带、托管制、小班教育、教育信息化等，跨学校、通学段，推进全面优质品牌化。东城区在深度联盟校中，创造性地运用"大校年级组制"，将一所优质校与一所薄弱校联盟结对，实现软硬件优质资源"大通道"；同时力推"初中双优建设工程"，即优质初中（示范高中的初中部）扩大招生比例，带动辐射周边普通初中校，通过实施深度联盟一体化管理提升普通初中校办学品质；优先发展初中（"老二类"初中）实施精品特色战略，通过控制办学规模、实施小班化教育、优质高中指标到校等措施，快速实现全面优质品牌化。截至2016年年底，东城区新建了33对深度联盟学校、10所九年一贯制学校、4条教育优质资源带、4个教育集团，42所首都高校对口支援区内具有体美特色和英语外教的学校。
>
> 资料来源：http：//www.sohu.com/a/130364986_ 372466.

3. 着力推进城乡一体化，城乡差距和区域差距有所缩小

推进城乡一体化是基础教育均衡化的更高要求。北京市积极统筹城乡资源配置，使优质资源向乡村和城乡结合部倾斜。在城乡结合部和远郊区新建了一批优质校，着力推进城区对口支持郊区薄弱校办学；中招设立乡村专项招生计划，2017年5个中心城区的17所优质高中面向8个远郊区投放了310个招生计划；❸ 完善城乡义务教育经费保障机制，全面落实乡村教师支持计划，2016

---

❶ 沙璐．北京市学区制改革：3年内城六区将新增25所优质小学［EB/OL］．http：//finance.ifeng.com/a/20171012/15718815_ 0.shtml，2017-10-12.

❷ 北京市26所高校支持56所附中附小办学［EB/OL］．http：//www.bj.xinhuanet.com/fw/2016-11/17/c_ 1119930341.htm，2016-11-17.

❸ 张航．北京城区17所优质高中今年将在8个远郊区招生310人［EB/OL］．http：//www.takefoto.cn/viewnews-1151614.html，2017-05-15.

年9月到2017年10月为近3.3万余名乡村教师落实了乡村教师岗位生活补贴，❶ 人均补贴金额约2.77万元，把乡村教师培训纳入基本公共服务体系。一系列综合措施促进了远郊区优质教育资源整合和教育质量提升，进一步缩小了城乡、区域、校际教育差距。

4. 继续完善义务教育入学政策，免试就近入学率提升迅速

北京市在全市范围内合理划定招生范围，全面实行划片入学，取消"共建"和"推优"入学方式，进一步规范特长生入学；2016年新增小升初就近登记入学方式，建立一般公办初中进入优质高中机会查询系统。进一步扩大九年一贯制一般小学对口直升优质初中范围、优质高中招生名额分配到校比例，2017年全市中招升入优质高中的比例已达到45%；❷ 通过学段联通的政策设计，为学生发展提供了长链条优质教育资源供给。2016年北京市小学、初中就近入学比例分别达到94.5%、90.68%；❸ 2017年小学超过99%，初中超过95%，距离"100%公办学校实现就近入学"的目标差距显著缩小。❹

5. 依法保障特殊群体受教育权利，保障水平持续提升

北京市起草完善《北京市特殊教育提升计划》，持续加强学位供给、师资和课程的保障，以特殊教育学校为骨干、以随班就读为主体、以送教上门为补充的特殊教育保障体系进一步形成。2015年，义务教育阶段残疾儿童少年入学率已达99.1%❺，2016年，融合教育比例超过60%❻，基本实现零拒绝、全覆盖。

北京市依法保障符合条件的非本市户籍适龄儿童少年在京接受义务教育的权利。贯彻落实"两为主"和"两纳入"，优化入学流程，各区政府牵头建立包括教育行政部门、街道办事处（乡镇人民政府）等在内的"五证"联网审核机制，开辟专门联合服务窗口，公布热线咨询电话，方便群众办理手续和咨询政策。

---

❶ 数说首都教育综合改革之城乡一体化 [EB/OL]. http://zhengwu.beijing.gov.cn/zwzt/2017sdjcjydsm/yth/t1505397.htm, 2018-01-15.

❷❹ 牛伟坤. 北京2017年小学就近入学率超过99%学前教育资源将继续扩容 [EB/OL]. http://www.takefoto.cn/viewnews-1376550.html, 2018-01-10.

❸ 北京化解"择校热"，小学就近入学率达94.5% [EB/OL]. http://news.xinhuanet.com/local/2016-12/06/c_1120060992.htm, 2016-12-06.

❺ 2015年北京市残疾人事业发展统计公报 [EB/OL]. http://www.bdpf.org.cn/zwpd/zwgk/sytj/c28054/content.html.

❻ 2016年北京市残疾人事业发展统计公报 [EB/OL]. http://www.bdpf.org.cn/zwpd/zwgk/sytj/c34175/content.html.

（二）持续提升教育质量，立德树人和服务社会的能力有所增强

提升教育质量是北京市教育改革和发展的灵魂，其核心在于尊重学生的成长规律与合理需求，树立正确质量观，坚持德育为先，将全面发展和个性培养相结合、育人成才与服务社会相结合。

1. 持续完善素质教育推进思路，基础教育学生综合素质提升有了新抓手

北京市将学生核心素养的培养和成人成才放在首位，以课程改革、教学改革和考试评价制度改革为抓手促进"课程整体育人"和"全链条育人"。针对学前、小学、初中、高中、职业教育育人的不同特点，以"玩""慢""宽""活"为引领，统筹各学段、各学科、各环节、各方参与者的资源，大力推进全科、全程、全员育人和实践育人。持续加强社会主义核心价值观教育，大力弘扬中华优秀传统文化，实施"一十百千"工程和"四个一"活动；进一步深化义务教育阶段课外活动计划；注重学生的亲身体验与实践参与，全面开展初中开放性科学实践活动和综合社会实践活动，开展城区学生"学农"活动和郊区学生"游学"活动。例如，2016年约1.41万城区学生到郊区参加了"学农"活动，约123万人次参与开放性科学实践活动；进一步强化音体美教育，截至2017年，120所中小学开展舞蹈和戏剧课程试点，32所高校和高水平艺术团体支持164所小学体育美术特色发展，惠及30万名学生，52所学校被评为首批冰雪特色运动校；❶进一步推进跨班级、跨年级、跨学校的选课、走班试验，提高基础教育的"可选择性"，探索更好地满足学生的个性化发展需求。

青少年学生的体质健康状况堪忧，本市高招、中招体检中，视力不良及超重肥胖问题仍比较突出。2015年，高三学生视力不良检出率为89.28%，超重率和肥胖率分别为20.36%和14.45%；初三学生视力不良检出率为81.95%，超重率和肥胖率分别为14.71%和10.27%。❷ 2016年，参加高招体检考生中视力不良的占89.64%，超重的占20.59%，身高不足的占20.30%，肥胖的占15.23%，超重、肥胖占1/3强；中招体检中视力不良的占82.10%，超重率为10.36%，肥胖率10.92%。❸

---

❶ 供给侧结构改革 [EB/OL]. http://zhengwu.beijing.gov.cn/zwzt/2017sdjcjydsm/gg/.
❷ 北京市 2015 年体检数据发布 [EB/OL]. http://beijing.qianlong.com/2016/1021/1031367.shtml, 2016-10-21.
❸ 刘欢. 2016 年度体检统计报告昨天发布 超重肥胖"数一数二"成通病 [EB/OL]. http://www.beijing.gov.cn/bmfw/wsfw/ggts/t1499042.htm?bsh_bid=1875754343, 2017-11-15.

2. 坚持德技并重，谋求全方位提升职业教育学生的职业素养

为培养适应首都经济和社会发展需求的高素质劳动者和技能技术人才，北京市以职业素养作为提升职业教育人才培养质量的重要切入点。其一，2016年9月，出台《北京市教育委员会关于提升中职学生职业素养的指导意见》。作为国内首个由教育主管部门颁发的关于提升中职学生职业素养的地方性文件，该意见强调"德技并重"，明确了职业礼仪、心理健康、工匠精神、技术技能等10条具体途径，为学生顺利就业创业和可持续健康发展打下坚实基础。北京市商业学校借鉴联合国教科文组织的"教育护照"概念，结合本校"中职生综合职业素养"的研究实践成果，在全国率先探索并推出学生职业素养护照，将全面呈现学生职业素养的成长轨迹。其二，为切实促进教育教学质量的提升，2016年市教委组织开展了北京市历史上规模最大的一次中等职业学校课堂教学现状调研，组织9个专家组到48所中职学校旁听了2000多节课；以"有用、有趣、有效"为标准，为各校课堂教学把脉，促进了职业院校教育教学管理体系的优化。其三，进一步推进高端技术技能人才贯通培养等人才培养模式改革，加强了对改革全过程的跟踪和质量监测。其四，继续推动高水平职业院校和骨干专业建设。目前北京已有国家和北京市两级示范性高职院校12所，占高职院校总量的48%，其中国家重点建设示范性高职院校4所、国家重点建设骨干高职院校2所。其五，高度重视"以赛促教"。中、高职师生在参加全国职业院校技能大赛、信息化教学大赛、班主任基本功大赛、文明风采竞赛中均取得了优异成绩，显示出职业教育质量提升的良好效果。其六，多年来，北京市职业教育毕业生就业率始终保持在95%以上，就业待遇逐年提升，市场竞争力持续增强。

3. 注重多样化、高层次人才培养，高等教育学生就业创业能力不断提升

其一，北京市结合首都城市发展战略，进一步明确首都各高校的办学定位，加强市属高校分类指导和分类发展，鼓励高校树立多元的教育质量观，强化创新和特色发展。其二，印发《关于提升北京高校人才培养能力的意见》，研究制定《北京市人民政府关于推进一流大学和一流学科建设的实施意见》，统筹支持中央高校和市属高校"双一流"建设，加强一批高精尖学科和优势学科建设，升级一批特色学科，着力支持一批新兴交叉学科建设，围绕优势学科积极推进高校学科群建设。2016年，北京普通高校共有重点学科955个，其中国家级重点学科446个；市属高校有重点学科176个（占比18.4%），其中国家级重点学科22个。其三，优化专业布局，大力推进一流专业建设，紧密围绕国家和首都城市发展重大战略需求领域，建设一批强势专业、急需专业

和新兴交叉专业和相关专业群。2017年，27所市属高校的79个专业通过了一流专业评审。其四，稳步推进高端人才培养质量，遴选125个面向北京经济社会发展的新兴、交叉、复合型专业或方向和央属高校的一批高精尖创新中心服务于"双培计划"人才培养，每年有近1万名学生受益于高水平人才交叉培养计划。❶ 其五，持续提高就业创业质量方面，2015年北京地区高校毕业生总体就业率为96.8%，2016年和2017年该指标分别为97.39%和97.25%。❷ 继续推进高质量就业创业计划，着力构建"一街三园多点"的大学生创业服务体系。目前已有200多个创业团队入驻大学生创业园，评选出一批示范性创业中心和优秀创业团队。

4. 紧跟北京城市定位，主动服务首都经济社会发展的意识和能力有所增强

北京市深入研究教育如何支撑城市定位，立足长远，着力增强教育为首都培育创新型人才、高端人才、高素质劳动者、高素质市民的能力以及高校科技创新能力。其一，基础教育阶段，坚持为培养创新型人才奠定良好基础，重视激发学生成长的内在动力，积极探索培养学生的社会责任感、创新精神和能力、合作精神、自主发展的意识和能力，持续开展北京青少年科技创新"雏鹰计划""翱翔计划"，指导50所遨游实验校和23所高中自主课程建设实验校积极开展研究。其二，职业教育领域，进一步提升院校服务产业发展的能力。紧贴首都产业转型需求，综合运用撤并、改造升级、优先发展、重点建设等手段，不断优化专业布局，在淘汰低端产业、发展高精尖和新型产业、建设人才紧缺专业、疏解转移产业等方面均发挥了一定作用。深入开展高端技术技能人才贯通培养试验、"3+2"中高职衔接办学等改革实验，着力为首都产业发展提供高素质劳动者和高端技术技能人才。职业院校向社会提供培训服务的数量和能力有所增强。积极推进职业院校的职业培训体系建设，不断拓展服务对象，涵盖中小学生、高等学校学生、在职职工、农民、社区居民等各种群体；培训内容、形式不断丰富，包括职业体验、就业技能培训、岗位技能提升培训和创业培训等，培训质量不断提升。其三，高等教育领域，引导高校积极对接首都和国家经济社会发展，布局人才培养和科技创新。以专业建设为引领，继续深入实施高水平人才交叉培养计划、卓越人才培养计划，充分利用多

---

❶ 北京市教育委员会关于2017年度绩效管理工作自查报告［EB/OL］. http：//www.bjedu.gov.cn/xxgk/ywdt/zdly/201801/t20180109_ 35818.html.

❷ 北京地区高校毕业生就业质量年度报告：2015，2016，2017［EB/OL］. http：//211.153.32.62/plugin/search_ list.jsp.

种资源联合培养首都高端产业发展急需的各类人才，同时也催生了一批新的专业增长点。出台《关于提升北京高校科技创新能力的意见》，支持国家"双一流"建设，聚焦首都经济社会发展重大需求，大力支持和培养学科领军人物和高水平创新团队。整合优化高校科技创新平台，加强北京实验室建设，持续推进高精尖创新中心建设，目前已认定22个高精尖创新中心，取得若干重要成果。继续加强人文社会科学学科建设，其服务社会及价值引领能力有所提升。

5. 聚焦培养关键能力和高水平人才，教师队伍专业化水平进一步提升

教师队伍建设是提高教育质量的重中之重。北京市以关键能力的培养和高水平人才的培养和引进为主要策略，大力提升基础教育、职业教育和高等教育教师队伍的专业化水平。

（1）全面提升基础教育教师队伍专业化水平

第一，提升师范教育质量和吸引力，提高职业准入门槛。2016年北京出台的《北京市关于加强和改进师范生培养与管理的意见》规定，市属高校招收的师范生免学费并补助生活费，师范专业实行提前招生，增加免试、教师职业能力倾向与心理人格测试环节；建立高等院校与区政府、中小学、幼儿园、中等职业学校联合培养师范生的新机制，支持师范院校构建师范生国际化培养平台。提高入职资格标准，择优选拔优秀人才从教。

第二，把师德师风建设放在首要位置。将社会主义核心价值观融入教师职前、职后培养和管理的全过程，将师德表现作为教师聘任、考核和评价的首要内容，着力提升教师的思想政治素质，进一步健全师德考核评价体系，防止师德失范行为，树立教师良好形象。

第三，不断提升教师培训力度和质量，助力干部教师专业成长。市教委发布《北京市"十三五"时期中小学教师培训学分管理办法》，要求到2020年，每名中小学教师要至少修满36分，新教师入职前必须完成120学时上岗培训。其中公共必修课为16学分，包括社会主义核心价值观与中华优秀传统文化、法治教育、信息技术应用能力、教师专业标准、招生考试制度改革、学科教学改革、课程教材改革7个主题。深入实施名师名校长工程，搭建优秀干部教师成长助力平台；通过深入推进开放型教学实践活动，推动优秀教师开放课堂，增强教师对研修项目的自主选择性，目前已有1600余名市级以上骨干教师成为首批任课教师，参与教师累计达2.7万人次。多途径增加乡村教师的学习机会，2016年"协同创新学校计划"全面启动，指导专家团队深入乡村学校开展整校或整学科推进的研修活动，全面促进乡村教师的专业发展。目前，120

个培训主题已经在全市 198 所中小学落地。"十三五"期间，针对全市 295 所乡村学校分批次开展为期一年的培训。

第四，专任教师学历水平进一步提升。2016 年，义务教育专任教师中本科及以上学历人员比例为 93.5%，比 2015 年的 92.7% 提升 0.8 个百分点，可以实现《北京市"十三五"时期教育改革和发展规划（2016—2020 年）》中预设的"到 2020 年达到 95%"的目标。其中，小学的本科及以上学历专任教师比例为 90.51%；初中的本科及以上学历专任教师比例为 98.94%，研究生学历专任教师比例为 16.02%；普通高中的本科及以上学历专任教师比例为 99.75%，研究生学历专任教师比例为 25.98%。

(2) 全面提升职业教育教师队伍专业化水平

2017 年北京市教委出台《北京市职业院校教师素质提升计划（2017—2020 年）》，以教师培训和支持高水平教师队伍建设为主线，对全市职业院校教师的素质进行新一轮的提升。

第一，实施一系列教师培训计划，全面提升教师整体素质。持续建立健全职业院校教师继续教育制度，以提高教育教学实践能力为重点，主要围绕全员素质提升、专业带头人领军能力建设、"双师型"教师专业技能培训、优秀青年教师跟岗访学、干部管理能力提升、中高职衔接专业教师协同发展、紧缺领域教师技术技能传承创新实训、骨干培训专家团队建设、教师企业实践、国（境）外研修等设立培训项目。

第二，支持高水平教师队伍建设，重点培养一批名师、专业带头人和创新团队。主要开展特聘专家、职教名师培养、专业带头人培养、优秀青年骨干教师培养、专业创新团队建设等支持项目。重点培养 30 名左右居于国内前列的职业教育名师和 100 名左右专业带头人；重点支持 50 个左右专业创新团队；培养 400 名左右优秀青年骨干教师；资助 50 名特聘专家。

第三，专任教师学历水平有所提高，"双师型"教师比例不乐观。2016 年，中等职业学校（包括普通中专、成人中专和职业高中）本科以及上学历专任教师比例为 96.51%，研究生学历专任教师比例为 14.31%，与 2015 年的 95.52% 和 13.79% 相比，有所提升；专任教师中"双师型"教师的比例为 53.1%，与 2015 年的 54.0% 相比有所下降，与《北京市"十三五"时期教育改革和发展规划（2016—2020 年）》提出的"2020 年超过 80%"相比，尚有较大差距。

(3) 全面提升高等教育教师队伍专业化水平

2017 年出台《"十三五"时期北京市属高校高水平教师队伍建设支持计

划》，进一步深化高校人才发展体制机制改革，全面加强教师队伍建设。

第一，进一步加强和改进思想政治工作，提高教师思想政治素养和师德水平。坚持高校要把思想政治工作摆在首位，完善思想政治工作的领导体制和工作机制，面向全体教师全面加强思想政治工作。坚持把师德建设放在首位，引导广大教师以德立身、立学、育人。

第二，持续增强对市属高校教师专业发展的支持力度，全面提高教师专业化水平。坚持不断完善教师准入制度和人才储备制度。以提高教育教学能力为核心，建立健全高校教师继续教育与培训制度。继续加强与部属高校合作，推进北京市属高校教师发展基地建设。

第三，继续重推市属高校高端人才队伍建设，坚持外引与内培相结合，加大高层次人才引进力度，重点引进两院院士、千人计划、长江学者、杰出青年基金获得者、国家级教学名师、海聚工程等高层次领军人才，同时也加大对市属高校自培高层次人才的扶持；加大对高层次人才支持力度，重点实施思想政治理论课特级教授和特级教师评聘计划、特聘教授支持计划、长城学者培养计划、教学名师支持计划；加大青年人才培养支持力度，重点实施青年拔尖人才培养计划、卓越青年科学家计划；依托国家和北京市教学、科研创新平台及产学研用创新研发平台，加强高水平创新团队建设。

（三）改革人才培养体制机制，育人方式更加科学、灵活、高效

树立人人皆可成才、让每个学生都成为精彩的自己的育人观，以考试招生评价制度改革和优质教育资源整合为切入点，促进人才体制机制持续创新。尊重学生成长的连贯性，培育学生核心素养，赋予学生更多的自主选择权，培育学生自尊、自立、自强、自信的品质，培养学生的家国情怀和国际视野。探索构建促进学生核心素养培养、各学段贯通的课程教材体系。运用教育内外、线上线下各种教育资源创设支持合作学习、个性化学习以及探究学习的环境，推进信息技术与教育教学的有效整合。推进大中小幼的有效衔接，深化产教融合，校企融合，学校、家庭、社会一体化以及中外合作，多种方式联合培养多元化人才。构建以就业为导向、聚焦岗位技能的现代职业教育体系，促进职业教育与其他类型教育的联通，畅通人才成长渠道。加强创新创业教育，支持学生自主创业。科学稳妥地推进招考制度改革，无论是试卷内容的调整、考试科目的组合，还是录取规则和录取渠道的设计，无不体现出北京市推进素质教育、丰富基础教育育人内涵的明确政策导向，即教育评价的指导思想从关注"学科"到关注"人"，从侧重"知识"到侧重"素养"的转变，例如，北京

市新中考方案中的104分要依靠学生平时获得。在招考改革中，进一步加大市级统筹力度，2016年，北京市优质高中"名额分配"比例已经增加到50%，且名额分配计划总体按3∶7的比例分配到优质初中校和一般初中校，进一步增加了普通校学生进入优质高中校的机会。

> **专栏二：《北京市深化考试招生制度改革的实施方案》中的重点内容**
>
> 按照新中考改革方案，中考的科目分为"必考"和"选考"两类。"必考"的科目是语文、数学和外语，分值都是100分。外语中的60分为卷面考试成绩，40分为听力和口语考试成绩；听力和口语的考试与统考笔试分离，学生有两次考试机会。"选考"科目共五科：物理、生物（化学）、历史、地理、思想品德，五门考试科目原始分满分均为100分。学生可以选择其中三个科目参加考试（物理、生物、化学须至少选择一门），所选三科成绩由高到低分别按照100%、80%、60%的系数折算为实际分数，每科都包含10分开放性社会实践活动分数。同时，体育分数增加到40分，逐步增强考试项目的选择性。
>
> 按照新高考改革方案，从2020年起，北京高考将不分文理科，考试形式调整为3门必考科目+3门自选科目，总分值为750分。三门必考科目为语文、数学、外语，每门科目满分150分。同时，考生从物理、化学、生物、历史、地理、思想品德6科自选科目中任选3科；自选科目不用参加高考统考，采取高中学业水平考试的方式，每门科目的满分均为100分。从2017年起，外语听力分值为30分，采用计算机化考试，与统考笔试分离；一年两次考试，取听力最高成绩与笔试成绩一同计入高考总分。到2021年，外语将增加口语考试，口语加听力成绩共计50分，科目总分值不变。
>
> 在录取环节，今年，北京学生通过中考中招接受优质高中阶段教育的途径，达到了历史最多的20种。其中，既有艺术院校附中"北京班"招生计划试点项目、职业教育高端技术技能人才贯通培养实验项目，也有小语种班中职和本科衔接项目、中外合作培养项目、宏志班项目等。
>
> 资料来源：http：//zfxxgk.beijing.gov.cn/110003/zsks53/2016-06/17/content_705589.shtml.

（四）加快推进现代教育治理体系建设，教育治理能力有所提升

1. 加快推进管理体制改革，政府的宏观指导能力有所增强

一是加快推进"放管服"改革，探索建立权利责任清单和权利负面清单，加大市级政府教育统筹力度。目前，已取消"高等学校副教授评审权审批""自

费出国留学中介服务机构资格认定"两项行政许可审批事项；依据法律授权对所有权力事项进行梳理，最终确立共有96项职权（不含区级职权）的2017年版市教委权力清单；取消1项、新增3项、修改9项行政处罚依据；调整、取消涉及群众、企业办事、创业各类证明12项。二是持续推进政务信息公开。完善教育决策各环节公开机制，持续推进群众最关注的入学、招生考试、教育经费等领域的政务公开，对重大决策和高关注度事项利用官方平台及时发布并深入解读。推出囊括丰富信息的教育资源分布电子地图。完善公共服务事项流程，提高审批效率，推进14项公共服务事项入驻市政务服务中心行政审批大厅。

2. 继续推进办学体制改革，学校办学活力持续提升

继续落实学校办学自主权，激发学校办学活力。政府在放权的同时，继续探索更多运用法规、标准、信息服务等手段为学校的发展提供引导和支持性服务。基础教育持续推进学区制、教育集团、教育集群、名校办分校等改革举措，以及探索高校创办附中附小、市区教科研部门支持中小学发展、民办教育机构参与中小学学科教学改革等举措；职业教育继续深入推进职业教育集团建设、"3+2"中高职衔接办学等改革；职业教育和高等教育均在坚持推进校企深度合作。这些改革促进了学校办学从以往的单一垂直管理、单一主体办学进一步向多元化、多样性、协商治理的方向转变。继续推进学校章程建设，并在此基础上探索完善学校内部治理结构，从决策、执行、监督等多个环节构建现代学校制度，促进学校办学自主权的规范使用和有效施行。在高校，积极探索办学自主权由校级有序向院系下移的改革，进一步激发了基层组织的创新活力。

3. 进一步明确和落实教育督导改革思路，教育督导更加专业化、标准化

2016年年初，北京市政府办公厅印发《关于深化教育督导改革的实施意见》，进一步明确了教育督导改革的思路、目标、主要任务和保障措施，并切实推进各项工作的落实。一是进一步健全教育督导体制机制。建立健全与教育督导委员会成员及市政府相关委办局畅通协调的运行机制、第三方教育评估监测机制和社会力量参与监督机制、教育督导协作交流机制、教育督导结果使用机制。二是进一步建立健全教育督导体系。建立了覆盖各级各类教育的督导评估与治理监测体系。建立起以有效履行教育督导职能为核心，教育督导统筹归口管理、市区校三级分层负责、第三方教育评估监测有效实施的工作体系。研制构建了政策标准体系和支撑保障体系。三是进一步完善教育督导模式。形成了综合督导、专项督导、经常性督导、学校内部督导互相配合、科学高效的教育督导模式。2017年，针对名校办分校、集团化办学等办学模式改革情况开展综合督政；通过经常性督导，推进16个区县全部达到国家级中小学校责任督学挂

牌督导创新区标准。❶ 四是进一步加强教育督导队伍建设。加强高素质教育督导行政管理队伍、高度专业化督学队伍、高水平专家机构与队伍建设，同时，积极培育专业化社会支持机构，强化广泛多元的社会监督力量。

4. 扎实推进依法治教，法治对教育改革的承接力和深化力有所增强

认真落实教育部《依法治教实施纲要（2016—2020年）》，大力推进政府依法行政、学校依法办学、教师依法执教、社会依法评价、支持和监督教育发展的教育法治实施机制和监督体系建设。进一步推进青少年法治教育体系建设，领导干部、校长、教师法律素养和依法办事能力也有所增强。2017年，教育行政执法的检查量突破2700件，行政处罚26件；教育系统行政处罚、行政复议案卷抽查优秀率达到100%；完成市教委1980—2016年以政府名义发布文件的清理工作；完成市教委2016年年底前制定的行政规范性文件清理工作。充分发挥法律顾问专业优势和决策咨询作用。切实维护师生合法权益，加大对高校、区教委管理工作中不当行为的纠正力度。2017年，办理申诉复议案件17件、诉讼案件11件。❷

5. 推进人事制度改革，"学有良教"的人才保障进一步夯实

（1）大力推进基础教育人事制度改革，打通教师职业发展路径

第一，大力推进中小学教师职称改革。2016年，北京市开展了中小学教师职称改革，健全了职称层级，改变了原来中学和小学教师最高等级分别为副高级和中级的规定，将中小学教师职称等级最高设置到正高级；民办教师首次纳入职称体系；外语、计算机将不再是职称申报的必备条件。2017年，北京市特级教师评选条件首次取消了出版个人论著和论文的硬性要求，新增"积极参与教育综合改革，在促进教育公平、提高教育质量等方面发挥引领和辐射作用"等指标，标志着对教师的评价从以往高度重视专业能力、学术能力转向专业能力和育人能力并举。

第二，多举措加大对乡村教师的支持力度。2016年，北京出台《北京市支持乡村学校发展若干意见》《2016年北京乡村教师支持计划及乡村教师补助标准》等文件，用一系列举措，如增加乡村学校教师的学习机会、提高高级职称的比例、为每一所乡村学校设置一名市级骨干教师专项指标、每年评选出200名任教满20年的优秀乡村教师给予一定物质奖励、由市级财政重点支持全市290

---

❶ 唐立军. 北京教育督导改革发展的创新探索与实施［J］. 北京教育：普教版，2018（1）：71-74.

❷ 北京市教育委员会关于2017年度绩效管理工作自查报告［EB/OL］. http：//www.bjedu.gov.cn/xxgk/ywdt/zdly/201801/t20180109_ 35818.html.

所乡村中小学校和93所山区镇区中小学校等，鼓励优秀教师服务乡村教育，补齐乡村教育短板。

第三，坚持推进校长和教师的交流轮岗。2016年，北京市公布《关于进一步推进义务教育学校校长教师交流轮岗的指导意见》，提出在同一所学校任职或工作满6年的正、副校长和教师，原则上要进行交流轮岗，从而更好地发挥优秀校长和骨干教师的示范带动作用。

第四，推进中小学教师绩效奖励机制的建立健全。北京市建立了更符合教育发展形势的教师绩效奖励机制，重点向承担教育教学改革发展任务重、为促进义务教育均衡发展做出突出成绩的一线教师、骨干教师倾斜，充分调动教师的工作积极性，切实增加教师的获得感，促进区域内师资力量均衡配置。

（2）进一步推进职业教育兼职教师聘任改革

北京市设立了兼职教师特聘岗项目。重点面向战略性新兴产业、高新技术产业等国家急需特需专业及技术技能积累、民族文化传承与创新等方面专业，支持职业院校设立一批兼职教师特聘岗位，聘请企业高技能人才、工程管理人员、能工巧匠等到学校任教，同时兼职教师每人每学期任教时间不少于80学时。

（五）力促协同开放，教育发展的空间和影响力不断扩大

北京市通过不断推进京津冀三地教育协同、央属和市属教育资源协同、教育对外开放，在构建自身改革发展的新空间、新平台和实现跨越发展方面取得新成效。

1. 京津冀三地教育协同、央属和市属教育资源的协同均有新进展

北京市切实落实非首都功能疏解，成立了相应的工作处并制定了近期疏解工作方案，各项任务推动有力。2017年，调减市属高校和普通中专招生计划2000人；北京城市学院、北京建筑大学、北京工商大学、北京电影学院向远郊区疏解进展明显，共疏解约1.4万人；城六区19所中等职业教育学校腾退校舍用于缓解中小学及幼儿园的学位紧张；引导一般性培训机构迁出城六区，共减少44个培训机构2.1万多人。❶

加快推进城市副中心教育发展水平跃升。完善副中心基础教育设施规划。扎实推进首都师范大学附中通州校区等一批重点建设项目。重点推进20个教师素质提升项目，全力提升副中心教师职业素质。支持通州区开展优质高中自主

---

❶ 北京市教育委员会关于2017年度绩效管理工作自查报告［EB/OL］. http：//www.bjedu.gov.cn/xxgk/ywdt/zdly/201801/t20180109_ 35818. html.

招生、集团内直升、十二年一贯制人才培养等改革。

积极推进京津冀教育协同发展。成立推进京津冀教育协同发展领导小组办公室。2016年，已签署合作协议21个，推动实施合作项目30余个，组建京津冀地区高等教育联盟4个、协同发展研究机构2个、特色职教集团3个，北京景山学校曹妃甸分校等若干基础教育学校已于2016年开始招生。2017年，跨区域特色职教集团（联盟）已达9个，京津冀高校创新发展联盟已达12个。实施"河北省千名中小学骨干校长教师赴京挂职学习"项目，以北京"数字学校"云课堂为平台，面向津冀地区中小学生，共享优质数字资源。全力支持雄安新区教育发展，明确3所北京基础教育名校作为办学主体新建学校，安排北京4所学校对口帮扶雄安新区4所学校。❶

积极支持央属和市属教育资源合作开展以高等教育"双培"改革为代表的协同育人改革，共建协同创新中心，完善学院路高校教学共同体。

2. 以提高质量和扩大影响力为重点，教育对外开放的内涵建设扎实推进

"十三五"以来，随着首都"四个中心"城市战略定位的确立，教育对外开放强调深度融入首都的改革开放和现代化建设，深度嵌入国家外交战略，密切关联教育各领域的发展，内涵建设有新起色。

一是对外开放整体格局进一步优化。制定《新时期北京教育对外开放工作规划（2016—2020年）》和《北京市对接共建"一带一路"教育行动计划实施方案》，积极参与国家对外开放重大战略，不断提高国际交流与合作的层次、范围和水平，弘扬优秀传统文化，北京教育的国际影响力不断扩大。目前，北京市已与50多个国外城市的教育部门及联合国教科文组织建立友好交流合作关系；2016年，北京市各级各类学校境外开办孔子学院131所，孔子课堂116所，比"十二五"末分别增加3所和15所；积极参与和服务国家人文交流机制建设，2016年参与中法高级别人文交流机制建设，不断推进中美和中欧人文交流合作，参与推进中美"千校携手"项目等；积极开展冬奥会教育。

二是国际化人才培养力度加大。大力推进国际理解教育，重点培养和提高学生的全球视野和国际交往能力。2016年，北京市共有10个区县的59所中小学开设了非通用语种课程，涉及的语种包括德语、日语、俄语、西班牙语等八门语言。着力搭建并有效利用国际优质教育资源的平台，积极与海外知名高校、职业院校建立联系，促进北京高校和职业学校的"外培计划"和"高端技术技

---

❶ 北京市教育委员会关于2017年度绩效管理工作自查报告 [EB/OL]. http://www.bjedu.gov.cn/xxgk/ywdt/zdly/201801/t20180109_ 35818. html.

能人才贯通培养计划"的推进。首都高校实施了一批项目致力于培养拔尖创新人才、非通用语种人才、国际组织人才、国别和区域研究人才等高层次国际化人才。

三是中外合作办学持续推进。依法支持各级各类办学机构与国外优质学校通过多种方式开展高水平合作办学，借鉴国外先进办学经验和教育标准，促进北京教育质量提升。2016年北京市中外合作办学机构达到21个，其中高等教育学历机构为9个，占42.8%；中等学历教育机构5个，非学历教育机构5个，学前教育机构3个；中外合作办学项目达到119个，其中高等学历项目85个，占71.5%；境外合作办学机构主要来自美、英等17个国家和地区，专业涵盖十大类学科专业；本科和研究生项目数量增长较快，分别占27.7%和31.9%，高职和培训项目数量明显下降，中等学历教育和职高项目数量保持稳定。

四是来华留学工作质量有所提升。继续实施"北京市外国留学生奖学金项目"，设立并启动"一带一路"外国留学生奖学金。2016年全年在北京市高校和中小学学习的国际学生超过12万人次，其中高校为10.2万人次。留学生结构进一步优化，2016年高校学历生比例达40.5%❶，本科及以上留学生占高校留学生总数的64.5%。研究生（硕士和博士）留学生比例由2012年的16.1%提高到2016年的26.4%。注重加强留学生课程建设，特别是全英文授课项目开发。2016年北京市42所高校开设了401个英文授课项目，将30多门课程纳入教育部第二期来华留学英语授课品牌课程。持续提升留学教育质量、完善服务体系，增强北京对留学生的吸引力。

五是境外办学步伐加快。境外办学数量和办学层次进一步提升。2016年，共有15所学校在16个国家和地区开展了41个境外合作办学项目，比2014年增加52%；其中学历项目39个，本科及以上项目36个，占全部项目数的88%。

（六）进一步聚焦资源、体系和学习型组织建设，学习型城市建设取得积极进展

2016年，北京市教委联合本市14个委办局发布《北京市学习型城市建设行动计划（2016—2020年）》，瞄准"十三五"规划提出的"先进的学习型城市"，着力打造"十大工程"，全面提升学习型城市建设水平。以此行动计划为指导，北京市学习型城市建设取得积极进展。

一是各级各类教育的纵向衔接和横向沟通进一步加强，终身教育体系更加

---

❶ 北京市教育委员会.国际、港澳台合作与交流2016年报［R］.北京，2016：33-34.

完善。通过进一步推进入学制度、招生考试制度改革和课程改革，大中小幼的衔接有所增强，普通教育与职业教育之间更为融通；进一步丰富和规范继续教育资源，提升继续教育服务质量，社区教育体系建设持续推进，老年教育发展加快，现代国民教育体系与继续教育体系衔接沟通更加紧密。2017年，北京市首批认定了18所职业院校作为北京市职工继续教育基地，24所成人学校和职业学校作为新型职业农民培训基地，坚持探索学分银行建设和各级各类教育学分转换制度。

二是依托互联网技术和理念，强化终身学习资源平台的建设和整合。加强了学习型城市网、京学网、各区学习网站等网络平台建设，创建了首都女性终身学习平台。继续推进市、区两级市民终身学习示范基地建设。2017年北京市首批34个"北京市民终身学习示范基地"挂牌，涵盖各种社会教育资源；继续加强市、区、街道（乡）、社区（村）四级社区教育机构建设，为构建覆盖全市的终身学习网络和区域性终身学习中心提供了更为坚实的基础。

三是坚持推进各类学习型组织建设，规范性、有效性进一步提升。通过组织学习型城市建设成就展示、交流和评比活动，学习型城区建设水平进一步提升；继续完善学习型企业、学习型学校、学习型社团、学习型政党等各类学习型组织建设的政策和制度安排，学习型组织建设体系进一步健全；持续举办全民终身学习活动周，开展首都市民学习之星评比等活动，推进了学习型组织建设和市民个人学习。

四是加强先进学习型城市建设的研究和指导。2016年，北京市教委与清华大学合作共建的北京市组织学习与城市治理创新研究中心、依托北京开放大学成立的北京市社区教育指导中心正式成立，将为北京探索新时期学习型城市建设的新规律、新途径提供科研支撑。2017年，北京市教委与联想集团联合举办"学习指导师"高级研修班，首批60名来自社区学院和职业学校的老师通过选拔接受了培训，将成为北京市建设先进学习型城市的重要指导力量。

专栏三：《北京市学习型城市建设行动计划（2016—2020年）》提出十大工程

到2020年，北京将建成以完善的终身教育体系和学习型组织为基础，以广大市民的良好素质为支撑，学习资源丰厚、学习氛围浓厚、创新活力涌现的学习型城市，为实现首都教育现代化、建设国际一流的和谐宜居之都夯实基础，为率先全面建成小康社会贡献力量。

> 重点建设 12 个学习型示范区、100 个市级"市民终身学习示范基地";打造"互联网+终身学习"的"京学网"学习公共服务平台;推进为市民提供学习成果积累与转换服务的学分银行建设;培育 100 个示范性学习型组织;建设可承担 100 万人次学习的 50 个职工继续教育基地;建设 100 所示范性成人学校和 50 个新型职业农民培训基地;实施"夕阳圆梦"工程,加大涉老养老服务人才培训力度;实施家庭教育和家风建设工程,弘扬家庭美德;实施社区教育指导服务系统建设工程,培养 100 名市级学习指导师,为首都社会服务与管理提供智力支持。
>
> 资料来源:http://www.moe.edu.cn/jyb_xwfb/s6192/s222/moe_1732/201608/t20160818_275587.html.

(七)注重互联网思维,信息技术与教育的融合创新进一步升级

1. 继续加强硬件建设,教育信息化基础能力持续提升

"十三五"期间,北京市继续加强教育信息化硬件建设,进一步优化信息化教学与管理环境。计算机配备实现专任教师每人一台,学生用机达到每 7 人一台。中小学的普通教室、专用教室均配备了交互功能多媒体设备,数字广播系统等基础设施完善,实现市、区、校三级网络高速互联互通。加快建设管理服务与资源服务信息化支撑平台,高标准推进数字化校园(智慧校园)建设。

2. 着力推动优质数字教育资源共建共享,资源丰富性和质量不断提高

继续推进各级教育的教学资源库建设,探索建设政府引导、市场参与的数字教育资源共建共享平台,服务课程开发、教学设计、教学实施与教学评价,进一步扩大优质资源覆盖面,强化优质资源在教育教学中的实际应用。例如,职业院校积极探索开发基于职场环境与工作过程的虚拟仿真实训资源和个性化自主学习系统;基础教育大力推进北京数字学校云课堂建设;学习型城市建设不断推进终身学习资源建设。

3. 深化教育教学模式创新,"互联网+教与学"获得更多支持

各级教育机构积极开展信息化环境下的教育教学模式创新研究与实践,大力推进信息技术与教育教学深度融合。不断推进网络学习空间的建设与应用,加强教与学全过程的数据收集与分析。鼓励教师充分、合理运用数字教育资源开展教学,推广远程协作、实时互动、翻转课堂、移动学习等信息化教学模式。例如,2016 年年底推出的"北京市中学教师开放型在线辅导计划",利用"互联网+技术"打造师生一对一在线学习平台;2017 年,通州区试点共招募

线上教师7000余人，覆盖北京市17个区。

4. 加强管理服务平台建设与应用，促进了教育治理能力现代化

统筹完善信息化管理服务平台建设，不断推进统一集中的基础数据库建设，提高全市教育数据共享水平。探索更好地发挥管理信息系统在学籍管理、资产及设备管理、日常教学等重要工作中的辅助功能，提高教育行政部门管理、服务与决策水平，增强网络与信息安全管控能力，推动教育治理能力现代化。

5. 强化信息技术应用能力培训，教师和学生的信息化素养不断提升

为提高各级学校干部教师和学生的信息化素养，充分发挥现代信息技术设备的使用效率，市教委全力抓好信息技术应用能力培训。将教师的在线服务能力和信息技术水平作为其业务水准评定的重要维度之一，信息技术素养成为学校干部教师继续教育的重要内容。以2014年开始的北京市中小学教师信息技术应用能力提升工程为例，截至2017年5月3日，全市16个区、燕山地区及市教委直属单位150314名教师参加在线学习，全市整体参训率为99.43%，参训学员学习率为99.85%，合格率为64.55%。❶ 进一步完善信息化教学比赛制度，提高参与率，积极转化优秀成果。推动学校增加信息技术在课程教学中的应用，加强学生的信息技术实践，提高信息化应用能力、数字化学习能力和综合信息素养。加强管理人员教育信息素养培训，增强各级教育行政部门和学校管理者的信息化意识和应用能力。

专栏四：北京市平谷区教育信息化建设计划

平谷区做出三年规划，计划到2018年，全区将在中小学、幼儿园全部建成数字校园。该区还将完善"三通两平台"和远程互动视频教学系统建设，实现"班班通"无线覆盖率达到100%。同时，该区还将推进把平板电脑植入课堂的实验；在网络资源方面，平谷区将建成优质课程资源库，多途径丰富课程，实现优质教育资源共享。

资料来源：http://edu.sina.com.cn/zxx/2016-01-06/doc-ifxneefu 2319502.shtml.

---

❶ 北京市中小学教师信息技术应用能力提升工程全市教师在线学习情况第二次通报［EB/OL］. http://train.teacherclub.com.cn/dts/channel/2015bj_1105/peixundongtai/134176.html, 2017-05-17.

四、总体结论、主要问题与挑战及相关政策建议

（一）总体结论

2016 年以来，北京市教委按照市委市政府的决策部署，结合首都城市战略定位，切实按照"十三五"教育规划提出的战略主题、主要目标、实施路径认真推进全市教育改革和发展，一批重要的制度和政策措施相继出台，一系列重大项目取得良好进展，群众的获得感进一步增强。从监测总体结果来看，本研究所监测的七大维度均取得积极进展，为规划后程的顺利实施奠定了良好基础。

（二）主要问题与挑战

在肯定成绩的同时，还必须看到北京市在实施教育规划中仍存在一些问题。结合当前国家和北京市教育改革和发展的新形势，特别是对照党的十九大对新时代我国社会主要矛盾的新判断，北京市教育改革发展面临诸多挑战。

1. 基本公共教育服务均衡标准不断升级，促进教育公平的任务仍很重

北京市在"十二五"末已在全国率先实现所有区一次性通过全国义务教育发展基本均衡县的督导评估。"十三五"以来，北京市城乡间、区域间办学条件的差距进一步缩小，但城乡间、区际、校际的优质教育资源密度、教育教学质量、教育管理水平等仍存在一系列差距。2017 年，教育部出台《县域义务教育优质均衡发展督导评估办法》，对照这一标准，对照"建设国际一流的和谐宜居之都"的城市发展目标，北京市促进教育公平的任务仍很艰巨。

2. 人口变化较为剧烈，教育资源供给面临数量和结构调整的双重难题

通过本课题组对 2017—2035 年北京市义务教育阶段学龄人口的预测，发现学龄人口数量在预测区间有较剧烈变动：总量上，"全面二孩"政策对学龄人口数量的增加有一定加剧作用，但无法扭转 2030 年后学龄人口下降的趋势；波峰与波谷之间的学龄人口数量差距较大；人口的区域变动将较为频繁、明显，且存在较大的不确定性。北京市一方面要妥善解决各学段的阶段性学位缺口压力，另一方面要消化随后人口下降所带来的教育资源利用问题，以及人口区域变动所带来的教育资源布局的结构性难题。

3. 群众和社会对优质教育的期待持续增强，优质育人和服务首都功能定位的能力亟待提升

尽管北京市的教育质量在全国名列前茅，但距离满足学习者与日俱增的优质化、个性化、多元化学习与发展需求仍有很大的提升空间，距离首都城市发展功能定位对教育在人才培养、科技支撑、文化传承与创新等方面的高端服务需求尚存很大的差距。创新型人才、高端人才、高素质劳动者的培养模式以及市级职业教育和高等教育的科研实力均迫切需要有更多、更新的突破。

4. 教育发展内外部环境日益复杂，现代教育治理体系和能力建设有待快速推进

党的十九大明确发出必须加快推进依法治国、"放管服"改革、管办评分离改革的信号，教育部也相继出台一批标志性、引领性的改革方案贯彻落实十九大精神。教育部陈宝生部长指出，教育新体制的"四梁八柱"已确立，现在整体已进入"全面施工内部装修阶段"。❶ 这意味着教育改革的进程将进一步加快，北京市教育系统迫切需要增强自身的宏观指导、监管和服务功能，全力推进依法治教。北京市教育改革在"十二五"时期甚至更早就已开始探索教育资源的整合，"十二五"末和"十三五"初，这一改革思路更加开阔和清晰，始终没有停下创新的步伐。伴随着教育资源的一系列跨界整合和社会评价监督渐热，教育治理体系建设的迫切性和教育治理的难度系数直线上升，这对北京市而言是巨大的挑战。

5. 教育协同发展迫切性增强，实践中尚有诸多瓶颈亟待破解

随着北京非首都功能疏解集中承载地雄安新区和通州城市副中心建设的快速推进，京津冀教育协同发展也必须跟上三地经济社会协同发展的节奏。目前京津冀教育协同发展虽在各领域均有实质性进展，但统筹推进部分教育功能疏解的合力还不够，部分教育疏解项目推进压力大；三地教育领域"点对点"式的、浅层次的合作多，有深度、有影响的合作较少，三地协同发展有效机制尚未健全。要实现要素有序自由流动、基本公共服务均等的教育协同发展局面，还有不少共识需要达成，尚有一系列体制机制瓶颈需要突破。

随着《北京城市总体规划（2016—2035年）》的发布以及对北京城市功

---

❶ 教育部. 教育新体制四梁八柱已搭建　进入全面施工内部装修阶段［EB/OL］. http：//g8. baidu.com/feed/data/landingpage？s_type=news&dsp=wise&nid=16576381263236 940142&p_from=4, 2017-10-22.

能定位的全面落实，北京市域内的央属和市属高等教育资源的协同发展亟待有新举措、出新实效，在服务北京和国家方面真正实现 1+1>2 的效果。目前，市属高校和央属高校的协同发展亟须突破市属高校体量小、整体办学水平与央属高校存在较大差距的难题。

6. 教育对外开放的战略需求不断扩大，促进内涵发展的力度亟待提升

党的十九大报告提出，"推动形成全面开放新格局"；北京城市定位之一，即要成为"国际交往中心"，首都教育对外开放的战略需求不断扩大。但目前首都教育对外开放还亟待实现从求规模、求广度向求质量、求深度的真正转型；具有良好国际素养和适应服务国家对外开放大局的紧缺人才培养力度还满足不了需求，北京高等教育留学生层次不够高；北京高校与世界一流大学、教育机构、科研机构在人才培养、科学研究、师资交流等方面的合作亟待深入。

7. 社会个体与组织的学习需求日益提升，学习型城市建设亟待强化制度保障

"十三五"以来，社会组织和社会个体对优质学习资源的需求、对灵活便捷的学习方式的需求、对学习成果可认证与可转换的需求以更快的速度增长，这对北京市学习型城市建设既是利好也是挑战。目前，北京市学分银行建设进程亟待加快，学习成果互认、衔接与转换制度尚未在全市范围内建立，特殊人群学习需求满足度有待提升。

8. 教育信息化的战略意义不断升级，信息技术与教育的融合有待深入和创新

"十三五"以来，以信息技术引领教与学的变革、引领教育生态重构的热度不断升温，从国家层面到国内主要发达省市，都在积极探索如何利用信息化更好地解决教育发展所面临的重大问题、瓶颈问题。当前北京市促进信息技术与教育的融合还亟待强化和创新，硬件建设的标准和重点有待进一步设计，软件建设的质量和满足实际需求的针对性有待加强，干部教师的信息技术素养尚需进一步提升。

9. 部分指标数值不够理想，与规划预期值相比差距较大

规划预设的一些任务目标和指标由于预测准确度和外部发展环境的变化等，可能实现难度较大，如中职学校的"双师型"教师比例、中职学校的学校数和在校生数量缩减要达到规划提出的目标等均有较大难度。

（三）相关政策建议

1. 坚持教育优先发展，深入贯彻落实党的十九大、"教育现代化 2035 战

略"和北京城市总体规划的战略部署

北京市经济社会发展处于重要的产业转型期，无论有怎样的起伏波动，市政府应始终坚持教育优先发展，在规划、经费、用地、人力资源等方面切实予以保障。"十三五"时期的后三年，北京市教育应进一步深入学习领会和贯彻落实党的十九大精神、北京城市总体规划和2018年即将发布的国家和北京市的"教育现代化2035战略"，从战略高度进一步校准自身的发展方向；在推进"十三五"教育规划顺利实施的同时，做好与"十四五"时期乃至更长期的国家和北京市重要战略部署的衔接。

2. 进一步树立符合新时代要求的公平观和质量观，不断提升群众的获得感

北京市必须面向建成"国际一流的和谐宜居之都"和2035年首都教育现代化战略目标，进一步树立符合社会发展趋势、育人规律、教育发展规律、群众需求的教育公平观和质量观，始终"把学生放在正中央"，以更高的标准引领和推进城乡间、区际、校际、群体间的教育公平以及各级各类教育的优质发展，并多层次、多角度增加教育的多样性和可选择性。因此，应在教育部《县域义务教育优质均衡发展督导评估办法》的基础上，进一步研制更符合北京城市定位的新的义务教育优质均衡发展评估标准；尽快构建起具有北京特色的、科学清晰的、面向知识经济的学生核心素养体系以及围绕此体系完善相应的育人模式和教育质量监测评价体系；顺应中高考改革的趋势，全面深入强化大中小幼的科学衔接；进一步加强体育教育，并向学生和家长大力普及营养与运动的知识，切实改善学生体质健康状况；借职业教育资源压缩调整之机，进一步推进职业教育体系的高端特色化，明确每一所学校的办学定位和办学特色；借高等教育疏解契机，进一步明确和推进各市属高校分类发展、特色发展、精品化发展，切实加强对高校的分类指导；进一步拓宽师资来源的多元化渠道，挖潜创新编制管理方式，强化吸引和选拔优秀人才从教的力度，及时对照教育发展新要求和教师需求，不断创新教师培训内容、方式，尽快完善职业教育"双师型"教师的补充机制、加大培养力度；深入研究教育对北京城市"四个中心"的支撑作用，据此全面强化各级教育对首都经济社会发展的服务能力。

3. 加快推进"放管服"改革，进一步提升现代治理能力

北京市教育改革在全国属于领先方阵，特别是在资源整合、育人方式创新等方面探索力度比较大；"十三五"时期后三年以加快"放管服"改革为核心，以更好地推进管办评分离改革、依法治教。"放管服"改革要做到以服为魂、以管为引领、以放为驱动。由于前两年主要是规划的启动期和实施初期，所以资源的供给和到位还处于主导地位。规划实施以来，虽已出台不少制度和政策措施，但还有一些政策措施尚未出台或已出台但落实较慢。今后应在做好前期调研的基础上，进一步加强制度的供给并加快制度和政策的实施。对于应出台的配套政策文本要尽快研制并发布；还要强化权威性、指导性更强的法律、制度的研究与出台，促进教育治理更快转向"法治"的轨道；更多地运用、制定具有引领性的标准并配合相应的评估手段加强监管功能。有效推进学校章程的制定和公开，以此为契机更好地落实学校办学自主权和推进现代学校制度的建立健全。加强对人口总量和区域分布以及各学段年龄人口、老年人口、非京籍常住人口、外籍人口数量和结构变化的精准预测，加强对社会评价的教育舆情监控、分析与运用，进一步推进社会专业机构参与提供教育服务。

4. 进一步主动谋求转型发展，切实推进协同发展和对外开放的升级

"十三五"期间，北京市应进一步加快推进教育系统的非首都功能疏解与承接工作，以此为抓手带动自身教育的转型发展和促进京津冀教育协同发展。因此，必须由教育部牵头尽快完善京津冀教育协同发展的协调机制，汇总协同发展中的需求与问题，切实提供多方面保障并为体制机制改革创设更大空间，促进政策与实践的同向联动；高标准推进通州区北京城市副中心和河北雄安新区教育资源配套和教育发展水平提升工作，由于两地对于北京优质教育资源的需求具有较大同质性，所以必须处理好两地之间及其与北京其他区域之间的协同互动，避免产生新的发展不平衡；着重解决目前推进困难的疏解和承接项目问题，如确实难以执行应及时调整方案；推进京津冀协同发展中现有合作走向深入、遴选、推广有深度、有效果的合作，进一步探索促进合作的激励机制。以疏解为契机，进一步深化央属教育资源与市属教育资源的优势互补、合作共赢，要把已有的合作做深、做精、做强，同时要以人才培养和科技创新为核心，带动学科建设、教学改革以及教师培养等诸多方面的合作。北京市教育对外开放必须加快内涵发展的步伐，要从质量、服务、品牌、体制等重要环节入手，培育竞争新优势；要切实发挥对外开放向内引智和向外辐射的双重作用，在推动教育改革、培养急需人才和引进优秀人才、推进"双一流"建设、提升教育国际影响力等方面发挥更大作用。

5. 重点推进资源和制度建设，为建成先进的学习型社会创设更好的环境

下阶段北京市应进一步打通国民教育与继续教育之间的界限与壁垒，一方面是加强教育资源及其平台的开发和整合，如鼓励职业教育和高等教育参与提供优质继续教育服务；另一方面是推进学习成果互认、衔接与转换制度的建立，从而进一步激发群众终身学习的积极性。处理自身优质学习资源建

设与利用已有优质学习资源的关系，注重对国内外已有优质学习资源的挖掘和整合，在此基础上再建设一批优质学习资源作为补充。进一步深入了解老龄人口、外来务工人员、新型农民的教育需求，为其提供适切的教育培训服务。

先进的学习型社会最核心的衡量指标即人人皆学、处处能学、时时可学，因此必须大幅提升信息技术与教育的融合强度，创新融合方式。当前最重要的是保证信息化基础设施设备好用，加强现有信息化设施在教与学、管理与服务中的有效应用，快速提升教育从业者的信息技术素养，尤其要推进教育发展相对薄弱区域、薄弱校对教育信息技术的应用，以更好地实现对优质教育资源的远程利用。

6. 加快推进教育规划执行信息报送机制建设，为规划监测顺利实施提供良好保障

目前，教育规划监测和评估还面临教育规划执行信息比较缺乏的困境，严重影响了教育规划监测与评估的及时性、全面性、科学性和有效性。如能建立相应的执行信息报送平台及报送机制，将更有利于教育规划监测与评估作用的充分发挥。

7. 强化对本地和其他地区经验的学习、借鉴，提升教育改革的效率和效果

规划执行过程涉及大量的项目和改革实践，目前还存在针对同一领域、相同或相似的政策目标，有多个项目并行，以及区域之间教育改革和发展彼此了解不够的情况。教育决策部门应多渠道加强对本市重大项目和重要改革实践的经验总结、理论提升和成果宣传，特别是对失败的经验更应加强研究，减少项目的重复、叠加，强化改革之间的相互衔接、配合、整合。某些在北京市进展缓慢的改革，在国内外其他国家和地区可能已经有很好的经验值得借鉴，应加强对京外教育改革的跟踪、调研、学习和借鉴。以学分银行建设为例，上海市和浙江省已经做出了更多的探索，所以北京市可以将西城区的做法与京外其他区域好的做法相结合，尽快推动全市学分银行的建设工作。

8. 进一步加强对基层单位和社会力量积极性和创新性的调动，为北京教育发展输送源源不断的活力

随着"放管服"改革、管办评分离改革的深入推进，自下而上的政策执行与创新越来越重要。北京市教育发展的不平衡、不充分问题的解决更加需要激发基层的智慧与主动性和调动社会的力量，因此必须在政策上给予更多实质性的引导和支持。以学前教育资源供给为例，其问题的解决必须依靠调动民办机构和非教育部门公共机构的积极性，为此就必须重新设计学前教育的成本分担机制，创新财政补助方式。再以学区制改革为例，有的区域学区制搞得有实效，有的区域形式大于内容，市级教育决策部门必须提供切实的指导以及建立相应的奖惩机制，才能激发其改革动力和创新意识。

9. 切实调整实现目标有困难的规划任务和指标，提高规划的科学性

目前，有些任务的预设指标要达到规划提出的目标有较大难度，应重新检视该任务目标的合理性以及实现的可能性；如果实现难度很大，应及时调整任务目标和指标。

专题报告

北京市"十三五"时期基础教育发展监测研究

尹玉玲*

摘 要："十三五"时期，首都迎来了新的发展形势和机遇，对其基础教育提出了新的发展要求。按照《北京市"十三五"时期教育改革和发展规划（2016—2020年）》对首都基础教育的任务和要求，围绕"普及""公平""优质""创新""开放""保障"这六大关键词，从教育普及、教育公平、布局结构、质量水平、改革创新、教育开放、教育投入、教师队伍、办学条件九个维度，构建首都基础教育发展的监测指标体系。以2016年为时间节点，对首都基础教育发展实施监测发现，"十三五"初期北京市各级政府及学校都做了很多的努力，并取了一些成效，但是与2020年目标值比较效果不明显，有些指标还需要在后期的实践中抓紧落实。建议"十三五"期间政府要在办好学前教育、关注特殊群体学生的教育需求、推进义务教育优质资源扩大整合、加强中小学教师队伍建设、开展基础教育国际交流与合作等方面重点关注，加快实施步伐。

关键词：基础教育；发展目标；监测指标

基础教育是实现经济社会现代化的基础的基础，是整个教育工作的重点建设领域。"十三五"末期要实现首都教育现代化总体目标，基础教育现代化是重中之重。在经历了数十年的改革后，首都基础教育事业发展取得了突出的成绩。在基础教育和普及阶段，如何提高基础教育质量，实现基础教育现代化，成为"十三五"时期首都教育必须面对的重要问题。而且，《北京市中长期教育改革和发展规划纲要（2010—2020年）》和《北京市"十三五"时期教育改革和发展规划（2016—2020年）》都对首都基础教育提出了更新、更高的

---

* 尹玉玲，北京教育科学研究院教育发展研究中心副研究员，主要从事教育政策研究。

目标和要求。要实现这些目标，首都基础教育应当置于一个具有发展基础、可以比较和可以测量的体系之中，并借此对实施进展加以监测和评估。

一、首都基础教育的基本现状和形势要求

（一）基本现状

1. 首都基础教育的规模

首都基础教育规模庞大，教育体系完备。2016年，中小学在校学生（含学前）有171.68万人。共拥有1570所幼儿园、984所小学、646所普通中学，其中有341所初中，305所高中。此外，还有由盲人学校、聋人学校、培智学校合成的特殊教育学校22所，工读学校6所，民办中学93所，民办小学60所，民办幼儿园574所。形成门类齐全、横向沟通、纵向衔接的全民教育体系。优质教育资源密集，上百所市级示范幼儿园、小学素质教育优质校和市级高中示范校全国知名，打造出众多具有较强社会竞争力和影响力的教育品牌。

2. 首都基础教育改革发展取得的成绩

2011年北京市召开教育大会，颁布并实施《北京市中长期教育改革和发展规划纲要（2010—2020年）》，提出未来十年的奋斗目标，标志着首都教育迈向了全面推进教育现代化的新阶段。面对新形势、新任务，"十二五"以来，首都基础教育以科学发展观为指导，紧紧围绕全面实施素质教育这一战略主题，以贯彻落实教育中长期规划纲要和"十二五"规划为主要任务，以实施学前教育三年行动计划和中小学建设三年行动计划为重要抓手，以改革创新为动力，以更好地满足人民群众的教育需求为出发点和落脚点，集中精力财力办大事，在解决社会关注的问题上有突破，在提高教育教学质量上下功夫，在改善办学条件方面做实事，全面完成各年度工作任务，"十二五"时期取得了突出的成绩。基础教育发展水平在全国居于首位。教育普及水平高，学前三年毛入园率达到95%，义务教育毛入学率超过100%，高中阶段教育毛入学率达到99%。教育公平程度得到提高。2015年小学就近入学比例达到94.1%，初中就近入学比例达到90.6%。2015年全市16个区全部通过国家义务教育发展基本均衡县评估。优质教育资源的覆盖面不断扩大。优质均衡的"北京教育新地图"初步形成。覆盖全市基础教育阶段全学科的信息资源库建成，"北京数字学校"提供全天候在线服务。教育质量居全国先列。坚持质量立校、特色兴校，深化素质教育和中小

学生减负工作，重视对学生德智体美劳综合素养和学生个性潜能的培养。学生全面发展和个性发展需求得到满足，综合素养不断提高。为适应经济社会对创新型人才的质量要求，学校教育重视对学生创新能力、实践能力、拓展能力的培养，改革人才培养机制，积极探索创新与创业人才培养的新模式，同时技术技能型人才和创新型人才培养能力显著提升。基础教育综合改革向纵深发展。改革中考招生计划分配方式，统筹拓展基础教育优质资源。结合学生兴趣特长和学生个性需求，建立健全综合评价体系，完善多样化考试录取方式，最大可能地保障教育公平公正，形成不拘一格选英才的良好局面。教育开放程度和对外影响力不断扩大。首都教育培养高素质、国际化人才的能力不断增强，2015 年在京国际学生规模近 12 万人次。与国际优质教育资源交流合作的平台进一步拓展，更多的幼儿园和中小学校与发达国家的幼儿园和中小学校建立了交流和合作关系。

3. 首都基础教育存在的重点难点问题

尽管首都基础教育取得了很大的成绩，走在了全国的前列，但仍然存在一些重点、难点问题，包括：在教育公平方面，教育资源供给还不适应学龄人口总量快速增长带来的新需求，教育资源配置还不能跟上城市人口分布的新变化，人民群众对优质教育需求的日益提高与优质教育资源短缺且配置失衡的矛盾仍然突出，城乡之间及不同学校之间的办学条件和教育质量仍然存在较大差距；在教育质量方面，教育质量和特色办学还远不能满足人们多性化的需求，人才培养模式还不能完全适应未来国家和首都创新驱动发展的需要，中小学专任教师的专业化水平不高，坚持立德树人、以素质教育为核心的全面育人模式还有待开发，适应多样化个性发展需求的多元教育供给主体和多样化供给形式还没有建立起来；在教育开放方面，面向世界的教育大视野还没有形成，教育的对外开放与区域合作和首都的城市战略定位还存在差距，等等。这些重难点问题的解决关乎整个教育综合改革的成败，影响深远，亟须在今后的实践中通过政策引导、多方合作、重力治理才能化不利为有利。

（二）形势要求

"十三五"时期，是北京市深入贯彻"四个全面"战略布局，落实首都城市战略定位，推进京津冀协同发展，率先全面建成小康社会，建设国际一流的和谐宜居之都的关键时期。首都迎来了新的发展形势和机遇，对北京市基础教育提出了新的发展要求。

1. 北京"四个中心"的城市战略定位，成为首都基础教育改革与发展的新课题

中央明确了首都北京"四个中心"的城市战略定位。从强化首都核心功能出发，在疏解北京非首都功能的过程中，紧密结合首都产业、就业、人口等布局调整，需要稳步推进部分教育功能疏解，优化调整基础教育结构布局，引导中心城区优质教育资源向城六区以外的平原新城和山区转移。同时，要在基础教育领域的人才培养、优秀传统文化传承与弘扬、全国教育示范和国际教育合作等方面为建设国际一流的和谐宜居之都做出新贡献。

2. 国家"全面二孩"政策的实施，为首都基础教育提出了新的难题

2015年，国家允许普遍"二孩"政策的实施，带来了人口与教育、消费、就业、养老等密切相关的话题。从目前北京市学前教育看，一方面公办园学位数量不足，远远不能满足家长需求；另一方面优质幼儿园少，造成北京市好园的供求矛盾十分突出。到"十三五"时期，正值"二孩"政策落地后幼儿接受学前教育的高峰，如何扩大学前教育规模，提高幼儿园办园质量，成为首都基础教育改革必须面对的难点问题。

3. 广大市民对美好生活的追求，使基础教育成为最受关注的民生工程之一

民生问题是人民群众最关心、最直接、最现实的利益问题。教育是民生之基。随着首都经济社会快速发展和人民生活水平日益提升，人民群众的教育需求呈现出多层次、多样化、个性化、高质量等特点。以民为本，满足人民群众的教育需求，解决教育热点难点问题，是首都教育改革发展的重要方向。而解决这些问题的根本之道，在于制度安排。因此，随着法治社会的逐步建立，呼唤教育领域要加快管理方式的转变，早日实现依法治教，依法办学。同时，亟待政府加快简政放权，深化教育管办评分离改革，释放学校办学活力，调动社会力量参与办学的积极性，以适应教育治理体系和治理能力现代化的需要。

4. 顺应国际基础教育发展趋势，需要不断提升首都基础教育的内涵

世界发达国家为了适应社会发展的需要，更加突出教育公平与卓越，提高基础教育质量，并在创新人才培养、课程改革、促进基础教育均衡发展、改革管理体制等方面做出了很多有益的尝试，出现学校管理自主化、学生入学多元化、课程设置现代化、学科教学信息化等趋势，这些趋势对提升首都基础教育内涵发展具有很大的借鉴意义。

二、监测依据和监测指标体系的构建

（一）监测依据

1. 《北京市"十三五"时期教育改革和发展规划（2016—2020年）》关于基础教育发展的主要目标和任务要求

"十三五"时期，是北京落实城市"四个中心"战略定位、全面实现教育现代化的关键时期。为主动适应这些新形势和新要求。2016年9月北京市教委正式发布《北京市"十三五"时期教育改革和发展规划（2016—2020年）》，全面介绍了未来五年北京教育的谋篇布局情况，并对解决基础教育领域存在的问题及深化基础教育综合改革提出了方向，要"坚持高标准、高质量地发展基础教育"。为建成公平、优质、创新、开放的首都教育，对基础教育的普及、公平、质量、创新、开放提出了具体的目标。

（1）教育事业发展全国领先

学前三年毛入园率巩固在95%，义务教育毛入学率不低于100%，高中阶段教育毛入学率超过99%。基本公共教育服务更加公平，100%公办学校实现就近入学。教师的数量、结构和专业化水平进一步优化，义务教育专任教师中本科及以上学历人员比例超过95%。信息化助推教育现代化的能力增强，中小学建网学校比例达到100%（见表1）。

表1 《北京市"十三五"时期教育改革和发展规划（2016—2020年）》
首都基础教育事业发展的主要指标 （%）

编号	指标	2015年	2020年
1	学前三年毛入园率	95	95
2	义务教育毛入学率	>100	≥100
3	高中阶段教育毛入学率	99	>99
4	义务教育专任教师中本科及以上学历人员比例	91.4	>95
5	中小学建网学校比例	95.4	100

（2）基本公共教育服务更加公平

公共教育资源配置更加均衡，区域、校际差距进一步缩小，受教育权利依法平等享有。按照确保公平和就近入学原则，科学划定每所义务教育学校片区范围，100%公办学校实现就近入学。逐步实施十二年免费基础教育。城乡教育一体化发展格局形成，家庭经济困难群体资助全覆盖制度更加完善，残疾儿童接受义务教育的需求全面满足，来京务工人员随迁子女接受义务教育的保障机制更加健全。

（3）优质教育供给显著增加

坚持立德树人，强化理想信念教育，全面实施素质教育。政府向社会力量购买教育服务的工作稳步推进，优质、特色教育资源的覆盖面进一步扩大，教育的可选择性更加丰富，优质教育、个性教育的需求得到较好满足。"北京教育新地图"进一步完善。

（4）人才培养模式灵活多样

基础教育课程改革全面深化，职业教育与普通教育相互渗透。学生的社会责任感、法治意识、创新精神和实践能力显著增强。

（5）教育辐射影响力持续提高

教育的开放程度和国际竞争力显著增强。部分教育功能疏解取得明显成效，京津冀区域教育协同发展机制逐步完善，首都教育的辐射带动作用明显提升。建成与"智慧北京"相适应的、功能齐全、服务高效的智能化教育服务体系，数字教育资源更加开放与共享。

《北京市"十三五"时期教育改革和发展规划（2016—2020年）》中首都基础教育发展的任务重点是，立德树人，加大对学前教育的投入，扩大优质资源覆盖面，推进新型高中、特色高中发展。

《北京市"十三五"时期教育改革和发展规划（2016—2020年）》中首都基础教育的总任务是，拓展基础教育优质资源，努力办好每一所中小学校和幼儿园，全面提升育人质量。具体体现在要提升学前教育服务保障能力、推进义务教育优质均衡发展、促进普通高中多样化特色发展以及保障特殊人群受教育权利这四大方面。

"十三五"时期要达成这些目标和完成这些任务，需要在一套科学合理的监测指标体系下，逐一监测每一个分解目标和任务的实施情况及其效果，从而最终为"公平、优质、创新、开放的首都教育和先进的学习型城市，全面完成《北京市中长期教育改革和发展规划纲要（2010—2020年）》确定的各项任务，实现教育现代化"的总目标服务。

2."十二五"以来北京市基础教育的工作重点和综合改革方向

"十二五"以来，北京市基础教育的工作重点有两个，一个是要均衡，一个是要优质。围绕这两个重点，北京市推出一系列的改革举措。在均衡层面，主要通过教育资源优化配置项目、城乡教育一体化改革试验、义务教育优质资源扩大整合项目，推进学区化管理、学校联盟、名校办分校、学校托管、优质管理输出、教师特派等办学形式和管理机制的创新试点，扩大优质教育资源覆盖面，促进区域教育协调发展。在优质层面，主要通过建立全市义务教育质量标准和监测制度，全面落实本市中小学办学条件标准，实施现代化中小学建设项目和高中多样化特色化发展项目，深入推进素质教育的实施，提高学生的综合素养。

党的十八大以来，北京市以新常态下"以生为本"的教育民生观引领首都教育综合改革，把学生放在正中央，深化基础教育领域供给侧改革。一方面，调整供给结构，为学生提供丰富、多元、可选择的教育资源、教育环境和教育服务模式；另一方面，实现供给端的转型升级，提高教育供给的质量、效率和创新能力，使其更贴近学生的消费需求和消费习惯，做到既能满足学生个性发展的需要，又能对准未来社会对人才的要求。通过从"管理导向"向"服务导向"转变，从"学科导向"向"学生导向"转变，从"封闭的目标管理导向"向"开放的发展导向"转变，让改革成果惠及首都人民，让百姓有更多的实际获得。

3. 发达地区和发达国家推进基础教育改革和发展经验的有效参照

学习我国发达地区，如上海市、江苏省基础教育改革和发展的经验。以上海为例，上海市在对义务教育学业质量进行评价时，推进"绿色指标"评价机制改革。上海的"绿色指标"以学生健康成长为核心，关注学生学业表现、品德行为、身心健康等诸多领域的发展水平，反映教育的宗旨和目标，构建了包含品德行为、学业发展、身心健康、学习动力、学业负担等指标的中小学生学业质量综合评价体系，全面呈现区县和学校在十个方面的指数水平，为本区域的教育质量进行全面"健康体检"，建立起区域教育质量监测机制。这一改革经验为北京的基础教育学业质量评价提供了借鉴。作为全国率先推进区域教育现代化建设的江苏省，从 2010 年起就由省政府启动了义务教育优质均衡发展和改革示范区建设，并于 2013 年颁布《江苏省县（市、区）义务教育优质均衡发展主要指标》，包括普及巩固与机会均等、规划布局与办学条件、师资配备与教师素质、素质教育与学生发展、教育管理与经费保障共 5 个一级指标、30 个二级指标。指标的设计力图引导地方政府深刻理解"义务"的内涵，在落实政府责任上下更大功夫；准确把握"优质"的标准，在实施素质教育上下更大功夫；始终坚持"均衡"的方向，在缩小办学差距上下更大功夫；不断强化"改革"的意识，在创新体制机制上下更大功夫；紧紧围绕"发展"的目标，在提升现代化水平上下更大功夫。主要指标对人民群众普遍关注的城乡学校办学条件均衡、骨干教师均衡配置并按比例流动、公办学校控制择校生比例、就近入学均衡编班、实施义务教育质量和学业负担监测评价、义务教育经费保障等热点难点问题设计了具体指标，进一步明确优质、均衡发展的目标任务。其中还特别规定，"每年15%左右的骨干教师、专任教师按规定在区域、城乡、校际流动，公办学校择校生比例低于招生总数10%，四星级普通高中70%以上的招生指标均衡分配到所有初中学校，外来务工人员随迁子女90%以上在公办学校就读"，等等，这些指标对首都基础教育发展监测指标的设计具有很大的启发意义。

从国际经验看，基础教育均衡化也是发达国家一直关注的热点。许多国家如美国、英国、加拿大、澳大利亚等的好的经验是把物质或经济极为贫乏和不利、须优先予以改善以有利于教育机会均等实现的地区列为"教育优先区"（EPA）。教育均衡中教师因素是最关键的。各国非常重视教师队伍的建设，如日本教师"定期流动制"、芬兰个性化教学辅导、美国重视提高薄弱校的师资水平、韩国促进高中"水平均衡化"的政策经验非常有成效，对首都基础教育的均衡发展具有一定的启示。从发达国家基础教育发展的重要指标看，义务教育年限、初等教育毛入学率、中等教育毛入学率、高中教育毛入学率、初等教育和中等教育经费占日常教育经费的比例、初等教育和中等教育生均经费占人均GDP的比例、初等教育和中等教育生师比等指标能为首都基础教育发展监测指标的构建提供借鉴。

（二）构建原则

1. 符合首都特点，具有首都特色

首都基础教育不同于其他省市的基础教育，具有基础好、规模大、理念新、保障强的特点，教育质量和学校办学水平一直处于全国之首。尤其是首都基础教育以办人民满意教育为目标，推均衡、强内涵、促特色的各种改革举措，成为其他各省市学习的样本，引领和带动了全国各省市基础教育的发展。因此，首都基础教育发展的指标体系的构建，不可避免地要打上首都的标签。

2. 可操作性

首都基础教育发展指标体系不能是无法实测的理想框架，每一个指标的选取和设计都必须源于实际，并最终服务于实际。

3. 可资比较

首都基础教育发展指标体系不是空穴来风，而是横有国内发达地区和国际水平的参照，纵有自身历年来的理论和实践积累；横纵结合，便于借鉴和查找差距。

（三）构建方法

指标体系的构建方法一般有要素图示法、问卷调查法、个案研究法、面谈法、经验总结法、头脑风暴法，等等。本研究主要采用的是经验总结法和头脑风暴法。

（四）监测指标体系的构建

从《北京市"十三五"时期教育改革和发展规划（2016—2020年）》提出的任务和要求来看，首都基础教育要发展始终脱离不了"普及""公平""优质""创新""开放""保障"这六大关键词。因此，本研究选取这六大关键词作为构建基础教育发展指标体系的一级指标；在一级指标下，结合首都自身及国内外基础教育的发展状况，设计出相应的二级指标。构建的首都基础教育发展监测指标体系如表2所示。

表2 "十三五"时期首都基础教育发展监测指标体系

一级指标	二级指标	编号	三级指标	指标来源	数据来源	目标值
教育普及与公平	教育普及	1	0—3岁婴幼儿早期家庭教育指导率	新设	第三方社会评估	80%
		2	学前教育社区办园点	规划指标	市/区教委	形成
		3	学前三年毛入园率	规划指标	市/区教委	95%
		4	义务教育毛入学率	规划指标	市/区教委	≥100%
		5	高中阶段教育毛入学率	规划指标	市/区教委	>99%
	教育公平	6	公办小学就近入学比例	规划指标	市/区教委	100%
		7	公办中学就近入学比例	规划指标	市/区教委	100%
		8	实施十二年免费基础教育	规划指标	市/区教委	100%
		9	符合条件的义务教育阶段进城务工人员随迁子女在全日制公办学校就读的比例	新设	市/区教委	85%
		10	优质高中招生计划分配到校比例	规划指标	市/区教委	60%
		11	义务教育均衡发展	新设	第三方评价	满意

续表

一级指标	二级指标	编号	三级指标	指标来源	数据来源	目标值
教育结构与质量	布局结构	12	学前社区早期教育基地	新设	市/区教委	增长
		13	新建、改扩建公办幼儿园	新设	市/区教委	增长
		14	新增普惠性民办幼儿园	新设	市/区教委	增长
		15	新增优质中小学校数	新设	市/区教委	增长
		16	九年一贯制学校比例	新设	市/区教委	增长
		17	十二年一贯制学校比例	新设	市/区教委	增长
		18	新建优质高中数量	规划指标	市/区教委	10所
	质量水平	19	义务教育质量监测合格学生比例	新设	市教委	95%
		20	中小学生体质健康监测合格率	新设	市/区教委	98%
		21	义务教育阶段学生基本掌握两项运动技能达标率	规划指标	市/区教委	达标
		22	义务教育阶段学生基本掌握一项艺术爱好达标率	规划指标	市/区教委	达标
		23	遏制中小学生视力不良检出率增长比例	规划指标	市/区教委	增长值/降低值
		24	遏制中小学生肥胖检出率增长比例	规划指标	市/区教委	增长值/降低值
教育创新与开放	改革创新	25	政府教育治理能力	新设	专家评判	满意
		26	现代学校制度（学校办学主体地位）	规划指标	专家评判	满意
		27	多形式办学或参与办学	规划指标	专家评判	满意
		28	多元主体参与督导评估与质量监测	规划指标	专家评判	满意
		29	符合首都实际的现代教育考试招生制度	规划指标	市/区教委	基本建立
		30	教师、校长的交流轮岗	新指标	市/区教委	>10%
	教育开放	31	数字学校建设	新设	第三方评估	满意
		32	初中开放性科学实践活动	新设	第三方评估	满意
		33	初中综合社会实践活动	新设	第三方评估	满意
		34	"高参小"计划参与率	新设	市/区教委	达标
		35	优质教育资源向津冀地区辐射	规划指标	专家评判	满意
		36	优质教育资源参与北京城市副中心建设	规划指标	市/区教委	增长
		37	城区优质基础教育资源向郊区辐射	规划指标	市/区教委	增长
		38	北京教育对口支援	规划指标	市/区教委	增长
		39	中外合作办学项目数	新设	市/区教委	增长
		40	参与境外培训的中小学教师比例	新设	市/区教委	增长
		41	中小学生参与国际性赛事活动的比例	新设	市/区教委	增长

续表

一级指标	二级指标	编号	三级指标	指标来源	数据来源	目标值
教育条件与保障	教育投入	42	落实"三个增长"要求	教育法	市/区教委	达标
		43	公共财政教育支出占公共财政支出的比例	规划指标	市/区教委	17%
	教师队伍	44	义务教育专任教师中本科及以上学历人员比例	规划指标	市/区教委	>95%
		45	普通高中专任教师达到研究生以上学历人员比例	新设	市/区教委	30%
	办学条件	46	每百名学生拥有计算机数	新设	市/区教委	增长
		47	中小学体育运动场（馆）面积达标率	监测评价	市/区教委	85%
		48	中小学专用教室建设达标率	监测评价	市/区教委	85%
		49	普通中小学建立校园网的学校比例	规划指标	市/区教委	100%
		50	企业和其他社会力量开发数字教育资源	新设	市/区教委	增长

注：指标选取主要依据《北京市"十三五"时期教育改革和发展规划》《北京市教育事业统计资料》《北京教育年鉴2015—2016》、北京市年度工作总结和计划、市政府折子工程、市教委年度财政预算方向指南等。

三、"十三五"初期首都基础教育发展监测分析

2016年是"十三五"的开局之年，这一年基础教育领域重点任务的实施启动，对于实现"十三五"时期基础教育目标具有重要的意义。紧紧围绕"十三五"规划要求，北京市2016年基础教育工作的着力点和主攻方向就是转变发展模式，促进首都基础教育优质均衡、健康持续发展。

（一）教育普及与公平

1. 教育普及

教育普及水平进一步提升。0—3岁婴幼儿家庭教育指导网络进一步健全，2016年学前三年毛入园率达到95%，义务教育毛入学率超过100%，高中阶段教育毛入学率达到99%。

2. 教育公平

近年来，北京市积极破解择校等热点难点问题，多措并举，综合施策，努力扩大优质、均衡、公平的教育公共服务供给。公共教育资源配置更加均衡，区域、校际差距进一步缩小。中小学严禁择校现象，全面实施免试就近入学政策。全市公办小学100%实行划片就近入学，公办初中100%实行划片入学。近年来就近入学比例逐年提升，2017年小学就近入学比例超过99%，初中就

近入学比例超过 95%，创历史新高（见表3）。

表3　2015—2017 年北京市义务教育阶段就近入学比例　　　　（%）

年　度	小学就近入学比例	初中就近入学比例
2015	94.06	90.60
2016	94.50	90.68
2017	>99	>95

非京籍学生公办学校就读比例超过 60%。建立市级优质高中资源统筹机制，2015 年首次推出优质高中市级统筹招生，计划分配到校，确保每所初中校都有学生进入优质高中。2016 年优质高中"名额分配"比例提高到 50% 左右。也就是说，全市 89 所优质高中会拿出一半的招生名额分配到初中学校。这种招生方式使普通校，尤其是远郊区的普通校得到更大实惠，体现了优质均衡。2016 年各区招收特长生比例降到各区初中招生总人数的 5% 以内。关于义务教育均衡发展的满意度情况，根据 2016 年 4 月 21 世纪教育研究院发布的 2015 年全国 19 个重点大城市义务教育均衡发展满意度调查报告，北京的满意度与 5 年前相比增幅达 24.18%，排名第一。

在特殊教育方面，一是完成适龄未入学残疾儿童少年统计排查工作，针对核实确认应入学未入学适龄儿童逐一提出安置解决方案，落实政府责任。二是深入推进融合教育发展，开展融合教育推进月活动，举办"北京市融合教育发展回顾与推进策略展望"系列研讨活动，总结融合教育发展"北京模式"。三是挖掘潜力，多种渠道增加特殊教育学位。指导北京市盲人学校开展自闭症学部筹建准备工作，与市残联合作开展以政府购买服务方式安置自闭症学生入学的前期调研工作，试点与市残联合作以政府购买服务等方式为特教学校配备社会工作者。

（二）教育结构与质量

通过教育资源空间布局调整，均衡配置基础教育。2015 年，北京市启动第二期学前教育三年行动计划。2016 年，推进第二期学前教育三年行动计划，采取多种方式增加学位供给。通过新建改扩建、以租代建等方式建设一批公办幼儿园或普惠性民办园，不断提升幼儿园办园条件，构建以公办幼儿园和普惠性民办园为主体、公办民办并举的学前教育服务网络。建设了一批学前教育社区办园点，努力满足常住适龄儿童入园需求。继续实施幼儿园新建改扩建项目，截至 2017 年 12 月底，各区进行前期协调工作的新建、改扩建幼儿园共计 22 所，可提供 12000 多个学位。正在施工或装修的幼儿园共计 41 所，可提供 11000 多个学位。已经投入使用的新建、改扩建幼儿园共计 6 所，目前可提供 2700 多个学位。

对优质教育资源进行深度重组整合，成为 2016 年北京市深化教育综合改革最大的亮点。通过"扩优"攻坚战，新建、改扩建一批中小学，增加优质公共服务资源供给。推进完成中小学建设三年行动计划后续工作，截至 2016 年 9 月底，竣工项目 150 余个，增加学位 13 万个左右。

在"北京教育新地图"里，整合学段、贯通培养成为纵向扩展优质教育资源的新形态。优质校联合薄弱学校组成九年一贯制对口直升学校。2017 年全市共有九年一贯制学校 115 所，此外还有一部分十二年一贯制学校，这些一贯制学校已经成为北京基础教育发展中一种重要的学校类型，使学生能一以贯之地完成基础教育，是缓解"择校热"，减轻学校、家长和学生负担的重要途径。2016 年成立了 11 所优先发展初中校，这些学校的学生以校内选拔的方式有不低于 70% 的机会进入优质高中。探索了两所"十二年贯通培养"实验学校。

从教育质量看，"十三五"以来首都教育坚持优质发展，让百姓有了更多"获得感"。2015—2017 年所有区县完成国家义务教育质量监测工作。小学生体质健康测试赛是折射北京市的中小学生体质状况和《国家学生体质健康标准》落实情况的一面镜子。至 2015 年，北京市中小学生体质健康测试赛已连续举办了九届。到"十三五"时期，虽然这种测试赛没有再继续进行，但全市范围内的中小学校都在根据国家标准有针对性地对学生开展体能训练，使学生的体能素质每年都有一定程度的提升。提高教育质量，离不开政府教育治理方式的转变和治理能力的提升。"十三五"初期，政府继续深化基础教育供给侧结构性改革，用切实行动回应人民的期待。为了确保百姓能在家门口上好学，北京市大力加强市级统筹引导，坚持既增数量又增质量的"双增量改革"思路，通过深化学区化管理、向社会力量购买教学服务、推进高校创办附中附小等多种方式提高优质学位供给总量。

（三）教育创新与开放

创新意味着改革。自十八届三中全会提出要深化教育领域综合改革以来，北京市进行了从管理到办学等全方位的体制改革。在深化管理体制改革方面，北京市通过加强市级统筹，推进简政放权，建立清单管理制度，创新政府教育管理和服务方式，提升了政府教育治理能力。

在办学体制改革方面，北京市推出不少举措。为落实学校办学主体地位，推进学校章程建设，要求"一校一章程"，在中小学完善校长负责制，健全校务委员会、教职工大会和家长委员会等制度。为推动公办学校办学机制改革，鼓励各区深化学区制改革、九年一贯制、对口直升、名校办分校、集团化办学、购买社会服务委托办学、"高参小""高办小"等模式，以激发学校办学活力。全面推广名校办分校、集团化办学、委托管理、高校或科研院所辐射中小学、学区制管理等办学模式改革，实现学区制管理和优质中小学跨区域合作办学再突破。2016年，全市80%以上中小学参与办学模式改革，进一步扩大了优质教育资源改革。

在教育督导与评价方面，北京市正在逐步建立由政府、学校、专业机构和社会组织等多元参与的督导评估与质量监测体系，并有效发挥第三方评价机构——北京市教育督导与教育质量评价研究中心在基础教育质量监测方面的作用，通过监测数据和监测结果的发布，引导家长、学校和社会树立正确的教育观，促进北京市儿童青少年的健康发展。

在深化考试制度改革方面，继浙江、上海开启新高考改革之后，北京市成为第二批高考综合改革的试点省市。2016年，北京市教委正式向社会发布中高考招生考试制度改革方案。高考不分文理科、考试科目"3+3"、英语听力口语实行一年两考、高中校名额分配、中考科目可选、科目赋分可选，一系列"深综改"强力措施推出，堪称近年来北京力度最大的一次教育改革。新中高考方案尊重学生的个性化发展，让学生有更多的学习选择。此外，继2015年后，北京市还深入推进农村专项招生计划和"双培""外培"计划。

在人事制度改革方面，为全面提升全市教师综合素质，北京市开始试行教师校长的交流轮岗制度。为贯彻落实党的十八届三中全会关于义务教育学校实行校长教师交流轮岗的决策部署，东城区成为全国首批义务教育教师队伍"县管校聘"管理改革示范区之一。而且，为了更好地落实名校办分校、教育集团办学政策，各区也积极在福利待遇、职称评聘等方面创造条件，促进校长教师交流轮岗。

加快数字学校平台建设。目前，北京数字学校云课堂上线了同步课程、微课、主题课程、阅读课程、创新实验等课程，供学校教师和学生使用。另外，根据市委市政府《关于推进义务教育优质均衡发展的意见》和2016年市政府工作报告"加快北京数字学校建设"工作要求，北京数字学校于2016年10月开展在线教育服务试点。教师在线服务可以组建网络虚拟班级，开设在线课程，开展在线答疑辅导和在线活动，让更多学生享受优质在线课程和在线辅导服务，收获更多的获得感。此外，在京津冀协同发展战略的实施中，北京数字学校为进一步推进京津冀优质教育资源共享合作，做好两地教育合作落实工作。如京唐两地签署了《北京—唐山优质教育资源合作框架协议》，开通了北京数字学校唐山服务平台。

持续开展初中开放性科学实践活动和初中综合社会实践活动。从 2015 年 9 月新学期开始，北京市面向社会公开征集 200 家高校、科研院所、博物馆、企业、社会团体等类型资源单位提供 851 个活动项目，为全市初中学生提供丰富、优质、多元的教育资源，满足学生个性化的学习需求。初一年级学生可以通过自主选课、团体预约、送课到校三种方式进行学习，通过网络管理服务平台完成选课、考勤、记录、评价。活动整体开展平稳，学生、家长参与热情高，反馈良好。从 2017 年的问卷调查结果看，初中学生对开放性实践活动的喜欢程度和满意度评价得分均接近 90 分。从全市整体来看，初中学生对参加开放性科学实践活动和综合社会实践活动的喜欢程度评价得分分别为 89.7 分和 90 分，对开放性科学实践活动和综合社会实践活动的满意度得分分别为 87.8 分和 88.9 分。这说明开放性实践活动的实施受到学生很高程度的认可。此外，分别有 84.6% 和 88% 的家长对孩子参加开放性科学实践活动和综合社会实践持支持态度。

深入推进"高参小""高参中"项目和课外活动计划。北京市推出的高等学校、社会力量参与小学体育美育发展工作（简称"高参小"项目）已经开展 3 年，基本模式已初步成型。截至 2016 年，26 所高校支持 8 个区 56 所中小学建设。这 26 所在京高校与海淀、朝阳、丰台、昌平、石景山、通州、房山、顺义 8 个区的教委签署合作协议，对口支持 56 所中小学建设，已经有 8 万名中小学生和 6000 余名教师在项目中受益。高校的支持主要体现在丰富课程、培训教师和开放大学校园上。例如，北京化工大学在其附中先后开设了健美操、街舞、围棋等各具特色、多样化的课程和活动；北京外国语大学教师与新建的附中、附小的英语教师共同开发了《斑斓阅读》《多语体验坊》《有氧英语坊》等英语校本教材。

市、区教科研部门对口支持 41 所中小学校，13 家民办教育机构对接 10 个区的 101 所项目学校，12 家单位先后协助 76 所中小学聘请到英语外籍教师。惠及全市 230 余所学校近 20 万名学生。逐渐探索形成以尊重发展需求为重要前提、以优化资源供给为根本途径、以合作共赢为基本原则、以政策支持为有力保障、以学生实际获得为最终目标的优质资源整合新模式，推动优质资源扩大取得阶段性成效，实施效果得到多方认可。调研数据显示，70.6%的"高校支持附中附小"项目学校认为"学校品牌显著提升"，同时超过80%的家长认为大学支持学校发展令其更有信心。在教科研部门指导下，教师在教育理念、教材分析、教学方法方面提升最为明显。88%的项目校和98%的民办教育机构对项目实施评价在"满意"以上。引进外教学校超过90%的学生在英语口语、听力和词汇水平方面有所提高。

加大了优质教育资源向周边辐射的力度。积极推进市、区各级与津冀各地方开展教育合作，已签署合作协议21个，推动实施合作项目30余个，组建了京津冀地区4个高等教育联盟、2个协同发展研究机构、3个特色职教集团。景山学校在曹妃甸协同发展示范区的分校于2016年秋季顺利开学，同时，北京五中、八一学校、史家胡同小学等校在廊坊、保定等地建设分校项目有序推进。加大市级教育资源统筹力度，优质教育资源积极参与北京城市副中心建设。2016年，北京二中、人大附中、首师大附中、理工附中4所名校已进驻通州办学，另有10多所名校（园）在积极筹备中。统筹推进城乡义务教育一体化改革，继续加大城区优质基础教育资源向郊区辐射力度。2017年，6个城区加大对一般学校的精准扶持，每个城区至少选3所普通校和优质学校合并或集团化办学；城六区还启动支持近郊、远郊区办学，帮扶15所薄弱校。

教育是北京对口支援地区普遍面临的短板，也是北京对口支援的重点。"十三五"初期，北京市进一步加强教育对口支援新疆、西藏、青海和南水北调水源区等地工作，继续选派优秀骨干教师到这些受援地区支教，与受援地区手拉手结对子，开办骨干教师和干部培训班和对口帮扶协作。如2017年，京藏优质教育资源远程互动教学项目正式启动；选派出第九批一期援疆教师，首都医科大学与湖北医药学院开展对口协作；北京市教委与河北保定市教育局实施"京保教育精准扶贫攻坚行动计划"，对6个贫困县实施教育精准扶贫，开展智力援助，确保保定市贫困地区在2020年实现脱贫。

进一步加强与世界各地的教育合作与交流。2016年，北京市在推动首都教育国际化发展方面取得了一定成绩。例如，北京市与法国驻华大使馆、巴黎学区签署了中法中学项目的合作协议；与巴黎学区、克雷代伊学区、凡尔赛学区签署了合作伙伴关系协议。北京市5个区的10所中小学参与第三批中美"千校携手"项目；北京市5所中小学获批中美"千校携手"项目示范校。

（四）教育投入与保障

《中华人民共和国义务教育法》规定，要严格落实义务教育经费"三个增长"的原则，即"国务院和地方各级人民政府用于实施义务教育财政拨款的增长比例应当高于财政经常性收入的增长比例，保证按照在校学生人数平均的义务教育费用逐步增长，保证教职工工资和学生人均公用经费逐步增长"。从《2016年教育部、国家统计局、财政部关于全国教育经费执行情况统计公告》来看，除了"教育财政拨款的增长比例要高于财政经常性收入的增长比例"没有达到法律规定的要求，其他两项增长都已落实。具体情况是，2016年北京市公共财政教育经费增长幅度小于财政经常性收入增长幅度8.59%。2016年，北京市普通小学生均预算内教育事业费比2015年增长8.57%，普通初中生均预算内教育事业费比2015年增长12.54%，普通高中生均预算内教育事业费比2015年增长20.41%，中等职业学校生均预算内教育事业费比2015年增长12.28%。2016年普通小学生均公用经费比2015年增长5.69%，普通初中生均公用经费比2015年增长4.78%，普通高中生均公用经费比2015年增长24.43%，中等职业学校生均公用经费比2015年增长4.29%（见表4~表6）。

表4 2015—2016年北京市公共财政教育经费增长与财政经常性收入增长情况（%）

年 度	公共财政教育经费本年比上年增长	财政经常性收入本年比上年增长	公共财政教育经费与财政经常性收入增长幅度比较
2015	0.15	19.09	-18.94
2016	4.11	12.70	-8.59
同比增长	3.96	-6.39	—

表5 2015—2016年北京市基础教育阶段生均预算内教育事业费增长情况

年 度	普通小学生均预算内教育事业费（元）	普通初中生均预算内教育事业费（元）	普通高中生均预算内教育事业费（元）	中等职业学校生均预算内教育事业费（元）
2015	23757.49	40443.73	42192.74	34433.36
2016	25793.55	45516.37	50802.57	38661.50
同比增长（%）	8.57	12.54	20.41	12.28

表6 2015—2016年北京市基础教育阶段生均公用经费增长情况

年 度	普通小学生均公用经费（元）	普通初中生均公用经费（元）	普通高中生均公用经费（元）	中等职业学校生均公用经费（元）
2015	9753.38	15945.08	14807.38	14945.67
2016	10308.69	16707.86	18425.09	15587.33

续表

年 度	普通小学生均公用经费（元）	普通初中生均公用经费（元）	普通高中生均公用经费（元）	中等职业学校生均公用经费（元）
同比增长（%）	5.69	4.78	24.43	4.29

从公共财政教育支出占地方公共财政的比例看，近两年均低于15%，而且2016年比2015年减少1%（见表7）。

表7　2015—2016年北京市公共财政教育支出占地方公共财政的比例　　（%）

年 度	公共财政教育支出占地方公共财政的比例
2015	14.77
2016	13.77
同比占比差	−1

基础教育专任教师素质进一步提升。2016年，北京市小学专任教师中本科及以上学历人员比例为90.51%；初中专任教师本科及以上学历人员比例为98.94%，研究生学历专任教师比例为16.02%；普通高中专任教师中研究生学历人员比例为25.98%。

中小学办学条件得到改善。2015年每百名小学生拥有计算机数为26.92台/百人，2016年增长为28台/百人。2015年每百名普通中学生拥有计算机数为62.02台/百人，2016年增长为68.02台/百人。"无线校园"建设步伐加大，普通小学建立校园网的比例逐年增长。2015年普通小学建立校园网的比例为94.48%，2016年为95.12%（见表8）。

表8　2015—2016年北京中小学办学条件变化

年 度	每百名小学生拥有计算机数（台/百人）	每百名普通中学生拥有计算机数（台/百人）	普通小学建立校园网的比例（%）	普通中学建立校园网的比例（%）
2015	26.92	62.02	94.48	96.75
2016	28.00	68.02	95.12	95.36
同比增长（%）	4.01	9.68	0.68	−1.44

为了更好地利用社会资源，政府制定了购买优质数字教育资源与服务的相关政策，鼓励企业和其他社会力量开发数字教育资源、提供资源服务。现在已

有学校或区县通过与具备资质的企业合作、采用线上线下结合等方式，推动在线开放资源平台建设和移动教育应用软件研发。目前，国内外已经有很多公司在从事 VR 教育领域的开发，如微视酷研发了 VR 教育应用管理系统"IES 沉浸式教育软件系统"。某视频平台同新东方达成初步合作意向，利用 VR 的全景教学模式在英语（精品课）课堂上实现沉浸式教学。但是，VR/AR 设备作为一款交互工具要走进 K12（基础教育阶段）市场，还需要特别强化政府主导，开发 VR 精品课程，指引校企合作。

四、存在的差距及原因分析

"十三五"初期，北京市各级政府及学校围绕规划目标都做了很多的努力，并取了一些成效，但是，有些指标与 2020 年目标值比较起来效果不明显，还需要在后期的实践中抓紧落实。

（一）存在的差距

1. 教育普及与公平

北京市虽然在基础教育的普及与公平方面了取得了很大进展，但与 2020 年的目标相比还存在一些差距。0—3 岁社区婴幼儿家庭早期教育指导不足；学前教育社区办园局面还没有形成；义务教育就近入学、治理择校和缩小校际差距方面人民的满意度还不高；对残疾学生在特殊教育学校、随班就读和送教上门接受义务教育的努力还不够。未来 3 年，北京市还需在扩大学前教育规模、加快普惠型民办园建设、提高特殊教育普及水平和办学条件、促进义务教育均衡发展、实施免费的高中教育上发力，使"入园难"问题、中小学择校问题得到有效遏制。

2. 教育结构与质量

在学前教育的布局上，为满足全市学龄前儿童的入园需求，研究者采取了多种方式来增加学位供给。但是学前教育社区办园点、新建和改扩建公办幼儿园及新增普惠性民办园建设上，还存在规模上的不足，距离 2020 年要构建以公办幼儿园和普惠性民办园为主体、公办民办并举的学前教育服务网络还有很大的差距。在中小学的结构调整上，城六区启动对一般学校的精准扶持，将普通校和优质学校合并或集团化办学，使全市新增不少优质中小学校。政府通过统筹，新建了一些九年一贯制学校和十二年一贯制学校。但是，从规模上看，新增的优质中小学还是有限，一些扶持项目虽已敲定、立项，但在实践中还没有落地。朝阳、丰台、通州、大兴和昌平等区的基础教育仍然有待城区优质教育资源的大力帮扶和政府支持。

在提升教育质量上，北京市在"十三五"初期也做了大量的工作，主要表现为通过支持推行集团化办学和学区制改革来扩大优质教育资源的覆盖范围。但是在一些教育质量的具体指标达成上，如"中小学生体质健康""义务教育阶段学生掌握2项运动技能""义务教育阶段学生掌握一项艺术爱好""遏制中小学生视力不良""遏制中小学生肥胖"等还需要落实到位。

3. 教育创新与开放

自2014年北京市深化教育领域综合改革以来，政府在管理体制、办学体制、督导改革和人事制度改革、考试招生制度改革等方面进行了创新。但是在政府教育治理能力提升、现代学校制度和多形式办学机制建立、多元主体教育督导体系的形成、现代教育考试招生制度的建立、高素质专业化干部教师队伍的形成等方面，社会对其改革成果的满意度还不高。以教师队伍的人事制度改革为例，一个重要的改革举措是推进教师校长的交流轮岗，增强教师队伍活力，但是从目前的实施情况来看，除了名校办分校、集团化学校和一贯制学校有大范围的教师干部交流轮岗外，在其他类型的学校很难实施和推动。

在基础教育对内开放方面，北京近年在数字学校建设、开展初中开放性科学实践活动和综合社会实践活动、"高参小"项目以及扩大优质教育资源辐射方面都做出了很大成绩。但是在中外合作办学、中小学教师参与境外培训、中小学生参与国际赛事等对外开放方面，与2020年要持续增长的要求还有很大的差距。

4. 教育投入与保障

2016年，经费投入为259.2亿元，除了用于高等教育和职业教育外，其余用于保障学前教育阶段普惠性学位扩充补助和学生资助，扩大优质中小学教育资源项目，高等学校、社会力量机构、教科研单位参与中小学课程改革，推动高中优质教育统筹，落实义务教育阶段各项补助和保障中小学教师队伍建设上面。但从义务教育经费的"三增长"要求来看，2016年教育财政拨款的增长比例低于财政经常性收入的增长比例，没有达到法律规定的要求。从公共财政教育支出占地方公共财政的比例看，2016年公共财政教育支出占地方公共财政的比例比2015年减少1%，而且这两年都低于15%，与《北京市"十三五"时期教育改革和发展规划（2016—2020年）》规定的"2020年公共财政教育支出占公共财政支出的比例达到17%"的要求还相差3个百分点。办学条件虽然得到很大的改善，但2016年普通中学建立校园网的比例（95.36%）相较

2015年（96.75%）下降1.4%。在数字学校建设方面，政府除了投入大量的经费外，还积极购买优质数字教育资源与服务，但从目前来看，企业和其他社会力量开发的数字教育资源还不多或在中小学校的利用率还不高，政府、学校与企业在在线开放资源平台建设和移动教育应用软件研发的合作还有待加强。

（二）原因分析

1. 目标设计过于理想，没有考虑实际困难

在《北京市"十三五"时期教育改革和发展规划（2016—2020年）》中，为了追求目标的"高大上"而把目标设计得很理想，没有充分考虑到实际的发展基础及现实可能存在的困难。如关于0—3岁婴幼儿家庭早期教育指导率这一指标，前期政府对0—3岁婴幼儿家庭早期教育的介入不多，没有掌握相关的统计数据，加上早期教育工作人员的供给不足，必然会导致这一指标难以在短时间内达到较高的满意度。"学前教育社区办园点"这一指标设计很好，想利用社区的闲置资源来缓解学前教育的不足，但是政府对社区划分得不清，加上社区用于学前教育的经费、场地和师资以及安全管理都没有明确的管理责任主体，社区参与办园的难度是非常大的。

2. 政府对学前教育和特殊教育的重视不够

要达到早期教育和学前教育的规划指标，构建起公办幼儿园和普惠性民办园为主体、公办民办并举的学前教育服务网络，任务比较重，因为学前教育在整个国民教育体系中的非义务教育的性质，直接导致这些年来学前教育一直处于政府管理格局中"姥姥不疼，舅舅不爱"的地位。学前教育领域的公办园数量不足、民办园良莠不齐、收费昂贵等问题，直接反映了政府对其重视和监管不够。即使在实施第二期学前教育三年行动计划及后续行动时，北京市仍然存在公办幼儿园数量严重不足、幼儿园办园条件不达标、非法办园现象有禁不止、幼儿教师编制短缺、幼儿教师待遇普遍偏低、教师队伍不稳定等问题。另外，特殊儿童中残疾学生在本市的规模不大，2012—2016年一直保持特殊学校22所，在校学生从2012年的8100人降至2016年的6900人，招生人数从2012年的1200人降至2016年的900人规模，导致政府对这部分特殊学生重视不够。而且，特殊教育学校的办学条件也存在问题，2016年生均占地面积为35.66平方米，生均校舍建筑面积为24.17平方米，建筑容积率为0.68，不能很好地满足各类残疾学生的特殊教育需求。

3. 政府对基础教育领域国家教育主权的严格维护

扩大教育交流与合作、提高教育国际化水平、培养国际化人才是《国家

中长期教育改革和发展规划纲要（2010—2020年）》和《北京市"十三五"时期教育改革和发展规划（2016—2020年）》提出的明确目标。基础教育国际化作为教育国际化的重要组成部分，对于服务首都"国际交往中心"建设发挥着重要的作用。但是，在推进基础教育国际化的过程中存在把"国际化"和"西化"画等号的理解误差，以及有些地方的高中国际课程班完全实施国外课程而引起了本国立场和"教育主权"的问题，导致政府在积极扩大基础教育领域的对外交流合作时，加强了对教育主权和教育方针、政策、培养目标的维护。而这也直接影响了近年来北京市基础教育在中外合作办学、教师参与境外培训、学生参与国际性赛事活动方面的积极性。

4. 学校和家庭责任落实不到位

规划目标的达成，需要家庭和学校的配合才能落实。但是诸如中小学生体质健康、学生基本掌握两项运动技能和一项艺术爱好、学生视力和学生肥胖这些指标的达成，除了需要学校在课程设置、课外活动、饮食健康及学习习惯上加强对学生的训练、引领和监督外，也需要家长在日常生活中重视孩子的体质健康、运动及艺术爱好、用眼习惯和膳食结构。这两方面的教育主体责任不到位，必然会影响"中小学生体质健康监测合格率、义务教育阶段学生基本掌握两项运动技能达标率、义务教育阶段学生基本掌握一项艺术爱好达标率、遏制中小学生视力不良检出率增长比例、遏制中小学生肥胖检出率增长比例"的监测结果。

5. 相关配套政策不完善

北京的教育改革与创新，离不开政府的统筹推进和政府相关职能部门的协作联动。但是，现在行政管理体制机制性障碍和政府对相关职能部门的统筹失调，相关配套政策没有出台，导致政府教育治理能力提升、现代学校制度建立、落实学校办学主体地位、多形式办学体制形成、管办评分离、教师校长交流轮岗人事制度的改革与创新等方面进展缓慢。

6. 社会机构对教育的支持力度不够

教育的发展，离不开社会的大力支持，如初中综合实践活动、"高参小"项目、第三方教育评估机构参与督导评估和质量监测、数字教育资源开发和利用，都需要企业和其他社会力量共同参与和积极支持。但由于目前政府管理体制不畅、政策缺失、经费不足等，大量拥有教育资源的社会力量没有被充分调动起来。

五、政策建议

针对上述问题及原因分析,"十三五"期间我们需要重点关注和大力实施的举措主要表现为以下方面。

(一) 政府要把办好学前教育作为今后的工作重点

"十三五"时期,随着首都学龄人口总量的快速增长,学前教育的有效供给面临巨大压力。在贯彻落实《北京市第三期学前教育行动计划》时,在巩固前两期行动计划成果的基础上,北京市应丰富办学形式,提供更加多样化的学前教育服务,着力解决好当前存在的"入园难"问题。要积极创新条件,按计划完成每年新建、改扩建公办幼儿园任务,以财政购买或专项补助的形式将更多的民办园纳入普惠范围,以满足更多的适龄儿童的入园需求。通过数据排查,掌握各区县0—3岁婴幼儿数量;利用社区活动中心,定期特派早期教育工作人员对0—3岁婴幼儿家庭进行早期教育指导。加快制定《北京市学前教育社区办园实施意见》,对设施设备、人员配备条件、园所安全管理、经费保障等提出明确要求,规范对社区办园点的管理。

(二) 政府要更加关注特殊群体学生的教育需求

特殊人群的受教育权利需要政府加以保障。首先,以特殊教育学校为骨干,以随班就读和特教班为主要手段,以送教上门和社区服务为辅助,进一步健全残障儿童少年入学保障机制。其次,改善特殊教育学校的办学条件。针对目前特殊教育学校办学方面存在的问题,为满足各类残疾学生的特殊教育需求,政府需要在特殊学校的生均建筑面积、专业设施设备和体能康复训练基地建设上投入更多的专项经费。再次,加强对特殊教育的科学研究。加大特殊教育专业教师的培养和培训,针对不同特殊儿童开发出有价值的特殊教育课程体系和训练方法,让更多的特殊儿童能接受到有质量、个别化、定制的义务教育。最后,依法保障符合条件的进城务工人员随迁子女在京接受公办义务教育。完善并落实好进城务工人员随迁子女积分入学的具体实施办法,以满足随迁子女在京接受义务教育后的高中升学意愿。摸排进城务工人员自办学校数量及分布,并对其办学条件和办学质量进行评估,实行分类治理。

（三）扎实推进义务教育优质资源扩大整合

为确保百姓能在家门口上好学，继续坚持既增数量又增质量的"双增量改革"思路，推动首都基础教育治理体系创新。一是大力新增优质中小学校。通过学区联盟、教育集团、教育集群、城乡结盟校、区域教育联合体等多种形式，增加优质学位供给总量。二是继续探索向社会力量购买教学服务。统筹利用教育系统内外一切可以利用的资源，除在英语学科吸引民办教育机构参与教学改革外，还需扩大政府购买教育服务的范围和规模，深化委托办学、合作办学试点。三是大面积推进高校和科研院所创办附中附小。从资源共享、品牌建设、学校管理、课程开发、学科建设、师资培养等方面开展深度合作。

（四）加快落实12年免费基础教育

《北京市"十三五"时期教育改革和发展规划（2016—2020年）》规定，"到2020年，逐步实施12年免费基础教育"。12年免费基础教育，现在已确定是向后延，即延伸到高中阶段免费。但是据调查，这一政策到现在还没有贯彻落实，高中学生仍然缴费上学。政府需要在精准掌握现在高中阶段在校学生基数和预测未来3年高中阶段在校学生数后，科学测算出免除学费和杂费后的经费缺口，以财政拨款的形式下达学校，保障更多学生享受到免费的高中教育。

（五）加强中小学教师队伍建设

针对不断新建和改扩建的学前教育机构和中小学校的增多，坚持引进与培养并重。通过人才引进和增加师范院校的招生名额增加学前教师和中小学教师培养的数量，特别是美术、音乐、体育和科技方面的专业教师。为提升现有中小学教师队伍的整体质量，推进实施名师名校长工作室、名师导学团、学区联合备课等工程，充分发挥优秀、骨干教师作用，实现优秀教育经验、成果的资源共享。为加快城乡基础教育一体化建设，各级政府要加快推进中小学教师"县管校聘"改革，落实《关于进一步推进义务教育学校校长教师交流轮岗的指导意见》，积极推进优秀校长和骨干教师在城乡之间、学校之间的交流轮岗。提高乡村学校高级教师职称比例，设立专门用于乡村学校教师的职称评定标准，为促进优秀教师向乡村学校流动创造有利条件。

（六）开展基础教育国际交流与合作的探索

教育面向国际化是未来世界教育发展的趋势。在市级政府严格把好审批关的基础上，以区为主体，以区教育行政部门为主导，开展区域性基础教育国际化探索。适当引进中外中小学合作办学的好项目，引进国际通用的质量、效率、评估等标准，引进优质国际课程，强调课程的现代性和探究性，突出学科前沿知识、交叉内容、新兴学科领域的知识，以培养学生的全球意识和多元文化的理解力，提高学生的动手能力和创新思维能力。以项目为支撑，让更多的干部和教师参与国际交流与境外培训。支持中小学生参与一些有重大影响力的国际性赛事活动、国际游学活动及其他人文交流项目，让学生在多元文化和多国语言的环境里具备国际视野和国际竞争力。

（七）持续增加政府对教育的稳定投入和使用

政府对教育的投入和使用是教育发展的重要保障。首先，政府要做到公共财政教育支出占地方公共财政的比例不能逐年降低。如果这个比例未来三年仍然低于15%的比例，是很难达到"2020年公共财政教育支出占公共财政支出的比例达到17%"要求的。其次，政府财政要保证义务教育经费"三增长"的法律要求，尤其是教育财政拨款的增长比例不能低于财政经常性收入的增长比例。再次，政府还需要在改善中小学办学条件上增加投入，主要表现为支持中小学校智慧校园建设、开发和购买优质数字教育资源、中小学体育运动场（馆）面积达标和专用教室建设达标、特殊学校建设及其专业设施设备购置、中小学学生食堂建设及营养餐等。最后，提供专项经费用于教师培训和提高教师队伍的绩效工资和福利待遇。

（八）建立政府统筹、部门协同创新机制

教育事业的改革发展，离不开政府统筹及各职能部门的协同创新，目前较为迫切的就是要围绕教育事业发展强化"市级统筹"，探索政府间纵横协同的有效制度安排，不断深化财政、人事、编制、外事等领域的改革，打好"政策组合拳"，合作共治，促进首都基础教育协同创新体系的形成。

（九）鼓励和支持社区、家庭和社会其他力量共同参与办学

教育是个系统工作，学校、社区、家庭、社会多方力量应共同培养学生，缺一不可。通过政策优惠，发挥社区闲置资源优势，做好学前教育社区办园试

点。完善家校合作机制,使家长在德、智、体、美育方面能和学校的教育教学理念和方法保持一致,赋予家长更多的教育知情权和参与权,真正行使好学校家委会、家长教师协会的职责,形成家校教育合力。推进多元主体合作办学,落实税费优惠等激励政策,吸引更多的社会资源进入学前教育领域,促进民办幼教机构的规范化、社区化、便民化。引入更多优质的民办机构参与学校学科改革及委托办学。积极推进政府购买社会服务,实现优质教育资源的互通共享。加强政府、学校与企业的在线开放资源平台建设和移动教育应用软件研发合作。购买社会资源参与学校课程建设,通过各类跨界合作给学生提供更多丰富多元的课程选择。

北京市"十三五"时期职业教育发展监测研究

杨小敏*　高莉亚**

摘　要：在国家京津冀协同发展和"双创"战略背景下，职业教育在"四个中心"首都城市战略定位和国际一流和谐宜居之都战略目标的实现过程中具有重要作用。依据北京市及国家职业教育改革发展的相关政策，本研究从职业教育体系、办学模式改革、现代职教制度三个方面建立初步的规划监测指标体系。结合相关数据资料，研究着重就2016—2017学年度北京市职业教育的实际发展情况与目标值进行对比分析。北京职业教育在体系升级、课程教学、教师管理、学校运行等方面均取得长足进步，但仍存在学校规模不尽合理、"双师型"教师占比不足、信息公开力度不够等突出问题。未来，在"稳定规模、优化结构、促进公平、提升质量、创新体制、服务发展"的发展思路指导下，北京职业教育仍需深化体制机制改革，大力推进职业院校转型升级，全面深化办学模式改革，努力建立健全符合北京城市深度转型的现代职教体系。

关键词：职业教育；规划监测；指标体系

首都职业教育作为技能人才培养的重要阵地，对于学习贯彻党的十九大精神，学习落实北京市第十二次党代会精神，紧紧围绕"四个中心"首都城市功能战略定位和建设国际一流的和谐宜居之都战略目标，有力、有序、有效疏解非首都功能，助力北京城市发展深度转型，具有极其重要的作用。"十三五"时期，北京市职业教育面临着规模调控和转型升级的巨大挑战。根据《北京市"十三五"时期教育改革和发展规划（2016—2020年）》以及北京

---

*　杨小敏，北京师范大学教育学部讲师/中国教育与社会发展研究智库研究人员，主要从事教育政策与财政研究。

**　高莉亚，北京师范大学中国教育与社会发展研究院学术助理。

市经济社会发展对产业转型升级和各类技能型人才的要求，北京市职业教育需要走高端特色的变革发展之路，才能切实发挥其在首都城市转型发展中的战略支撑作用。为此，开展"十三五"中期职业教育发展监测研究，把握发展动态，研判现实问题，提供意见建议，对于积极促进北京市职业教育健康持续发展、努力实现城市发展战略目标，具有极为重要的现实意义。

一、发展背景

"十三五"时期是北京深入贯彻"四个全面"战略布局，落实首都城市战略定位，推进京津冀协同发展，疏解非首都功能，建设国际一流的和谐宜居之都的关键时期。首都职业教育发展面临有史以来最艰巨的挑战，只有走高端、内涵、特色发展路线，提升自身服务能力，才能主动适应新的形势和挑战，发挥在首都城市发展中的特殊重要作用。

1. 京津冀教育协同发展战略对职业教育空间布局优化提出了新要求

随着京津冀区域一体化进程的推动，京津冀教育空间布局将按照区域人口、产业的调整趋势，跟进公共教育服务、产业人才支撑服务和科技创新服务，形成"公共教育服务跟人走、职业教育随产业转、高等教育随创新变"的良性互动格局。职业教育将围绕区域产业带，发挥比较优势，打造一批具有较强竞争力与地区特色的职业教育集团和集群。北京市有条件的职业院校需要通过搬迁、办分校、联合办学等方式向北京市郊区县和河北省疏解。

2. 产业结构转型升级对提升职业教育的人才培养质量提出了新要求

立足首都城市战略定位，落实京津冀协同发展战略，北京市将重点疏解非首都功能，优化经济产业结构，突出高端化、服务化、集聚化、融合化、低碳化。目前企业和社会对职业教育人才的培养存在明显的"供求矛盾"，即质量满意度普遍不高，部分行业技能型人才紧缺而职业学校难以供给，职业学校毕业生能力和素质与企业期待有差距，毕业生综合素质不足。因此，职业教育必须顺应新的形式要求和产业结构升级需要，在层次和专业结构上合理规划，加强高素质、高技能和高层次的职业人才培养，以适应新时代经济社会发展需求。

3. 职业教育招生规模和生源质量下降对结构调整与优化提出了新要求

"十二五"期间，北京职业教育招生数量逐年减少。2016年中等职业学校招生数为3.6万人，较2010年减少了49.9%；高等职业学校招生数为1.9万人，较2010年减少了48.8%。受2012年《进城务工人员随迁子女接受义务教育后在京参加升学考试工作方案》的影响，进城务工人员随迁子女进入中等职业学校的入学门槛提高，中职招生数量陡降。而且，受质量、就业等多种因素的影响，学生接受职业教育培训的意愿不强，规模会随之持续下降。因而，适应未来北京首都城市发展定位，首都职业教育需要在提质增效上做足文章，逐步适应中等职业教育招生规模变化，稳定专科层次高等职业教育规模，在层次上积极发展本科和研究生阶段的专业化教育。

二、监测指标体系构建

本部分着重以国家和北京市"十三五"教育事业发展规划及相关政策对职业教育发展的要求为依据，结合北京职业教育改革发展的实际，进行规划监测指标体系的构建。

（一）政策依据

1. 北京市"十三五"教育规划

《北京市"十三五"时期教育改革和发展规划（2016—2020 年）》进一步明确了 2016—2020 年首都职业教育改革与发展的主题和方向。在主要目标方面，涉及职业教育的六项发展目标：第一，全国领先，即职业教育的总体发展水平在全国排在前列，远超其他中等及落后程度地区；第二，更加公平，即职业教育城乡一体化发展格局形成，区域、校际差距进一步缩小，家庭经济困难群体资助全覆盖制度更加完善；第三，优质供给，即中等职业教育和高等职业教育的"双师型"教师比例均超过 80%，优势特色学科建设进一步增强；第四，培养模式灵活多样，即高职院校分类发展，完善不同类型学习成果的互认与衔接机制和转换认定制度，新时期工匠精神广泛弘扬，应用型人才和创新型人才培养能力提高；第五，治理体系规范高效，即社会广泛参与机制更加健全，内部治理结构得到加强，教育督导的法制化、专业化、现代化水平提高，财政保障体系更加完善；第六，辐射影响力提高，即开放程度和国际竞争力显著增强，京津冀区域教育协同发展机制逐步完善，首都职业教育的辐射带动作用明显提升，信息化助推职业教育现代化的能力增强。

在主要任务方面，坚持资源统筹、协同创新、高端培养、服务发展的原则，结合首都城市功能定位和经济社会发展需要，致力于打造产教深度融合、中职高职衔接、职业教育与普通教育相互沟通、学历教育与职业培训有机结合的现代职业教育体系，主要包括三点。第一，完善职业教育体系，即控制各类职业教育规模，结合京津冀产业布局调整相关专业，实施中高职一体化办学，继续做好"3+2"中高职衔接改革工作，深化"五年一贯制"高职改革；开展中高职与本科教育贯通培养、联合培养改革试点，推进高端技术技能人才贯通培养项目，发展职业培训。第二，深化办学模式改革，即坚持政府推动、市场导向、学校主体、企业参与、骨干带动，以产业或专业（群）为纽带，加快建设一批服务新兴产业和主导产业的职业教育集团；推动政府、学校、行业、企业合作共建研发中心，共享实习实训基地和技术技能大师工作室。第三，提高教育教学质量，即探索现代学徒制试点，开展订单培养、工学交替、顶岗实习、校企合作等培养模式改革，建设一批与生产一线真实应用和最新发展紧密结合的优质品牌课程；加强职业院校与职业技能鉴定机构、行业企业的合作，积极推行"双证书"制度；改进公共基础课教学，注重学生的人文素质、科学素养、综合职业能力和可持续发展能力，培养爱岗敬业、精益求精、重视传承、敢于创业的工匠精神；在重大项目方面，提出实施高端技术技能人才贯通培养项目，即支持部分职业院校与示范高中、本科院校、国内外大企业合作，选择契合首都产业转型和发展需求的优势专业招收初中毕业生，完成高中阶段基础文化课学习后，接受高等职业教育和本科专业教育。

2. 北京现代职业教育实施意见

北京市人民政府于 2015 年 11 月印发的《关于加快发展现代职业教育的实施意见》，根据首都城市战略定位和经济社会发展需要，提出"产教深度融合、中职高职衔接、职业教育与普通教育相互融通、学历教育与职业培训有机结合，体现终身教育理念，具有首都特色，国际一流"等职业教育发展目标，并从四个方面更为清晰地阐述了具体任务。

第一，结构规模更加合理。到 2020 年，中职教育在校生达到 6 万人左右，专科层次高职教育在校生达到 10 万人左右，高职与本科衔接职业教育在校生达到 1 万人左右；结合疏解北京非首都功能要求，引导东城区、西城区中等职业学校向郊区疏解，将全市中等职业院校调整到 60 所左右；探索建立京津冀职业教育集团；职业院校每年完成从业人员技术技能培训 50 万人次以上；撤并一批面向低端产业的专业，改造升级一批传统优势专业，优先发展一批新兴专业，重点加强一批紧缺人才专业建设，与产业承接地合作建好一批品牌专业，建立专业设置信息发布平台和动态调整预警机制。

第二，产教融合更加紧密。到 2020 年，校企深度合作的职业教育集团达 15 个左右；对接产业优化升级，建设 100 个精品特色专业（点）；对接企业人才需求，建设 100 个校企合作、产学研一体化实训基地；支持开展校企招生、联合培养的现代学徒制试点，促进企业生产经营活动与服务学生实习实训、就业创业有机结合。

第三，办学水平显著提升。到 2020 年，建成 10 所左右具有国际先进水平的职业院校和一批骨干专业；"双师型"教师占专业课教师比例达 80% 以上；建立一批职业教育教师企业实践基地，完善新任教师岗前培训制度，实行教师定期实践制度，且专业教师每两年专业实践的时间累计不少于两个月；大力支持职业院校面向大中专学生开展创业就业指导，建立公益性农民培训制度和职业院校服务社区机制。

第四，发展环境更加优化。现代职业教育制度基本建立；全社会支持和参与氛围浓厚；推动职业院校制定学校章程，健全专业技术职务（职称）评聘制度，建立职业院校聘请高水平公共基础课教师、企业管理人员、工程技术人员和能工巧匠担任专兼职教师制度，建立教师绩效评价标准；健全政府补贴、购买服务、助学贷款、基金奖励、捐资激励等制度；健全高等职业教育"文化素质+职业技能"、单独招生、综合评价招生和技能拔尖人才免试等考试招生办法。❶

3. 北京中职学生职业素养意见

在《关于加快发展现代职业教育的实施意见》的基础上，北京市教育委员会于 2016 年 5 月印发《提升中职学生职业素养指导意见》，旨在通过加强思想品德、心理、体质、艺术、科技、文化、技术等方面的教育，全力提升中职学生的职业素养，为学生顺利就业创业和可持续健康发展打下坚实基础，形成独具首都特色的职业教育体系，并实现"五个建设""五个提升"的最终目标。具体而言，"五个建设"即建设具有北京特色的中职学生职业素养培育体系；建设一批培育和践行社会主义核心价值观实践教育基地；建设 10 个中职学生创新创业教育基地；建设 50 个富有特色的中职德育品牌；建设丰富多彩的中职学生展示技艺和才华的平台。"五个提升"即提升思想品德素养，培养爱国、敬业、懂礼、守法、明责的良好品德；提升技术素养，培养较强的动手能力和精益求精的工匠精神；提升体育素养，培养良好的体育精神、健康的体魄和心理品质；提升文化艺术素养，培养人文精神、兴趣爱好和审美能力；提升科学素养，培养严谨认真的科学态度和积极进取的创新创业精神。❷ 这些政

---

❶ 北京市人民政府关于加快发展现代职业教育的实施意见［EB/OL］. http：//zhengce.beijing.gov.cn/library/192/33/50/40/438651/75166/index.html.

❷ 北京市教育委员会. 提升中职学生职业素养指导意见［EB/OL］. http：//www.bjedu.gov.cn/xxgk/zxxxgk/201606/t20160602_ 12612.html.

策在精神内涵和发展目标上体现出一脉相承的显著特点。

（二）监测指标体系构建

北京市职业教育发展监测指标体系的建构，应首先基于对规划措施制定与实施情况的监测；然后监测规划任务的进展情况，进而判断出规划目标的实现程度。对规划措施的制定与实施情况进行监测，即对政府制定政策情况及相关方落实政策情况进行监测，这也是对北京市职业教育发展情况进行监测的切入点。规划措施意味着政府允许、领导什么人或组织利用什么资源、开展什么事情、完成什么任务、达成什么目标，这些具体行为或可被观察到的现象即监测要点。

结合北京市教育委员会印发的《提升中职学生职业素养指导意见》，按照《北京市"十三五"时期教育改革和发展规划》《关于加快发展现代职业教育的实施意见》的逻辑，对相关内容进行梳理，本研究提取出监测指标及监测要点，构建了北京市职业教育发展监测指标体系。具体包括职业教育体系、办学模式改革、现代职业教育制度三大一级指标和相应的若干二级与三级指标，分别解释基本的供求现状以及城市发展对职业教育的需求以及职业教育的发展潜力。具体内容如表1所示。

表1 北京市职业教育发展监测指标体系

一级指标	二级指标	三级指标	编号	监测要点（备注）	指标来源	目标值
完善的职业教育体系	规模结构	学校规模	1	学校数	实施意见	中职60所
			2	在校生数	实施意见	中职6万人，高职10万人，高职与本科衔接1万人
		教育结构	3	生师比	新设	适度
			4	"双师型"教师占比	发展规划 实施意见	>80%
			5	留学生占比	新设	增长
	体系升级	职业教育集团	6	深度合作职教集团数	实施意见	15个
			7	新增研发中心数	发展规划	增长
			8	新增技术技能大师工作室数	发展规划	增长
		高水平职业院校	9	具有国际先进水平的职业院校数	实施意见	10所
			10	智慧校园数量	实施意见	增长
			11	数字化实训基地数量	实施意见	增长

续表

一级指标	二级指标	三级指标	编号	监测要点（备注）	指标来源	目标值
全面的办学模式改革	课程教学	教学模式	12	公共基础课教学模式改革	实施意见 发展规划	社会满意
			13	专业课教学模式改革	实施意见 发展规划	社会满意
			14	文化基础课教师占比	新设	增长
		专业调整	15	撤并低端专业数	实施意见	增长
			16	改造传统专业数	实施意见	增长
			17	增加新兴专业数	实施意见	增长
			18	精品特色专业（点）	实施意见	100个
		资源整合	19	中、高职一体化办学	发展规划	社会满意
			20	高端技术技能人才贯通培养项目数量	发展规划	社会满意
	产教融合	人才培养	21	现代学徒制试点数量	发展规划 实施意见	社会满意
			22	订单培养改革	发展规划	社会满意
			23	工学交替改革	发展规划	社会满意
			24	顶岗实习改革	发展规划	社会满意
			25	持"双证书"毕业生占比	发展规划	增长
		实习实践	26	产学研一体化实训基地数量	实施意见	100个
			27	教师企业实践基地数量	实施意见	社会满意
健全的职业教育制度	教师管理	教师培养	28	新任教师岗前培训次数、时长	实施意见	社会满意
			29	教师定期实践次数、时长	实施意见	两年不少于两个月
		教师评聘	30	教师职称评聘	实施意见	建立健全
			31	校外专兼职教师聘任	实施意见	建立健全
		教师评价	32	教师评价内容	实施意见	建立健全
			33	教师评价方式	实施意见	建立健全
	学校运行	办学体制	34	股份制、混合所有制改革试点数	实施意见	社会满意
			35	企业大学或特色学院数	实施意见	社会满意
			36	与本科院校、科研机构联合办学改革试点数	实施意见	社会满意
			37	政府补贴、购买服务、助学贷款、基金奖励、捐资激励等	实施意见	建立健全
		招生考试	38	高职"文化素质+职业技能"单独招生、综合评价招生和技能拔尖人才免试	实施意见	建立健全
			39	统一的学籍管理系统	实施意见	建立健全

续表

一级指标	二级指标	三级指标	编号	监测要点（备注）	指标来源	目标值
健全的职业教育制度	学校运行	服务社会	40	具有独立法人地位的新型社区学院数量	实施意见	社会满意
			41	培训人次	实施意见	50万人次/年
		资助政策	42	奖助学金覆盖面	实施意见	扩大
			43	艰苦和急需专业奖助政策	实施意见	社会满意
			44	社会人员接受职业培训的资助政策	实施意见	建立健全
		经费保障	45	经费绩效评价	实施意见	建立健全
			46	审计监督公告	实施意见	建立健全
			47	预决算公开	实施意见	建立健全

本指标体系从对规划实施监测的角度出发，着重关注规划本身阐述的内容、采取的措施及实际落实情况，集中反映了北京市职业教育事业发展的关键点，能够较好地发挥规划实施监测对于调整和改善规划实施效果的作用。本指标体系将北京市职业教育事业发展情况逐级转化为更为清晰具体的一级指标、二级指标和三级指标，并落实到可被观测的监测要点上。其中，渗透了量化研究和质性分析的有机结合，更为全面、客观地监测北京市职业教育事业发展的具体情况。当然，这只是依据相关政策形成的一个初步设计框架，一些指标和监测要点还需要在后期的实际监测中不断调整与优化。

三、监测结果分析

根据上述所构建的北京市职业教育事业发展监测指标体系及北京教育统计数据和相关部门公开的数据资料，本研究进行了职业教育总体状况的监测分析。监测指标中的定量分析部分重点选取 2016—2017 学年度北京市职业教育的实际发展数值与北京市"十三五"职业教育事业发展目标值进行对比分析，为北京市"十三五"职业教育事业的优化发展和目标实现提供数据支撑。定性分析部分针对北京市职业教育发展监测指标体系中不可量化的部分，着重对首都职业教育的发展现状与发展目标进行对比分析和研判，提供政策建议与支持。

（一）职业教育体系

1. 定量分析

结合首都城市功能定位和经济社会发展需要，《北京市"十三五"时期教育改革和发展规划（2016—2020年）》《关于加快发展现代职业教育的实施意见》均提出"规模结构更加合理、产业体系优化升级"的职业教育发展要求。结构规模这一监测指标包含学校规模和教育结构两个三级指标，体系升级这一监测指标则指建立一批职业教育集团和高水平职业院校两个三级指标，上述每个三级指标均可以衍生出多个对应的监测要点。结合北京市教育事业相关统计数据[1]，以中等职业教育为重点，对上述监测要点中可量化部分进行描述与比较，有利于全面把握北京市"十三五"职教体系的发展概况。具体情况如表2、表3所示。

表2 中等职业学校规模情况

类 别	学校数（所）（目标值：60所）			在校生数（人）（目标值：6万人）		
学 年	2015—2016	2016—2017	增值（%）	2015—2016	2016—2017	增值（%）
总 计	122	121	-1（-0.82）	134334	121065	-13269（-9.88）
普通中专	31	31	0（0）	47465	43895	-3570（-7.52）
成人中专	11	11	0（0）	30412	27042	-3370（-11.08）
职业高中	51	50	-1（-1.96）	18400	14843	-3557（-19.33）
技工学校	29	29	0（0）	38057	35285	-2772（-7.28）

表3 中等职业教育结构情况 （%）

类 别	2015—2016学年	2016—2017学年	增 值	目标值
生（在校生）师（专任教师）比	15.14	14.70	-0.44	适度
"双师型"教师占比	53.98	53.09	-0.89	80%以上
留学生占比	0.08	0.10	0.02	增长

注："双师型"教师占比不包含技工学校。

在学校规模方面，相关政策文件提出"到2020年，中职教育在校生达6万人左右；全市中等职业院校调整到60所左右"等具体明文规定，为职业教育进一步优化自身规模，科学调配教师、学生数量，描绘了清晰、明确的发展愿景。2016—2017学年北京中等职业教育发展数据表明，中等职业学校数、在校生数均产生不同程度的缩减现象，与2015—2016学年相比，其减幅分别达到0.82%、9.88%，但相比"60所左右""6万人左右"等政策要求尚存在较大调整空间。具体而言，从学校数来看，2016—2017学年北京市中职学校

---

[1] 北京市教育委员会.2016年北京市教育事业发展统计公报［EB/OL］.http：//www.bjedu.gov.cn/xxgk/ywdt/ywsj/201704/t20170407_18441.html.

总数为 121 所，是目标值的两倍，中职学校规模有待进一步压缩；除职业高中减少一所且呈现 1.96% 的下降趋势外，普通中专、成人中专及技工学校数量均保持不变，与 2015 年持平。从在校生数来看，2016—2017 学年北京市中职在校生为 121065 人，同中职学校总数一样，是目标值的两倍；职业高中和成人中专波动明显，分别产生 19.33%、11.08% 的减少幅度，生源流失现象严重，呈现出向目标值靠近的发展趋势。

在教育结构方面，北京中等职业教育在 2016—2017 学年涌现出一些成就与问题，呈现出多样化的发展态势。从生师比来看，2016—2017 学年北京中等职业教育产生 0.44 个百分点的下降，表明生源流失较师资削减呈现出更明显的波动。"双师型"教师占比方面，2016—2017 学年中等职业教育为 53.09%，较 2015—2016 学年下降 0.89 个百分点，下降幅度不大，但较"80% 以上"的国家政策目标还有较大差距。此外，2016—2017 学年北京中等职业教育在校生中，留学生占比为 0.10%，较 2015 年提高 0.02 个百分点，表明职业教育的开放程度进一步增强，在促进国际交流、提高国际竞争水平等方面发挥着愈发重要的作用，同时与国家政策目标基本一致。

在高职教育方面，2016—2017 学年北京有独立设置的高等职业院校 25 所（与上一年度相比，新增 1 所民办高职院校），其中北京市教委所属高等职业院校 5 所，其他委办局或总公司所属高等职业院校 9 所，区县政府所属高等职业院校 2 所，民办独立设置高等职业院校 9 所。此外，北京还有 20 所普通本科院校以及 3 个其他机构❶举办了高等职业教育。北京有国家和北京市两级示范性高职院校 12 所，其中国家重点建设示范性高职院校 4 所、国家重点建设骨干高职院校 2 所，两级示范校占高职院校的 48%。在学生规模与结构方面，2016 年北京高等职业教育（含本科院校举办高职教育）在校生总数达到 8.74 万人，与目标值"10 万人"相比，还有 1 万余人的扩大空间；招生数为 2.70 万人，毕（结）业生数为 3.53 万人。❷ 其中 24 所❸独立设置的高职院校在校生总数为 7.09 万人，在校生平均数为 0.30 万人，招生数为 2.60 万人，毕业生数为 2.33 万人；高中起点在校生数为 4.63 万人，中职起点在校生数为 1.63 万人。

---

❶ 即北京科技大学延庆分校、首都经济贸易大学密云分校、北京工业大学通州分校。因为属于高等学校附设分校，在普通高校中不计校数。

❷ 数据源于北京市教育委员会规划处提供的《北京市教育事业统计资料》（2016—2017 年）。

❸ 新增北京网络职业学院，于 2016 年首次招生。但暂未找到相关数据。

2. 定性分析

2016—2017 学年，北京职业教育体系进一步升级并完善，先后成立了联想职教集团、北京城市建设与管理职教集团及京津冀职业教育教学协同发展联盟等研发中心；通过举办职业院校信息化教学比赛，加强智慧校园建设，同时借助"高端技术技能人才贯通培养与学校国际化发展"研讨会并积极参与 2016 年世界职业教育大会，不断提升职业教育的信息化水平，加快首都职业教育与国际接轨的步伐与速度，加快建设一批高水平职业院校。

一方面，北京职业教育集团不断发展并壮大，合作成员更为多元，合作内容得到拓展，在职业院校与社会之间发挥着极其重要的桥梁作用。一是联想职业教育集团。该职教集团下设人才培养标准工作委员会、专业建设工作委员会、就业指导工作委员会，分别负责制定 IT 专业人才培养方案、推动 IT 专业课程开发及教学改革、开展 IT 专业市场需求调查及创新创业教育。❶ 二是北京城市建设与管理职教集团。该职教集团作为政校企、产学研多方联合培养高精尖技术技能人才的创新平台，不断彰显出愈发显著的独特优势。❷ 三是京津冀职业教育教学协同发展联盟。该联盟致力于更好地整合京津冀三地优质职业教育资源，充分发挥职业教育教研机构服务京津冀社会发展的促进作用。❸ 上述一系列举措的实施，有利于推动建立资源共享、优势互补、持续发展的职业教育合作平台，切实实现首都职业教育体系的升级和转型，有力促进京津冀协同发展和"中国制造 2025"等重大战略的落实。

另一方面，北京职业教育的信息化和国际化水平得到显著提升，高水平职业院校建设逐渐加强。一是职业院校信息化教学比赛。北京市教委和北京教育科学研究院以此项目为契机，推动市、区、校三级赛事体系的建立，完善优秀作品、先进教师参与全国比赛的选拔机制；❹ 二是"智慧校园顶层设计及建设报告会"，该报告会针对互联网+职业教育、生态云+解决方案及国内高校信息

---

❶ 北京市教育委员会. 联想职业教育集团在京成立 [EB/OL]. http：//www.bjedu.gov.cn/jyzx/jyxw/201606/t20160601_ 12362.html.

❷ 北京市教育委员会. 北京城市建设与管理职教集团成立大会召开 [EB/OL]. http：//www.bjedu.gov.cn/jyzx/jyxw/201606/t20160621_ 14007.html.

❸ 北京市教育委员会. 京津冀职业教育教学协同发展联盟成立 [EB/OL]. http：//www.bjedu.gov.cn/jyzx/spxw/201611/t20161101_ 15901.html.

❹ 北京市教育委员会. 我市在全国职业院校信息化教学大赛中再创佳绩 [EB/OL]. http：//www.bjedu.gov.cn/sylbxw/201612/t20161206_ 16417.html.

化三阶段等问题进行了充分研讨，为新一代职业教育智慧校园建设提供助力；❶ 三是"高端技术技能人才贯通培养与学校国际化发展"探索，通过组织召开会议等方式，围绕如何提升北京市贯通培养试验项目的效果、如何提升职业院校国际化水平等焦点问题展开，为国内外在职业教育体制机制、办学模式、人才培养、质量评价等方面进行交流、探讨提供良好契机；❷ 四是2016世界职业教育大会，北京市职业院校积极参与，聆听了来自欧洲和亚太地区十余个国家教育界同行、职教工作者有关"工业4.0本土化结合的职业教育与人才技能"案例分享，了解了当今世界职业教育发展的最新动向。上述具体内容有利于加快推动北京职业教育信息化建设，拓展北京职业教育系统"互联网+教学技术改革"的实施路径和达成方法，同时在促进职业教育国际交流与合作方面发挥了积极作用，在很大程度上推动了北京高水平职业院校的建设步伐。❸

（二）办学模式改革

1. 定量分析

"四个中心"首都城市功能战略定位和建设国际一流的和谐宜居之都战略目标等均对首都城市深度转型发展、产业全方位转型升级及各类技能型和创新型人才培养方面提出更高要求。相关政策文件着力倡导职业教育办学模式的创新与变革，强调职业教育领域的优质供给，主要表现在"改进课程教学模式"和"产教融合更加紧密"等重要方面。在北京市职业教育发展监测指标体系中，课程教学方面的改革主要体现在教学模式、专业调整、资源整合三个三级指标上；产教深度融合则主要体现在人才培养模式改革和实习实践环节改进两个三级指标上；将上述监测指标落实到可被具体观测的内容上，便依次形成各自的监测要点。结合北京市教育事业相关统计数据❹，以中等职业教育为重点，对上述监测要点中可量化部分进行描述与比较，便可了解与把握北京市

---

❶ 北京市教育委员会. 智慧校园顶层设计及建设讲座 [EB/OL]. http：//www.bjedu.gov.cn/jyzx/jyxw/201606/t20160608_13208.html.

❷ 北京市教育委员会. 举办"高端技术技能人才贯通培养与学校国际化发展"研讨会 [EB/OL]. http：//www.bjedu.gov.cn/jyzx/jyxw/201610/t20161020_15844.html.

❸ 北京市教育委员会. 市教委率队参加2016世界职业教育大会 [EB/OL]. http：//www.bjedu.gov.cn/jyzx/jyxw/201610/t20161020_15842.html.

❹ 北京市教育委员会. 2016年北京市教育事业发展统计公报 [EB/OL]. http：//www.bjedu.gov.cn/xxgk/ywdt/ywsj/201704/t20170407_18441.html.

"十三五"职业教育办学模式的改革进度。具体情况如表4所示。

表4 中等职业教育办学模式情况 （%）

类别	2015—2016学年	2016—2017学年	增值	目标值
文化基础课教师占比	42.84	44.27	1.43	增长
其中：普通中专	27.38	28.09	0.71	—
成人中专	40.12	44.21	4.09	—
职业高中	49.45	51.39	1.94	—
持"双证书"毕业生占比	68.46	70.89	2.43	增长
其中：普通中专	65.90	72.66	6.76	—
全日制成人中专	96.40	86.32	-10.08	—
非全日制成人中专	13.52	18.16	4.64	—
职业高中	88.41	88.55	0.14	—

注：表中不包含技工学校相关内容。

《北京市"十三五"时期教育改革和发展规划（2016—2020年）》注重学生人文素质、科学素养、综合职业能力、可持续发展能力及工匠精神的培育，并提倡从课程建设出发，从"改进文化基础课教学"着手实现上述教育目标。文化基础课教师占专任教师比例是职业教育文化基础课建设的重要表现之一。2016—2017学年度北京中等职业教育事业发展相关数据显示，文化基础课教师占比较2015—2016学年度提高了1.43个百分点，且普通中专、成人中专及职业高中的这一占比变化一致，均呈现不同幅度的提升；其中成人中专占比更是上涨了4.09个百分点，职业教育对文化基础课教学改革的重视与国家政策着力点的一致性得到较好体现。

与此同时，《北京市"十三五"时期教育改革和发展规划（2016—2020年）》大力倡导产教融合的人才培养模式，对"双证书"制度做出明确规定："加强职业院校与职业技能鉴定机构、行业企业的合作，积极推行'双证书'制度。"2016—2017学年北京中等职业学校持"双证书"的毕业生比例为70.89%，较2015—2016学年提高2.43个百分点；从不同类型中等职业教育来看，除全日制成人中专的该比例有所下降外，在普通中专、非全日制成人中专及职业高中，持"双证书"的毕业生比例均有不同程度的增加。这表明"双证书"制度的推行与落实呈现出较为积极的发展趋势，但是仍有提升空间，尤其应注意加大对全日制成人中专的宣传与执行力度，相关教育督导部门也应及时做好督促与引导工作。

2. 定性分析

2016—2017学年，北京职业教育的办学模式改革也取得一系列成效，尤其表现在对职业教育的教学模式改革及多方资源整合两大方面，包括对中职学校课堂教学状况的实地调研，对胡格教育模式改革试验测评工作的有序开展，对职业院校教师教学创新能力及学生学习模式的加强和改进，"3+2"中高职衔接办学改革试验规模的不断扩大，对高端技术技能人才贯通培养试验的稳步推进。

一方面，北京在职业教育教学模式方面进行了一系列深入探索，为职业院校育人质量的提高和内在活力的激活提供了有效保障。一是开展2016年北京市中等职业学校课堂教学现状调研。来自相关部门的75位专家组成9个调研组，面向全市48所公办中等职业学校开展课堂调研；通过专题研讨、小组交流、提交材料、梳理总结等活动的有序、有效开展，为北京中职教育的优化发展提供改进建议。❶ 二是开展胡格教育模式改革试验测评工作。❷ 2016年1月对该试验中的学生进行了第一次测评，测评考官由奔驰公司工作人员和7所试验院校的胡格项目老师共同组成，测评内容完全参照企业生产一线要求，尤其注重对学生实践能力和非专业能力的综合考评。❸ 三是成立中德职业教育创新学习联盟暨中德创新学习学院。该联盟致力于加强职业院校教师教学创新能力，改革学生学习模式，借鉴德国职业教育先进经验，着力培育学生专业能力和职业素养相结合的综合能力。❹ 以上项目的有效开展有利于北京职业教育教学模式获得不断改进，进而有效提升北京职业教育的办学水平。

另一方面，北京在职业教育资源整合方面也做出了积极努力，进一步发挥首都职业教育的集成优势，不断向"社会满意"的政策目标稳步迈进。一是新增70项"3+2"中高职衔接办学改革试验项目。2016年2月26日，北京市

---

❶ 北京市教育委员会. 2016年北京市中等职业学校课堂教学现状调研完美收官 [EB/OL]. http://www.bjedu.gov.cn/jyzx/jyxw/201607/t20160708_ 14876.html.

❷ 北京市教育委员会. 北京市教育委员会关于开展胡格教育模式改革试验的通知 [EB/OL]. http://www.bjedu.gov.cn/xxgk/zxxxgk/201601/t20160121_ 5239.html.

❸ 北京市教育委员会. 市教委与奔驰公司联合组织开展职业教育"胡格项目"学生综合职业能力测评 [EB/OL]. http://www.bjedu.gov.cn/jyzx/jyxw/201601/t20160126_ 5416.html.

❹ 北京市教育委员会. 中德职业教育创新学习联盟成立 [EB/OL]. http://www.bjedu.gov.cn/sylbxw/201612/t20161214_ 16749.html.

教委公布了 2016 年新增的 "3+2" 中高职衔接办学改革试验项目，并向各合作院校提出 "重构课程结构""公共基础课学时不少于总学时 1/3""统筹教育资源、管理力量、师资力量" 等一系列具体要求，为该项目的有效实施奠定政策基础。❶ 二是开展高端技术技能人才贯通培养试验。2016 年，试验院校增加到 12 所，录取 4319 人，较 2015 年取得翻一倍的瞩目成就。项目类别更是细化到高端技术技能人才贯通培养项目、高级外语人才培养项目、学前教育与基础教育师资培养项目、高精尖创新人才培养试验项目、中外国际学院贯通培养项目和北京学院贯通培养项目共六种。❷ 以上项目成为北京在整合职业教育资源方面不懈努力的坚实证据，同时必将有力推动北京职业教育办学模式的改革与创新进程。

（三）职业教育制度

1. 定量分析

《北京市 "十三五" 时期教育改革和发展规划（2016—2020 年）》和《关于加快发展现代职业教育的实施意见》均提出 "产教深度融合、中职高职衔接、职业教育与普通教育相互融通、学历教育与职业培训有机结合，体现终身教育理念，具有首都特色，国际一流" 等职业教育发展目标，倡导更为优化的职业教育发展环境及更为规范高效的职业教育治理体系。这些都依赖于现代职业教育基本制度的建立与健全。本研究构建的职业教育发展监测指标体系框架明确列出了 "现代职教制度" 这个一级监测指标，并从教师管理和学校运行两个维度分别阐述了更为具体的监测指标和监测要点。其中，教师管理这一监测指标主要涵盖教师培养、教师评聘及教师评价三个三级指标；学校运行则主要包括办学体制、招生考试、服务社会、资助政策及经费保障五个三级指标。结合北京市教育事业相关统计数据❸，以中等职业教育为重点，从上述监测指标的监测要点中选取可量化部分进行描述与分析，有利于构建出更为规范、健全的现代职业教育制度体系。具体情况如表 5 所示。

---

❶ 北京市教育委员会. 北京市教育委员会关于公布 2016 年新增 "3+2" 中高职衔接办学改革试验项目的通知 [EB/OL]. http://www.bjedu.gov.cn/xxgk/zxxxgk/201603/t20160303_8096.html.

❷ 北京市教育委员会. 高端技术技能人才贯通培养试验稳步推进 [EB/OL]. http://www.bjedu.gov.cn/jyzx/jyxw/201610/t20161021_15849.html.

❸ 北京市教育委员会. 2016 年北京市教育事业发展统计公报 [EB/OL]. http://www.bjedu.gov.cn/xxgk/ywdt/ywsj/201704/t20170407_18441.html.

表5　中等职业教育的制度建设情况　　　　　　　　（人,%）

类　别		2015—2016学年	2016—2017学年	增　值	目标值
专任教师总计		6995	6610	-385（-5.50）	适度
职　称	正高级	47（0.67）	47（0.71）	0（0.04）	—
	副高级	1869（26.72）	1940（29.35）	71（2.63）	—
	中级	2788（39.86）	2612（39.52）	-176（-0.34）	—
	初级	1596（22.82）	1507（22.80）	-89（-0.02）	—
	未定职级	695（9.94）	504（7.62）	-191（-2.32）	—
聘请校外教师总计		1246	1277	31（2.49）	适度
按授课内容：文化基础课		342（27.45）	323（25.29）	-19（-2.16）	—
专业课、实习指导课		904（72.55）	954（74.71）	50（2.16）	—
其中：双师型		133（14.71）	111（11.64）	-22（-3.07）	—

注：表中不包含技工学校相关内容。

在教师评聘方面，《关于加快发展现代职业教育的实施意见》做出明确说明："健全专业技术职务（职称）评聘制度，建立职业院校聘请高水平公共基础课教师、企业管理人员、工程技术人员和能工巧匠担任专兼职教师制度"，力求在教师管理制度方面上一个新台阶。依据2016年北京中等职业教育事业发展相关数据，2016年专任教师总数有所减少，但正高级、副高级专任教师数分别增加0.04%、2.63%，相应地，中级、初级及未定职级专任教师数均呈不同程度的下降趋势。这表明专业技术职务（职称）评聘制度在职业院校正稳步推进，对教师能力的提升和整个教师队伍建设产生激励作用；较低级别的专任教师正不断向较高级别提升，教师队伍的整体水平正不断得到提高。

与此同时，2016—2017学年中等职业学校聘请校外教师数量有所上升，较2015—2016学年相比增加2.49个百分点；从授课内容来看，文化基础课校外聘任教师的绝对数量和相对数量均有所下降，专业课、实习指导课校外聘任教师的绝对数量和相对数量均有所增加，但其中的"双师型"教师却产生了3.07个百分点的下降，波动比较明显。这说明，聘请校外专兼职教师制度实际进展良好，职业院校越来越注重聘请实践技能领域的校外教师。但对文化基础课及"双师型"校外教师有所忽略，与政策要求产生背离现象，这将成为聘请校外专兼职教师制度今后的改进重点。

2. 定性分析

2016—2017学年，北京职业教育在教师评价、招生考试及经费保障等方面进行了制度强化与革新，主要体现在几个方面：大力弘扬并积极举办中等职业学校班主任基本功大赛；高等职业教育、成人中等职业学历教育招考制度建设得以加强；继续落实职业教育预决算公开制度。

第一，北京市教委在 2016 年举办第二届中等职业学校班主任基本功大赛，继续推进职业教育教师评价制度的建设与完善。大赛由预交材料评审和现场竞赛两个阶段共同组成，其中现场竞赛阶段包括主题班会方案设计、教育故事演讲、模拟情境答辩三个环节，旨在进一步深化职业教育班主任评价机制改革，提升班主任育人能力和水平。[1] 中等职业学校班主任基本功大赛是职业教育教师评价的重要领域之一，其本身及类似活动应该得以制度化，切实推动职业教育教师评价工作的深入、高效和有序开展。

第二，北京市教委对职业教育招生与考试制度提出了一系列明确要求，不断推进该制度的建立与健全。一是高等职业教育自主招生制度。北京市教委对此提出具体要求，包括成立由分管校（院）长负责的招生领导小组；成立由学校招生办和监察部门为主的招生录取小组；联合命题院校要兼顾各学校特色；单独命题院校要提高命题水平；健全"文化素质+职业技能"考试招生方式等。[2] 二是成人中等职业学历教育管理制度建设。北京市教委就成人学历教育教学管理制度的建立和完善提出了"根据成人学习特点制定专业教学计划、教学大纲，积极推行学分制等弹性学习制度，探索建立'学分银行'制度和学习成果认证制度"等要求。[3] 以上具体要求传达出北京教育主管部门在职业教育改革问题上的决心和勇气，同时也指明了首都职业教育招考制度在落实过程中的着力点与关键之处。相关教育主体对上述要求的执行效果还有待进一步观测。

第三，北京职业教育的经费保障制度得到较好执行，尤其体现在预决算公开制度方面。北京职业教育 2016 年度决算 179191.32 万元，比 2016 年年初预算增加 10819.30 万元，增长 6.43%。主要原因：一是 2015 年部分项目结转至 2016 年继续执行发生的支出；二是年度新增的现代职业教育能力提升经费形成的支出；三是落实北京退休人员工资改革及养老保险制度改革等政策，追加

---

[1] 北京市教育委员会．我市举办第二届中等职业学校班主任基本功大赛［EB/OL］. http：//www.bjedu.gov.cn/jyzx/jyxw/201611/t20161121_ 16015.html.

[2] 北京市教育委员会．北京市教育委员会关于做好 2016 年北京市高等职业教育自主招生工作的通知［EB/OL］. http：//www.bjedu.gov.cn/xxgk/zxxxgk/201604/t20160408_ 10362.html.

[3] 北京市教育委员会．北京市教育委员会关于公布 2016 年成人中等职业学历教育招生专业的通知［EB/OL］. http：//www.bjedu.gov.cn/xxgk/zxxxgk/201605/t20160513_ 11560.html.

经费形成的支出。

四、结论和建议

（一）总体研判

基于上述监测分析，我们认为北京市职业教育整体上呈现出良好的发展态势，2016—2017 学年的具体发展情况表明职业教育正在向政策目标不断迈进；按照这种趋势继续发展下去，将有助于顺利完成北京市"十三五"职业教育规划任务，将首都"十三五"职业教育的发展蓝图变为现实。

在体系构建方面，2016—2017 学年北京中等职业教育在校生规模已是预期的两倍，专科层次高职教育在校生规模仍有近 2 万人差距。中等职业教育结构朝向多样化趋势发展。以联想职业教育集团、北京城市建设与管理职教集团等为代表的职教集团，以京津冀职业教育教学协同发展联盟等为代表的研发中心均得到积极发展。以信息化教学大赛、智慧校园顶层设计及建设项目、"高端技术技能人才贯通培养与学校国际化发展"研讨会及世界职业教育大会等为契机，北京职业教育的信息化和国际化水平得到有力提升，加快了高水平职业院校建设的步伐。

在办学模式方面，2016—2017 学年北京职业教育在教学模式、资源整合、人才培养等方面均呈现出较为良好的整体发展态势，但也暴露出一些亟待解决的重要问题。较 2015—2016 学年，文化基础课教师占比、持"双证书"毕业生比例均有所提高。中职学校课堂教学现状调研、胡格教育模式改革试验测评及中德职业教育创新学习联盟暨中德创新学习学院的成立，均有利于为北京职业教育课堂教学的优化发展开出建设性药方。"3+2"中高职衔接办学改革试验项目在 2016 年新增 70 项，高端技术技能人才贯通培养试验从院校数量、学生规模及项目类别等方面扩大范围和力度，力求统筹职业教育教学资源，发挥职业教育集成优势。

在现代制度方面，2016—2017 学年北京中等职业教育的专业技术职务（职称）评聘制度及聘请校外专兼职教师制度正稳步推进。以中职班主任基本功大赛为支撑，职业教育教师评价机制改革得到进一步加强。高等职业教育自主招生工作机制、成人中等职业学历教育管理制度逐步完善。预决算公开制度在内的职业教育经费保障制度得到有力落实。

（二）若干思考与建议

1. 若干思考

进一步分析发现，北京职业教育在总体良性运行的同时也暴露出个别不容忽视的棘手问题。

第一，国家规划文本提出"职普比1：1"的政策目标，那么，对于北京来说，究竟需不需要实现这一目标呢？结合经济和社会发展的现状及需求情况来看，北京市实际需要的职业教育学生很少，因此并不适合将"职普比1：1"定位为教育结构的发展目标。而北京市职业教育规模整体缩减的基本现实，是符合本地发展需求的。

第二，本研究中的定性分析部分大多采用白描的方法，直接将北京职业教育的实际进展状况与相关政策目标进行对比分析，但由于相关信息资料获取渠道有限，有关职业教育专业调整、实习实践、教师培养、办学体制、服务社会、资助政策等方面的资讯难以有效获取，以至于分析不够全面。同时，从一定意义上讲，政府信息公开的意识和能力还有待增长，多元畅通的信息获取渠道将有利于社会第三方机构有效、及时地开展相关监督与评价活动，进而推动首都职业教育健康、有序的发展。

第三，借助本研究所构建的职业教育事业发展监测指标体系，可以对北京市"十三五"前期职业教育发展状况进行全局性、系统性、前瞻性的理性把握，同时也有利于明确北京职业教育未来发展的方向性和着力点。不可否认，本指标体系还存在一些有待改进和完善的地方，包括：体系框架的系统性和逻辑性有待进一步增强；各级指标的范围界线有待进一步明确；数据来源有待更多样化，以保证相关资料的全面且代表性；多方主体参与评价的机制有待被引入；目标值的确立有待更为细化、去模糊化；评价体系的可操作性有待增加等。

2. 关于深化北京职业教育改革发展的意见建议

未来北京职业教育将遵循"稳定规模、优化结构、促进公平、提升质量、创新体制、服务发展"的基本思路，在以下方面进一步完善。

第一，构建更为完善的职业教育体系，促进职业院校的全方位转型升级。按照北京"四个中心"的城市功能定位，加快建设一批高水平职业院校，立足高端，走内涵发展、国际化发展之路。持续精简中等职业教育招生规模，实施多元化和多层次的职业教育发展；坚持由内提升的发展道路，不断提高职业院校自身吸引力，保持合理、适度的生师比例；增加职业教育师资队伍的

"双师型"比例，为技能型、创新型人才培养质量的有效提升提供保障；加强实习实践基地建设力度，加大"双证书"制度的推行与落实力度；继续增强职业教育的开放程度和国际竞争能力，积极引进外国留学生，鼓励本国学生出国深造并开展国际交流活动。

第二，全面深化办学模式改革，将职业教育的技能定位摆在突出位置。吸收借鉴国外先进的职业教育教学改革经验，充分发掘独具本土特色的职业教育教学模式改革与试验，全面提升职业教育培养培训面向就业的有效性、针对性和实用性；持续推进中高职一体化办学改革试验、高端技术技能人才贯通培养试验，强化高端技能人才队伍的培养；出台相关政策鼓励和引导企业等社会力量参与职业教育办学；探索更为高效、多元的职业教育资源整合模式；继续发展壮大职业教育集团规模，积极出台相关优惠政策。

第三，建立健全现代职业教育制度，优化职业院校发展环境。建立健全职业教育教师评价制度，改革创新职业院校教师评价的方式和内容，保障职业教育教学质量稳步提高；深化招生考试制度改革，尽快建立统一的学籍管理系统，支持各类职业学校在招生计划范围内开展自主招生改革试验；建立健全职业教育经费保障体系；强化督导，政府相关部门做好规范、引导、支持、监管和问责等工作；加大对职业教育的宣传力度，逐步提升社会和家庭对职业教育的认可度。

北京市"十三五"时期高等教育发展监测研究

刘继青* 王 铭**

摘 要：在党的十九大精神、"双一流"建设、京津冀协同发展等新时代背景下，高等教育在首都"四个中心"城市战略定位和国际一流的和谐宜居之都战略目标的实现过程中具有重要作用。依据北京市教育"十三五"规划及国家高等教育改革发展的相关政策，本研究从京津冀协同发展、首都"四个中心"建设、体制机制改革发展三个方面建立了规划监测指标体系，着重就2015—2016、2016—2017两个学年度北京高等教育的实际发展情况进行对比分析。在"十三五"开局之年，北京高等教育在控制规模、协同发展、培养高水平人才、建设高精尖创新中心、完善创业孵化体系、深化创业教育、提升就业质量等方面均取得长足进步，但仍存在尚未形成与产业相适应的结构布局，师生出国访问学习人数、时长下降，应用型转型发展缓慢，高校分类发展、人才分类培养不足，信息公开力度不够等问题。未来，在实现内涵式发展、改革促提升、破解新时代矛盾等思路指导下，北京高等教育仍需深化体制机制改革，大力改进人才培养模式，大力提升教育教学质量，大力加强师德师风建设培养高素质教师队伍，大力促进国际交往增强师生国际理解能力，努力建成符合首都"四个中心"定位、国际一流的和谐宜居之都的高等教育体系。

关键词：北京市；高等教育；规划监测；指标体系

教育改革发展"五年规划（计划）"是我国规划体系中的重要组成部分，是极具中国特色的制度安排。规划监测与评估是一项重要的政策工具，是指"在实施过程中或实施结束后，对规划目标、执行过程、效益、作用

---

* 刘继青，北京教育科学研究院教育发展研究中心研究员，主要从事教育现代化教育战略研究；
** 王铭，北京教育科学研究院高等教育科学研究所助理研究员，主要从事高等教育研究。

和影响等所进行的系统、客观分析"。规划监测与评估的功能主要体现在两个方面：一是，校正与反馈功能。通过规划实施监测与评估，可及时发现规划实施过程中出现的问题，找出产生问题的原因，提出解决问题的方法，及时调整规划的相关内容，保障规划的有效实施。二是，监督和评价功能。监督和评价规划执行部门在规划实施中的责任落实情况，有效避免和减少执行不力问题。

一、发展背景

1. 以疏解非首都功能为核心的京津冀协同发展对北京高等教育发展规模布局战略提出了新要求

疏解非首都功能要求控制高等教育规模，将部分高校本科教育迁出中心城区，在京津冀地区建设新的校区以承接转移出的高等教育资源。随着京津冀区域一体化协同发展的推动，京津冀教育空间布局将按照区域人口、产业调整趋势，跟进公共教育服务、产业人才支撑服务和科技创新服务，形成"公共教育服务跟人走、职业教育随产业转、高等教育随创新变"的良性互动格局。高等教育将围绕科技创新、创业孵化发挥优势。

2. 首都"四个中心"定位和满足人民对美好生活需要破解发展不平衡不充分矛盾对北京高等教育发展重心提出了新要求

首都"四个中心"定位要求北京高等教育立足政治、文化、国际交往、科技创新这四个方面支持首都新时代发展建设。同时，研究满足北京人民在日益增长的美好生活需要中对北京高等教育的期望，以及全国人民对首都高等教育的期望。研究破解北京高等教育发展不平衡不充分的问题。结合 2020 年全面建成小康社会、2035 年基本实现社会主义现代化、2050 年建成社会主义现代化强国的目标，发展与各时间节点对照符合的北京高等教育，以适应新时代国家地区经济社会发展需求。

3. 加快"双一流"建设，实现内涵式发展，提高质量立德树人对北京高等教育发展方式提出了新要求

加快世界一流大学和一流学科建设对于我国建设高等教育强国具有重要意义。在国家"双一流"建设的基础上，北京市"双一流"名单遴选建设紧锣密鼓地进行，将为北京高等教育形成多座高峰高原。实现内涵式发展，提升高等教育质量是今后我国高等教育发展的基调和方式，立德树人是我国高等教育发展的重要前提，要从全面深化改革、全面依法治教、全面从严治党等方面为

北京高等教育改革发展提供动力、方向和保障。

二、监测依据与指标体系构建

本部分着重以国家和北京市"十三五"教育事业发展规划及相关政策对高等教育发展的要求为依据,结合北京高等教育改革发展的实际,进行规划监测指标体系的构建。

(一) 政策依据

1. 北京市"十二五"时期取得的成就与存在的问题

一是教育普及水平进一步提升。高等教育毛入学率达到60%。就业人员受教育程度为大专及以上的比例超过50%。从业人员继续教育年参与率超过60%。二是教育质量持续提高。创新创业人才培养机制在探索中推进,技术技能型人才和创新型人才培养能力显著提升。课程和教材建设持续推进,教育教学模式不断创新优化。教育质量保障体系和监测评估机制更加健全。学生全面发展和个性发展需求进一步得到满足,综合素养不断提高。三是教育综合改革向纵深发展。实施高等学校高水平人才交叉培养、高质量就业创业和高精尖创新中心建设等计划。调整市政府教育督导室机构编制和职能,推进建立督政、督学和评估监测三位一体的教育督导体系,教育治理体系和治理能力现代化水平得到有效提升。四是教育保障能力全面提升。教育系统党建和思想政治工作不断加强,教育督导职能有效发挥,学校章程建设取得进展。五是教育开放和辐射影响力不断扩大。首都教育培养高素质、国际化人才的能力不断增强,与国际优质教育资源交流合作的平台进一步拓展。国际学生教育体系持续优化,2015年在京国际学生规模近12万人次。以孔子学院(课堂)建设和北京教育国际宣传为依托,教育对外影响力持续扩大。京港、京澳、京台教育交流日益频繁,京津冀教育协同发展稳步推进,教育对口帮扶任务高质量完成。

"十三五"时期是北京市深入贯彻"四个全面"战略布局,落实首都城市"四个中心"战略定位,推进实施创新驱动发展、"一带一路"建设、京津冀协同发展、"双一流"建设等重大战略部署,率先全面建成小康社会,建设国际一流的和谐宜居之都的关键时期。面对新形势、新要求,我们必须清醒认识到首都教育还存在一些问题,包括:科学的育人观、人才观、用人观还未普遍树立;人才培养模式还不能完全适应国家和首都创新驱动发展的需要;教师队伍建设还不能满足全面提升教育质量的要求；教育对外开放与区域合作还不适应新的首都城市战略定位；教育管办评分离改革还不适应教育治理体系和治理能力现代化的需要。

2. "十三五"规划落实首都"四个中心"城市定位

（1）有序疏解部分教育功能，加快向外疏解的市属高等学校新校区建设。控制在京高等学校办学规模，推动在京部分普通高等学校本科教育有序迁出，引导老校区向研究生培养基地、研发创新基地和重要智库转型。支持有条件的北京普通高等学校，通过部分院系搬迁、办分校、联合办学等方式由中心城区向外疏解。推进北京城市学院、北京建筑大学、北京工商大学、北京信息科技大学、北京电影学院等市属高等学校新校区建设。推进部分中专学校与市属高等学校、部分市属高等学校与在京中央高等学校的资源整合。加快推进沙河和良乡高教园区建设。

（2）京津冀区域教育协同发展机制逐步完善，首都教育的辐射带动作用明显提升。推动教育合作发展，完善区域教育合作机制，积极发挥优质教育资源辐射带动作用。支持在京高等学校在京津冀区域内合作办学、学科共建，成立学校联盟，促进优质教学科研资源共建共享。促进高等教育优化配置，形成与京津冀区域空间布局相协调，与产业结构相适应，与首都城市发展需求相结合的首都高等教育资源空间布局。实施"京津冀教育协同发展项目"，完善区域教育合作机制，推动高等学校联盟建设、职业教育集团发展、基础教育优质资源共享共建。

（3）国际交往。2020年在京国际学生规模达到15万人次，质量和层次明显提高。支持高等学校加强与国外院校在教育、教学、科研等方面的深层次交流与合作，加强学生、教师、管理队伍的国际化视野培养。鼓励、支持高校与世界一流大学和学科开展高水平人才联合培养和科研攻关，促进国际协同创新。

提升国际化人才培养水平。重点抓好拔尖创新人才、非通用语种人才、国际组织人才、国别和区域研究人才、来华青年杰出人才等五类人才的培养。积极与海外知名高等学校建立联系，为"外培计划"和"高端技术技能人才贯通培养计划"搭建平台。服务2022年冬奥会，在各级各类学校开展形式多样的奥林匹克文化教育活动，加强冬奥会后备人才的培养。

大力推进双向留学工作。研究探索在境外设立教育合作联络、教师培训、学生交流基地，提高汇聚和整合优质境外资源、推进务实合作交流的能力。深入推进"留学北京行动计划"，更加注重国际学生质量，提高学历生和研究生层次学生比例。完善国际学生服务体系和教育培养质量保证体系，设立"一带一路"沿线国家留学生奖学金。扩大北京学生赴境外学习、交流、研修的规模并提升其质量，面向全球引进高层次人才参与高校教学管理。稳妥开展汉语国际教育，进一步统筹首都院校孔子学院（课堂）建设布局，扩大教师和志愿者境外任教规模。

（4）人才培养。健全人才培养体系，鼓励高等学校结合实际，分层次培养国际化拔尖创新人才、复合型行业领军人才和应用型专业技术人才。加强人才培养模式创新，引导高等学校结合经济社会发展需求，大力推动国内外、产学研联合培养基地建设。以一流专业建设为抓手，进一步深化本科教育教学改革，促进优质教育资源开放共享，完善高校协同育人机制，推动科教产教融合，深入实施"高水平人才交叉培养计划"，着力打造一流本科教育。深化研究生教育综合改革，促进学术学位与专业学位研究生教育协调发展。开展学位授权点动态调整。应用型人才和创新型人才培养能力进一步提高。

实施高等学校高水平人才交叉培养项目。强化在京高等学校之间、在京高等学校与海（境）外名校之间、在京高等学校与科研院所和企事业单位之间的合作，实现专业学科的交叉融合和优质教育资源的充分共享，深化在京高等学校人才培养机制改革，推进实施"双培计划""外培计划"和"实培计划"。

实施高端技术技能人才贯通培养项目。支持部分职业院校与示范高中、本科院校、国内外大企业合作，选择契合首都产业转型和发展需求的优势专业招收初中毕业生，让其完成高中阶段基础文化课学习后，接受高等职业教育和本科专业教育。

（5）大力增强科技创新能力。服务于建设全国科技创新中心和构建高精尖经济结构，加强基础研究，在战略性、全局性、前瞻性问题研究上取得一批标志性成果，着力提升解决重大问题能力和原始创新能力，以基础性突破带动全局性创新。集中力量建设一批高精尖创新中心，实施一批高精尖创新项目。继续加强北京实验室、协同创新中心、北京市重点实验室等科研基地建设，完善成果转化和技术转移机制。支持高校探索建立基于互联网的科研组织模式，开展跨学校、跨学科、跨领域、跨国界的协同创新。完善高等学校科研人员成果转化收益分配机制，探索科技创新评价机制改革。加强新型高等学校智库建设，推进以问题为导向的研究体系、学术话语体系和科研组织管理体系创新，推动高等学校积极建设具有中国特色、中国风格、中国气派的哲学社会科学。

实施高等学校高精尖创新中心建设项目。深化科研管理改革，优化科研组织模式，创新科技人才激励机制，完善科技评价体系和开放评价机制，建设一批高精尖创新中心，实施一批高精尖创新项目。

3. "十三五"规划全面提高高等教育质量

（1）加强高素质专业化师资队伍建设。加快"双师型"教师队伍建设。深化高层次人才引进、长城学者培养、青年拔尖人才培育、创新团队建设与提升等项目，推进高等学校高层次人才培养。教师队伍建设和综合素质提升项目，推进高等学校高层次人才培养，在市属高等学校中遴选一批创新团队，增强其成为国家级创新团队的能力。

（2）促进高质量就业创业。落实"高质量就业创业计划"，完善多形式、立体化就业创业服务体系。完善大学生创业园孵化体系，形成"中关村大学生创业一条街"与中关村、沙河、良乡三个大学生创业园为代表的市校两级创新创业服务基地。深化大学生职业发展教育改革，积极营造大众创业、万众创新的良好氛围，把创新创业教育融入人才培养全过程，加强创新创业课程和队伍建设，切实提高指导水平。发挥大学生就业创业专项资金引导作用，建设一批高等学校示范性创业中心，鼓励大学生创新创意实践，支持初创优秀团队建设，不断提升大学生就业创业能力。实施"高等学校高质量就业创业项目"，构建以"一街三园"为载体的北京高等学校大学生创业园孵化体系，力争入孵500个左右大学生创新创业实践项目和优秀创业团队。

（3）深化招考改革。调整统一高考科目，改革考试内容与形式，改进招生计划分配方式，扩大本科农村专项招生计划规模，稳步调整高考录取批次，不断完善高校招生选拔机制，减少和规范招生加分项目，及时制定完善普通高等学校考试招生制度。

（4）推动高校改革发展。统筹首都高等教育资源，深化在京中央高等学校与市属高等学校合作共建机制。引导部分市属本科高等学校向应用型转变，重点培养服务城市建设的应用型、复合型、技能型人才。高等学校优势特色学科建设进一步增强。深化市属高等学校与国内外知名高等学校、科研院所、行业企业的合作交流，汇聚优势资源，紧密结合首都发展需求，强化特色学科专业建设。支持市属高等学校特色学科发展。实施"大学生教育服务项目"，深化思想政治理论课教育教学改革，构建大学生学业、心理、就业等服务保障体系。加强高校辅导员队伍建设，完善大学生资助体系，加强高校后勤标准化建设。

（5）完善治理体制和治理能力。坚持和完善公办高等学校党委领导下的校长负责制，建立健全学术委员会、理事会制度，加强教职工代表大会和学生代表大会建设。完善大学校长选拔任用办法，推进高等学校行政管理人员职员职级制改革。探索推进高等学校教师不再纳入编制管理。推进教育系统职称制度改革，完善高等学校职称改革的配套政策和流程。建立完善各级各类学校内部督导制度。在高等学校试行设立总会计师职务，提升经费使用和资产管理专业化水平。建立健全学校法律顾问制度。加强学校章程和制度建设，使学校内部治理结构更加完善。扩大政府购买教育服务的范围和规模，深化委托办学、合作办学等试点，继续推动在京高等学校、教学研究与教育科研部门、社会机构参与和支持中小学发展。发挥政府资金的引导作用，鼓励社会积极捐赠，提高高等学校积极争取社会捐赠的意识和能力。

（二）监测指标体系构建

高等教育规划实施监测指标体系的构建，基于规划中提及的高等教育改革与发展的政策措施的制定与实施情况，把握规划主要任务的进展，研究判断规划所预设目标的完成情况。因此，监测指标体系的构建原则包括：第一，紧密围绕规划目标与要求；第二，与规划结合，呈现体系性；第三，繁简适度。虽然指标体系越全面、完备，越能代表规划所涉及的方方面面，但是过于复杂的指标体系，一方面会对数据可得性产生障碍；另一方面会带来大量的时间、精力成本，反而影响指标数据和结论的可信程度。实施规划监测的重点是政府制定相关政策以及政策落实情况。具体而言，政策落实意味着政府允许或领导相关人或组织，使用资源开展活动、完成任务且达成目标；上述政府行为、相关人或组织所开展的活动、完成的任务、达成的目标，就是可监测的内容和分析观察的对象。因此，根据"十三五"规划高等教育改革发展政策措施与主要任务来建构规划实施监测指标体系，具体内容如表1所示。

表1 北京市"十三五"高等教育改革发展监测指标体系

一级指标	二级指标	三级指标	编号	监测要点（备注）	指标来源
京津冀协同发展	疏解发展	控制规模	1	学校数	发展规划
			2	在校生数、招生数、毕业生数	发展规划
		迁出与建设	3	迁出情况	发展规划
			4	新校区建设情况	发展规划
	协同发展	优质资源辐射共享	5	辐射带动作用	发展规划
			6	共建共享	发展规划
		高校联盟	7	高校联盟建设情况	发展规划

续表

一级指标	二级指标	三级指标	编号	监测要点（备注）	指标来源
首都"四个中心"建设	人才培养	思政课教改	8	思政课教学模式改革	发展规划
		高水平人才交叉培养	9	双培计划	发展规划
			10	外培计划	发展规划
			11	实培计划	发展规划
		研究生教育综合改革	12	学位授权点动态调整	发展规划
		提高国际化水平	13	学生国际化	发展规划
			14	教师国际化	发展规划
	科技创新创业	科学研究	15	科研成果数	发展规划
			16	高精尖创新中心建设	发展规划
			17	重点学科建设	发展规划
		创业就业	18	完善孵化体系	发展规划
			19	深化创新创业教育	发展规划
			20	提高就业质量	发展规划
体制机制改革发展	衔接与招生	招考改革	21	改革考试内容与形式	发展规划
			22	完善高校招生机制	发展规划
		与中小学衔接	23	参与支持中小学发展	发展规划
	改革发展	制度改革	24	高校教师不纳入编制管理	发展规划
		后勤标准化	25	加强后勤标准化建设	发展规划
		社会捐赠	26	提高高校积极争取社会捐赠	发展规划

三、监测结果分析

根据上述所构建的北京市高等教育事业发展监测指标体系及北京教育统计数据和相关部门公开的数据资料，本研究进行了高等教育总体状况的监测分析。监测指标中的定量分析部分重点选取了2016—2017学年度北京高等教育的实际发展数值，为北京市"十三五"高等教育事业的优化发展和目标实现提供数据支撑。定性分析部分将针对北京市高等教育发展监测指标体系中的不可量化部分，着重对首都高等教育的发展现状与发展目标进行对比分析和研判，提供政策建议支持。

（一）京津冀协同发展

1. 定量分析

控制在京高校办学规模方面，2015年普通高等教育院校90所，招生15.8

万人，在校生59.3万人，毕业生15.2万人；研究生培养机构138所，招生9.5万人，在学28.4万人，毕业8.0万人。2016年，普通高等教育院校91所，新增北京网络职业学院（民办），招生15.5万人，比上年减少2%，在校生58.8万人，毕业生15.3万人；研究生培养机构139所，招生9.7万人，在学29.2万人，毕业8.3万人（见表2、表3）。❶

表2 2015—2016年本专科教育规模   （万人）

年　份	院校（所）	招生数	在校生	毕业生
2015	90	15.8	59.3	15.2
2016	91	15.5	58.8	15.3
同比增长	1	-0.3	-0.5	0.1

表3 2015—2016年研究生教育规模   （万人）

年　份	机构（所）	招生数	在校生	毕业生
2015	138	9.5	28.4	8.0
2016	139	9.7	29.2	8.3
同比增长	1	0.2	0.8	0.3

与2015年相比，2016年本专科教育招生和在校生人数小幅下降，本专科高校在京办学规模得到有效控制。研究生教育招生和在学人数小幅上升，高校向研究生培养基地转型。

推动部分高校本科有序迁出方面，2016年北京城市学院、北京建筑大学等向郊区疏解取得阶段性进展。北京城市学院5000余名师生、北京工商大学500余名学生、北京建筑大学1100名学生分别迁入顺义、良乡、大兴新校区。共计6600余名学生迁出中心城区。

新校区建设方面，北京理工大学、北京中医药大学等中央部属高校部分办学向沙河、良乡高教园区转移，中国人民大学在通州、北京化工大学在昌平建设新校区。在京部分普通高等学校本科教育开始有序迁出，北京信息科技大学、北京电影学院等市属高等学校新校区建设有待加速推进。2017年，北京市教委明确不再新增高等学校，未来几年仍需加大疏解力度。

❶ 2015—2016、2016—2017学年度北京教育事业发展统计概括［EB/OL］. http://www.bjedu.gov.cn/xxgk/ywdt/.

协同发展方面，发挥优质资源辐射带动作用方面，2015年，中关村技术合同成交额达3453亿元，占全国35.1%，80%以上技术辐射京外地区。自主创新在北京开花，产业升级在全国结果，良好效应正在显现，发挥全国科技创新中心的辐射带动引领作用。❶

2. 定性分析

促进优质资源共建共享方面，2015年，北京市与河北省签署《京冀两地教育协同发展对话与协作机制框架协议》和《京冀大学生思想政治教育工作协作方案》及教育合作框架协议。鼓励在京高等学校通过合作办学、学科共建、教师交流挂职等多种模式，开展区域教育合作。支持组建京津冀高等学校联盟，促进高等学校优质教学科研资源共享。北京大学与南开大学等高校联合成立京津冀协同发展联合创新中心，积极开展优质教育资源合作和教育帮扶。开展三地教育协同发展需求对接，探索基础教育课程开发、教材编写、教学科研等方面的合作和交流。

推动高校联盟建设方面，2015年，北京工业大学、天津工业大学、河北工业大学三校合作签约暨"京津冀协同创新联盟"成立；首都医科大学、北京大学医学部、天津医科大学和河北医科大学共同携手在首都医科大学举行"京津冀心血管疾病精准医学联盟"启动仪式；北京建筑大学、天津城建大学、河北建筑工程学院在京成立"京津冀建筑类高校协同创新联盟"；其他高校相继成立"京津冀纺织服装产业协同创新高校联盟""京津冀高校新媒体联盟""京津冀地区农林高校协同创新联盟""食品专业大学生人才培养诚信联盟"。共计7个高校联盟。

高校联盟成立情况较好，但联盟成立后，内部的深入合作仍有待大幅推进。2017年，随着雄安新区建设纳入京津冀协同发展战略，部分高校会落地雄安新区，出现京津冀协同新的推动力和生长点。

（二）首都"四个中心"建设

1. 定量分析

2015年，在京国际学生规模近12万人次。外国留学生规模方面，2015年，高等教育外国留学生毕（结）业25335人，授予学位4872人，招生28081人，在校39459人。2016年，高等教育外国留学生毕（结）业24039人，授予学位数5163人，招生27562人，在校40486人。与2015年相比，2016年外国

---

❶ 中关村成全国新经济引擎［N］.北京日报，2016-09-21.

留学生招生人数减少519人，在校人数增加1027人。❶

北京学生赴外规模方面，2015年，据60所高校数据，北京普通本科高校出国学习（一个月以上）本科学生共有10405人次，其中，中央部委属高校7881人次，市属高校2524人次，校均173人次。2016年，据53所高校数据，北京高校境外交流的本科学生共有6978人次，其中中央部委属高校5033人次，市属高校1945人次，校均131人次。与2015年相比，赴外学生总数和校均人数均有较大幅度下降。这与我国出国交流培训政策收紧、出国时长缩短有直接关系。

联合培养方面，2015年，北京普通本科高校中，本科层次的中外联合培养项目总计为192项，其中中央部委属高校共有95项，市属高校共有97项。参与这些项目的学生共计10405人，平均每项参与学生数约为54人；其中中央部委属高校共有7881名学生参与，项均学生数约为83人；市属高校有2524名学生参与，项均学生数约为26人。

开拓教师国际化视野方面，2015年，专任教师国（境）外培训总数4072人。2016年，专任教师国（境）外培训总数3663人。与2015年相比，2016年专任教师国（境）外培训总数减少了409人。主要原因是我国出国交流培训政策收紧、出国时长缩短。为了落实规划，应为高校专任教师等人员出国出境培训学习开辟专门通道。

教师国际化方面，2015年，北京普通本科高校中，最终学位在境外取得的教师总数为7195人，其中博士5594人，硕士1533人，学士66人。北京普通本科高校聘任境外教师总数为1555人。❷

北京是留学回国人员的首选城市。"由于高等学府、研究院所、科技集群聚集，北京既有良好的留学生造血功能，又能够形成较好的留学回国人员回收效应，24.6%留学归国人员选择北京，这是上海（13.7%）、深圳（4.9%）、广州（4.6%）无法企及的。"❸

研究生教育综合改革方面，《北京市"十三五"时期教育改革和发展规划》明确提出学位点动态调整。2016年，国务院学位委员会公布了《关于下达2016年动态调整撤销和增列的学位授权点名单的通知》。在京高校撤销的学位点最多，共计14所大学撤销71个学位点。同时，共计11所大学增列17个学位点，这在一定程度上实现了学位点动态调整的要求。

---

❶❷ 王铭，杨楠. 北京普通高校国际化程度[J]. 北京教育：高教，2016（10）.
❸ 王辉耀，苗绿. 中国留学发展报告2017[M]. 北京：社会科学文献出版社，2017：80.

北京已实施高等学校高水平人才交叉培养、高质量就业创业和高精尖创新中心建设等计划。"截至 2015 年底，在京两院院士有 766 人，约占全国的二分之一。各类科研院所 412 家，位居全国首位。""北京依然是留学人员回国创业的首选城市，北京（24.3%）、上海（8.1%）、成都（6.6%）、广州（5.9%）、武汉（4.4%）位居前五名，五个城市几乎吸引了半数创业"海归"。其中，北京作为科技创新中心，拥有大量的知名高校、研究院所，以及创新示范区中关村，其多年形成的良好创业环境与创业氛围，成为"海归"创业的首选地。[1]

2016 年，54 所普通本科高校教师在核心索引期刊上共发表论文 2.87 万篇。从索引类型上看，发表在《科学引文索引》（SCI）上的期刊论文共 2.3 万篇；发表在《社会科学引文索引》（SSCI）的期刊论文共 536 篇；发表在《工程索引》（EI）上的期刊论文共 5098 篇。从院校类型来看，中央部委属高校的核心期刊论文为 2.57 万篇，占到核心期刊论文发表总数的 89.55%。

重点学科建设方面，2016 年，北京普通高校共有重点学科 955 个，其中国家级重点学科 446 个，省部级重点学科 509 个。从院校类型来看，中央部委属高校共有重点学科 779 个，所占比例为 81.57%，其中国家级重点学科有 424 个，省部级重点学科有 355 个；市属高校共有重点学科 176 个，所占比例为 18.43%，其中国家级重点学科有 22 个，省部级重点学科有 154 个。

高精尖中心方面，根据《北京高等学校高精尖创新中心建设计划》（京教研〔2015〕1 号）和《北京高等学校高精尖创新中心建设管理办法》（京教研〔2015〕5 号）的规定，市教委制定了《北京高等学校高精尖创新中心建设计划实施方案》（京教研〔2016〕5 号），2015 年首批 13 个高精尖中心，属于 12 所高校（见表 4）。

表 4　2015 年北京首批高精尖中心

牵头学校	中心名称
北京大学	工程科学与新兴技术高精尖创新中心
中国人民大学	北京高校思想政治理论课高精尖创新中心
清华大学	未来芯片技术高精尖创新中心
	结构生物学高精尖创新中心
北京工业大学	北京未来网络科技高精尖创新中心

---

[1] 王辉耀，苗绿．中国留学发展报告 2017 [M]．北京：社会科学文献出版社，2017：89-91．

续表

牵头学校	中心名称
北京航空航天大学	大数据科学与脑机智能高精尖创新中心
北京理工大学	智能机器人与系统高精尖创新中心
北京化工大学	软物质科学与工程高精尖创新中心
中国农业大学	食品营养与人类健康高精尖创新中心
首都医科大学	人脑保护高精尖创新中心
北京师范大学	未来教育高精尖创新中心
首都师范大学	成像技术高精尖创新中心
中央美术学院	视觉艺术高精尖创新中心

2016年第二批6个高精尖中心，分属6所高校（见表5）。

表5　2016年北京第二批高精尖中心

牵头学校	中心名称
北京大学	未来基因诊断高精尖创新中心
北京航空航天大学	生物医学工程高精尖创新中心
北京建筑大学	未来城市设计高精尖创新中心
北京林业大学	分子设计与森林重建高精尖创新中心
北京语言大学	语言资源高精尖创新中心
中国音乐学院	中国乐派高精尖创新中心

2016年第三批两个高精尖中心（见表6）。

表6　2016年北京第三批高精尖中心

牵头学校	中心名称
北京航空航天大学—首都医科大学	大数据精准医疗高精尖创新中心
北京电影学院	未来影像高精尖创新中心

清华大学、北京大学和北京航空航天大学各有两个高精尖创新中心入围，北京工业大学、首都医科大学、首都师范大学、北京建筑大学和中国音乐学院等北京市属高校也表现不俗。与2015年相比，2016年高精尖中心建设持续稳步推进。

提高就业创业质量方面，2015年数据统计的65所高校中，大多数高校本科毕业生就业率在95%以上，并且集中在95%<r≤98%。央属高校中大于95%的高校数量增加，市属高校中大于98%的高校数量增加。2016年，北京高校本科毕业生就业率在95%—98%区间的院校数最多，共20所，其中中央部属高校12所，市属高校8所；就业率在98%以上的高校有19所，就业率在90%—95%的高校有9所，就业率在90%以下的高校有9所。为落实就业创业计划，2015年发布《北京高校高质量就业创业计划》。2016年，北京地区两次评选高校大学生优秀创业团队。

2. 定性分析

"教育系统党建和思想政治工作不断加强，教育督导职能有效发挥，学校章程建设取得进展。"(《北京市"十三五"时期教育改革和发展规划》)学校管理工作不断提高规范程度。"学生全面发展和个性发展需求进一步得到满足，综合素养不断提高。课程和教材建设持续推进，教育教学模式不断创新优化。教育质量保障体系和监测评估机制更加健全。""中国特色社会主义理论体系深入人心，学习宣传贯彻习近平总书记系列重要讲话持续形成热潮，马克思主义在意识形态领域的指导地位更加巩固，努力营造积极健康向上的主流舆论。"(《北京市"十三五"时期加强全国文化中心建设规划》)建设新型智库发挥智力优势是党的要求与号召。美国宾夕法尼亚大学智库研究项目研究得出的全球最具影响力智库排行榜中，北京高校智库上榜的有清华大学当代国际关系研究院、清华—布鲁金斯公共政策研究中心、卡内基—清华全球政策中心，北京高校智库有北京大学国际战略研究院、人民大学重阳金融研究院、对外经济贸易大学应用国际贸易研究所，共6家智库(《全球智库报告2016》)。公共文化服务能力和水平显著提高，文化创意产业健康快速发展，文艺作品创作生产更加活跃，精品力作大量涌现，文化"走出去"步伐加快，多层次、宽领域的对外文化交流格局已经形成(《北京市"十三五"时期加强全国文化中心建设规划》)。

思政课教改方面，各高校均通过多种方式进行思政课改革创新。2015年，北京市颁布《关于全面加强北京高校马克思主义理论学习研究宣传的实施意见》(京办字〔2015〕9号)。2016年，为贯彻落实中央和市委关于加强思想政治理论课建设的有关要求，深化课程综合改革，凝练和形成一批有特色、效果好、可推广的高水平成果，市委教育工委开展了首批北京高校思想政治理论课教育教学改革示范点申报工作。经专家评审和工委会审议通过，北京科技大学等13所高校被评为改革示范点，北京信息科技大学等两所高校为改革示范点培育项目。

开展高水平人才交叉培养方面，2015年年初，北京市教委正式下发《北京高等学校高水平人才交叉培养计划》（京教高〔2015〕1号），标志着北京高校高水平人才交叉培养计划正式启动。该项计划充分贯彻《国家中长期教育改革和发展规划纲要（2010—2020年）》战略部署，通过推动北京市属高校学生到国内外知名院校交流访问学习，培养北京急需的高水平人才，促进北京高校专业结构调整与教育综合改革，促进市属高校与中央院校、海（境）外高校建立合作机制，促进市属高校教学团队建设，使北京高等教育人才培养更加契合北京经济社会发展需求。该计划包括"双培计划""外培计划"和"实培计划"三个部分。

"双培计划"是指由北京市属高校与在京中央高校共同培养优秀学生，在相关高校招生过程中或在校本科生中遴选优秀学生，到在京中央高校学习。市属高校计划每年输送2000名左右优秀学生，按照"3+1""1+2+1"等培养机制，到中央高校（针对100余个社会紧缺专业和优势专业）进行为期两至三年的中长期访学；同时，输送部分学生到中央高校开展为期一年的短期访学或者修习辅修专业。2015年，"双培计划"首批试点高校40所，其中中央高校23所，市属高校17所，涉及122个专业和方向，涵盖了除军事学以外的12个学科门类；实际访学学生共1955人，其中长期访学学生1808人（高招录取实际报到1357人，在校生选拔451人），短期访学学生147人。

"外培计划"是指在相关高校招生过程中或在校本科生中遴选优秀学生，派到海（境）外高校学习专业课程。进入"外培计划"的学生有两年的时间到境外知名高校进行学习。"外培计划"是由北京市属高校与海外境外知名高校共同培养优秀学生的一项举措。市教委将建立若干个北京高等教育"外培计划海（境）外基地"，接收市属高校学生访学。同时，市教委也提出高校要深化同海（境）外高校的合作，从学校层面协调专业建设、教师建设、教学运行、学生管理以及后勤保障等事宜，鼓励和支持各市属高校积极与海外境外知名高校建立健全学生联合培养长效机制，不断拓宽学生在海外境外学习的渠道。

2015年，"外培计划"分为纳入招生计划部分和校内遴选部分：纳入招生计划部分覆盖12所市属高校47个专业及方向，涉及26所海（境）外名校，共359名学生；校内遴选部分覆盖13所市属高校，29所海（境）外名校，共派出233名学生。

"外培计划"主要通过高招和遴选两个渠道从市属高校精心挑选学生，精准选择专业，精细选择合作方，采取"1+2+1"或"2+1+1"分段式培养机制，以推进市属高校与国（境）外优质高校联合培养优秀人才。目前"外培计划"覆盖全部 21 所市属学校，涉及亚、欧、美三个大洲中的美国密西西比大学、奥本大学、马里兰大学、英国伦敦艺术大学、爱尔兰国立考克大学、意大利米兰理工大学等 70 余所高校，涉及体育经济与管理、运动康复、食品质量与安全、学前教育、护理、社会工作等 110 余个专业，参加学生累计 1379 人。该计划的实施，推动了市属高校的国际交流合作，促进了人才培养体系改革，提升了国际化办学水平，培养了一批具有开阔的国际视野和突出的国际交往能力的优秀人才。

开展"实培计划"是为了全面推进北京高等学校教育综合改革，加强大学生实践创新能力培养。2015 年 8 月，北京市教委、市财政局制定并下发《北京高等学校高水平人才交叉培养"实培计划"项目管理办法（试行）》（以下简称"实培计划"）。"实培计划"坚持以"开放共享、实践创新、注重特色"为原则，以培养学生创新精神和实践能力为重点，以建立和完善有利于创新型人才培养的实践教育体系为目标，创新体制机制，深化实践育人综合改革。"实培计划"主要包括北京市大学生毕业设计（论文）项目、北京市大学生科研训练计划深化项目、北京高等学校实验教学开放共享项目三部分。其中，前两部分主要面向市属高校；后一部分以中央部委所属高校为主，适度辐射到具备良好条件的市属高校。

2015 年，北京市大学生科研训练计划深化项目遴选支持项目 304 项，参与学生达 1200 余人，项目题目来自 223 家企事业单位，参与市属高校 16 所。北京市大学生毕业设计（论文）项目共支持 265 人到知名科学院所进行毕业设计（论文），参与市属高校 16 所。北京市大学生毕业设计（创业）项目共支持了 22 所高校（部委 12 所，市属 10 所）的 537 个项目在高校与众创机构、行业企业共同指导下开展毕业设计。北京高等学校实验教学开放共享项目主要包括北京理工大学等 10 所学校的建设项目，理工类学校 7 所，文科类学校 3 所。

首都教育培养高素质、国际化人才的能力不断增强，与国际优质教育资源交流合作的平台进一步拓展。发挥中外合作办学优势，如北京航天航空大学中法工程师学院、北京工业大学都柏林学院等。国际学生教育体系持续优化，2015 年在京国际学生规模近 12 万人次。国际化人才培养水平不断提升，2015 年北京外国语大学发布《积极推进非通用语人才培养战略》，具体做法和规划，主要包括以下几个方面：一是开齐建交国家官方语言，打造国家级非通用语发展战略基地。2020年前，北外将开设所有与我国建交国家相关的语言专业，届时北外所开设的语言专业种类将突破100种。二是创新"小语种附加区域研究"人才培养模式。三是创新"小语种附加通用语"的培养模式。四是创新"小语种附加其他专业"的培养模式。

服务2022年冬奥会。2016年，北京体育大学冰雪运动学院成立。学院将紧紧围绕2022年北京冬奥会筹备需求，进一步凝练整合资源，加强运动场地设施建设和新兴项目引进推广，加强师资队伍建设和国际交流与合作，探索建立符合中国国情的学历教育与资质教育相结合的冬季运动人才培养和教育体系，有针对性地培养冬季运动发展和举办冬奥会所需的竞技后备人才、专业师资、社会体育指导员以及科研、训练、管理、外事、产业、媒体、奥运志愿服务等各类专业人才，为冬季运动普及推广、竞技水平提升以及冬奥会的成功举办提供人才和智力支持。

服务"一带一路"建设。2015年，为配合国家"一带一路"建设，培养更多满足经济社会发展需要和战略需求的创新型、紧缺型、复合型国际化人才，中国政法大学立足本校优势学科，探索建立法学专业西班牙语特色试验班，培养具有国际视野，具有较高的西班牙语听说读写能力，通晓西语国家和特定区域规则，能够参与国别化和区域化法律事务，维护我国在拉丁美洲国家中的战略利益的国际化高级法律职业人才。中央民族大学深挖潜力，发挥自身学科专业优势，围绕"一带一路"建设发展的人才需要，在历史学（中国与周边国家关系史）专业实行改革，主要面向边疆省区招收懂民族语的学生，培养通晓周边国家历史的人才，满足国家发展和实施"一带一路"建设的需要。

2016年，来自美国、加拿大、澳大利亚等14个国家及地区的100多人参加"2016海外赤子北京行"。此次活动为期3天，由北京市委组织部、北京市人力资源和社会保障局、北京海外学人中心联合主办，设置了2016北京海聚论坛、留学精英工作创业分享会、创新创业加速器、创新人才专场对接会、创业大赛暨专场对接会、考察参观交流等多个子活动。

2015年，国务院印发《国务院关于积极推进"互联网+"行动的指导意见》（国发〔2015〕40号），北京市印发《北京市人民政府关于大力推进大众创业万众创新的实施意见》（京政发〔2015〕49号）。2016年，国务院印发《北京加强全国科技创新中心建设总体方案》，北京市人民政府办公厅印发《北京市促进科技成果转移转化行动方案》《北京市人民政府关于积极推进"互联网+"行动的实施意见》。与2015年相比，2016年市政府持续发布政策和实施文件，逐步改革完善科研机制。

完善孵化体系方面，2015年，市教委加强资源统筹，构建"一街三园"的北京高校大学生创业园孵化体系，为大学生创业免费提供场地支持。一是市教委与中关村管委会、海淀区共同建设"中关村大学生创业一条街"，建立"北京高校大学生创新创业服务中心"，为学生创业提供咨询、辅导、培训、融资、交流等全方位服务。二是在中关村、良乡及沙河高教园区等地分别建设三个市级"大学生创业园"。在此基础上，推动高校加强大学科技园、创业园、创业孵化基地建设，在校内为大学生创新创业实践活动提供场地，力争形成定位准确、布局合理、功能齐全、市校两级互动互补的创业园孵化体系。三个园区可容纳450个团队。用于奖励优秀创业团队的资金也将成倍增长，由1300万元增加为3200万元，同时奖励团队也由2015年的103个增加到400个。

2015年，北京市教委和北京理工大学签署协议，"北京高校大学生就业创业大厦"成为首个入驻中关村国防科技园的项目，将打造成集创业孵化、就业创业指导、就业招聘、培训交流等多功能为一体的标志性项目，助力大学生高质量就业创业。大学生创业良乡园创业空间为1万平方米，首批已入驻37支创业团队。2016年下半年"北京高校大学生就业创业大厦"投入使用。

深化创新创业教育方面，2015年年底，教育部印发《关于做好2016届全国普通高等学校毕业生就业创业工作的通知》，从2016年起规定所有高校都要设置创新创业教育课程，面向全体学生开发开设创新创业教育必修课和选修课，纳入学分管理。对有创业意愿的学生，开设创业指导及实训类课程。对已经开展创业实践的学生，开展企业经营管理类培训。要广泛举办各类创新创业大赛，支持高校学生成立创新创业协会、创业俱乐部等社团，举办创新创业讲座论坛。高校要设立创新创业奖学金，并在现有评优评先项目中拿出一定比例用于表彰在创新创业方面表现突出的学生。

各地各高校要配齐配强创新创业教育专职教师，聘请各行各业优秀人才担任兼职教师，建立全国万名优秀创新创业导师人才库。要创新服务内容和方式，为准备创业的学生提供开业指导、创业培训等服务，为正在创业的学生提供孵化基地、资金支持等服务。高校要建立校园创新创业导师微信群、QQ群等，发布创业项目指南，实现高校学生创业时时有指导、处处有服务。要进一步完善高校学生创业服务网功能，为高校学生提供项目对接、产权交易、培训实训、政策宣传等服务。

要把高校学生职业发展与就业指导课程融入人才培养全过程。结合行业动态和发展需求，建立以课堂教学为主渠道，讲座、论坛、培训为补充，以大学生职业生涯规划大赛、创新创业设计大赛等实践活动为载体的多形式就业指导课程体系。要针对不同层次、不同专业毕业生的特点和需求，广泛开展个性化的咨询服务。加快建设一支职业化、专业化、专家化的就业创业指导工作队伍，高度重视解决就业创业指导教师专业技术职务评聘问题。在专业技术职务评聘中充分考虑就业创业指导教师的工作业绩，并在同等条件下予以适当倾斜。

（三）体制机制改革发展

1. 定量分析

支持中小学发展方面，2015 年，北京市教委、北京市财政局印发《北京市高校、教科研部门支持中小学发展项目管理办法（试行）》的通知。北京市启动高校支持附中附小和高校参与小学体育美育教学的两项重大改革，创新性地实现了高校与中小学的"联姻"，帮助中小学实现特色发展。中小学实验课搬进大学校园，大学教授给小学生当老师；参与支持高校每年可获 200 万元经费。随着这项工作的深入推进，一桩桩变化正在中小学中上演。随着北京市启动高校支持附中附小发展（创办附中附小）项目，北京外国语大学、北京科技大学等 23 所在京高校分别与海淀、朝阳、昌平、丰台等多个区县教委签署合作协议，共同建设 39 所附中附小。各高校与所支持的附中附小从资源共享、优化学校管理、开发特色课程、推进学科建设、助力师资培养等方面开展了深度合作，有效促进了优质资源的利用，惠及本市 5 万名中小学生。

2016 年，北京市高校支持附中附小项目继续推进，新增 3 所高校、3 个区、11 所附中附小。至此，在京的 26 所高校将与 50 所中小学实现共建。此次新增的 3 所高校分别为中国音乐学院、中央美术学院和北京工商大学。与此同时，项目的受益区县也新增石景山区、通州区和房山区。附中附小的数量由 39 所增加至 50 所。

社会捐赠方面，根据中国校友会网 2016 年中国大学社会捐赠 100 强排行榜，北京地区上榜高校 17 所，共获得社会捐赠 210.35 亿元。

2. 定性分析

改革考试内容与形式方面，2016 年，北京市教委正式向社会发布中高考招生考试制度改革方案：高考不分文理科，考试科目"3+3"，英语听力口语实行一年两考，高中校名额分配；中考科目可选，科目赋分可选。一系列"深综改"强力措施推出，堪称近年来北京力度最大的一次教育改革。

完善高校招生机制方面，2015 年北京市实行考后知分报志愿，本科志愿填报采取大平行方式。大幅缩减和调整高考加分项，体育特长生、中学生奥林匹克竞赛、科技类竞赛、市级三好生等 7 类加分项取消，少数民族考生加分适用范围调整为仅适用于市属高校。2016 年北京市属高校将启动高层次人才培养计划，计划招生 2000 人，并在市属本科一批招生院校中扩大针对农村地区定向招生的"农村专项计划"，计划招生 200 人左右。

制度改革方面，2015 年北京启动高校取消教师编制管理试点。据北京市下发的《关于创新事业单位管理加快分类推进事业单位改革的意见》，对现有高等学校、公立医院等，逐步创造条件，保留其事业单位性质，探索不再纳入编制管理。对现有编内人员实行实名统计，随自然减员逐步收回编制。

后勤标准化建设方面，2015 年，来自北京 33 所高校的 110 名物业技术工人参加了 2015 年北京高校标准化物业专业技能实操培训。这是本市首次举办的高校物业专业技术工人技能实操培训。北京市教委召开了 2016 年全市学校后勤工作会议。会议以"强化责任、狠抓落实，推动学校后勤工作创新发展"为主题，全面总结了 2015 年学校后勤工作，部署了 2016 年重点工作，明确了"十三五"时期学校后勤工作的目标和方向。中国人民大学、北京联合大学、北京农业职业学院、海淀区教委和中国人民大学附属中学的与会人员进行了交流发言。会议还向 2015 年学校后勤标准化验收达标学校颁牌。

四、北京市"十三五"高等教育改革发展监测的总体评价与建议

2016 年是"十三五"开局之年。北京发布"十三五"教育规划，对高等教育未来 5 年的发展提出总体和详细目标，为规划监测的开展提供理论基点，为监测指标体系的构建提供框架基础，为今后各年的监测提供基线。

（一）总体研判

1. 落实首都"四个中心"功能定位，提高"四个服务"能力有了新进展

控制在京高校办学规模，部分市属高校本科教育有序迁出。新校区、高教园区建设稳步推进，中央部属高校转移部分资源，疏解力度和效果不断加大。在京津冀协同发展中，首都优质教育资源辐射带动力度不断提升，以大学联盟为平台，开启合作办学、学科共建、教师交流、课程共享等多种模式。高校国际交往辐射面及交流基地不断增加。人才培养计划持续实施，科技创新能力不断提高。

2. 北京高等教育处于全国领先地位，"十三五"规划中的高等教育部分有关工作正在逐步推进落实

北京高等教育资源突出，高水平大学数量居全国领先地位。高精尖创新中心不断涌现，为高校及科技创新发展提供新的动力。人才培养质量不断提升，各高校注重人才培养质量；高校创新创业热情高涨，"一街三园"创业孵化体系已投入使用。汇聚两院院士等一大批各级各类人才，双师型教师数量不断增加。高考内容与招生机制改革稳步推进。后勤标准化程度提高。高校不断支持中小学发展。

3. 深入推进"管办评"分离，强化教育督导职能，北京高等教育督导评估进入新时代

随着北京市人民政府督导室强化职能、调整机构、扩充人员、加强督导督学队伍建设，并开展一系列督导评估监测活动，逐渐显现出具有北京特色的高等教育督导评估体系，北京高等教育督导评估进入新时代。对硕士学位论文进行年度抽检，实行北京地区高校学位点全覆盖。研制北京市属普通高等学校本科教学工作审核评估方案并分三轮实施，首轮完成对首都师范大学、北京工业大学等4所高校的审核评估。结合北京高校实际，选择市属高校具有代表性的英语、计算机科学与技术、会计学三个本科专业进行评估试点，共涉及市属高校18所。开展北京地区高校教学基本状态数据采集与质量监测、市属高校师德建设、学风建设督导调研及高职院校评估等工作，对不同阶段首都高等教育教学质量提升发挥了有力的促进和保障作用。

（二）问题与建议

与北京市教育"十三五"规划的相关要求及目标相比较，对比发达省市高等教育改革的进展情况，首都高等教育在以下方面仍需进一步加强。

（1）控制和疏解力度仍有待提高。2015—2016年，首都高校本专科学生总体减少，研究生规模增加，央属及市属研究生教育规模增加的人数已经超过本专科学生减少的数量；从中心城区向周边新校区疏解的人数也大体与研究生教育增加人数相当。因此，高等教育规模控制与疏解力度有待提高。

（2）形成与京津冀区域空间布局相协调、与产业结构相适应、与首都城市发展需求相结合的首都高等教育资源空间布局仍是一项艰巨的任务。这些任务的难度在于，首先，要分清也掌握京津冀区域空间布局、产业结构和城市发展定位；其次，要根据以上内容对高等教育进行调整，而调整是有一定难度和阻力的。

（3）国际交往中，受出国政策影响，学生与教师的"走出去"数量略有下滑。首都"四个中心"定位包括国际交往中心，国际交往是高等教育的职能和工作之一。国际交往包括广大师生的"走出去"与"引进来"，也包括国际理解交往能力的提升，等等。受出国政策影响，"走出去"的数量明显下滑，而"引进来"的人数和质量不易快速大幅提升。因此，现行政策与发展目标存在不一致的情况。

（4）应用型大学转型发展脚步稍慢于上海、浙江、江苏等东部沿海省份。国家已出台促进应用型大学转型的一系列政策文件，上海、浙江、江苏、重庆等省市积极跟进，陆续出台了符合地区高等教育发展情况的地方性配套引导政策文件，从发展目标、政策激励、具体措施等方面全面促进高校向应用型大学转型发展，而北京市在这方面的工作稍显缓慢。

（5）人才分类培养尚不明显，市属高校分类发展特色不足，市属高校与部属高校的差距有待缩小。对比《北京市"十三五"时期教育改革和发展规划（2016—2020年）》中创新人才分类培养的要求，目前高校具体开展的人才分类培养实践较少。市属高校分类方法尚不明晰，市属高校特色并不凸显，对市属高校的相关引导效果有待提高。同时，由于"双一流"建设中经费、政策等问题，市属高校与部属高校的差距并未缩小。

（6）在数据信息公开方面仍有待提高。目前，有关首都高等教育的政策、文件、统计数据、高校发展特色等内容在公开渠道难以全面获得，不利于有关部门了解、掌握高等教育发展的最新动态。

针对以上问题，建议首先应加大数据信息公开力度，要求教委及有关部门对所开展的工作进行及时的总结、公开；研究、制定疏解实施首都高等教育资源空间布局的路线图；为高校师生出国出境学习、培训单独制定、开辟通道；加快应用型大学转型发展速度；研究、明确市属高校分类发展计划，重点帮扶市属高校优质特色发展。

北京市"十三五"时期
学习型城市建设监测研究

李 政[*]

摘 要：根据《北京市"十三五"时期教育改革和发展规划（2016—2020年）》对学习型城市建设的相关规定，构建监测分析北京市学习型城市建设进展的基本框架，并以此对规划实施以来的进展情况进行监测分析。总体来看，北京市学习型城市建设已取得积极进展，规划所确定的主要政策措施和任务都在有效推进之中，为最终完成规划目标奠定了坚实基础。但是，在学分银行及学分认证、转换、累积、变通等制度上还需要进一步探索，从而更好地推动终身教育体系的完善。

关键词："十三五"规划；学习型城市；规划监测

随着《北京市"十三五"时期教育改革和发展规划（2016—2020年）》于2016年9月正式发布，北京市关于"十三五"时期学习型城市建设的规划目标、主要任务与政策措施得以确定，需要在未来不到五年的时间里予以落实。为了更好地监测分析规划实施进展情况，推进学习型城市建设目标的实现，需要形成相应的学习型城市建设规划监测分析框架，并开展年度规划实施监测分析。

一、学习型城市建设的规划目标分析

《北京市"十三五"时期教育改革和发展规划（2016—2020年）》延续了《北京市中长期教育改革和发展规划纲要（2010—2020年）》中学习型城市建设的规划目标，确定"到2020年，建成公平、优质、创新、开放

---

[*] 李政，北京教育科学研究院教育发展研究中心副研究员，主要从事教育政策研究。

的首都教育和先进的学习型城市，全面完成《北京市中长期教育改革和发展规划纲要（2010—2020年）》确定的各项任务，实现教育现代化"。就规划目标而言，到2020年建成先进的学习型城市，意味着2020年的北京市不仅应符合学习型城市的基本标准，而且与国际或国内的学习型城市相比，应该具有更高的水平，达到"先进"的层次。由此，要判断2020年的学习型城市建设规划目标是否实现，不仅要明确学习型城市的基本标准，而且要明确"先进"的标准，但是在规划目标的描述中，难以获得更详细的信息，使得对于目标达成度的判断充满了模糊性和主观。

学习型城市建设，是一个涉及整个城市建设和发展的系统性大事，有能力做出全面、系统、完整、科学规划的主体除了城市最高的权力机关以外，其他组织实难承担。如果仅从教育系统的角度来规划学习型城市建设，就很难做出确定性的描述。由此，"十三五"北京市教育规划对学习型城市建设目标的描述必然是比较概括的，将学习型城市建设纳入教育规划之中也是为了更多地强调首都教育改革发展要推进学习型城市建设；首都终身教育体系建设是学习型城市建设的重要基础，先进的学习型城市建设也是实现教育现代化的应有之义。

虽然教育规划本身未对学习型城市建设目标予以详细描述，但对于监测目标实现情况而言，我们还是可以借用一些比较明确的学习型城市建设文件的相关规定来加以明确。2013年由联合国教科文组织、我国教育部和北京市政府联合举办的"国际学习型城市大会"发布了一个正式文件《建设学习型城市北京宣言——全民终身学习：城市的包容、繁荣与可持续发展》，指出"学习型城市调配其资源，促进从基础教育到高等教育的包容性学习，重振家庭和社区学习活力，促进工作场所学习，推广运用现代学习技术，提高学习质量，培育终身学习文化""学习型城市能够提升个人能力、增强社会凝聚力、培育公民权利、促进经济和文化繁荣，并为可持续发展奠定基础。"而与之相呼应，联合国教科文组织终身学习研究所撰写的《学习型城市主要特征》一文对学习型城市的基本内涵和主要特征进行了界定。从中可以归纳出一个城市成为学习型城市的基本标准，就是能够调配资源用于促进终身学习，包括：促进包容性学习；激发家庭和社区学习活力；促进工作场所学习；扩展现代学习技术的应用；提高学习质量；培育终身学习文化；最终，一个学习型城市能够实现可持续发展。我们在判断2020年学习型城市建设目标实现状况时，可以从基本标准和其作用发挥的角度来加以研判。同时，对于"先进"的判断，我们可以将是否加入学习型城市全球网络作

为依据之一。就国内学习型城市而言，目前只有杭州市被列入全球学习型城市网络。❶

二、学习型城市建设规划的主要任务分析

《北京市"十三五"时期教育改革和发展规划（2016—2020年）》在主要任务的规定中提出"健全终身教育服务体系，提供便捷学习平台""倡导终身学习理念，完善灵活开放、衔接互通的终身教育体系，推动学习型组织建设实践创新，加强学习型城市建设，满足人民群众更新知识、提高能力和全面发展的需要"。

主要任务的规划监测，需要紧紧围绕一个主要功能的实现情况；即人民群众更新知识、提高能力和全面发展的需要得到满足的情况；把握两个核心概念的内涵与基本特征，即终身教育服务体系和学习平台；需要明确三个主要监测点：一是终身学习理念的普及情况，二是终身教育体系的建设情况，三是学习型组织的建设情况。

由学习型城市建设的一个主要功能可以看到学习型城市服务的对象是全体市民，也是终身教育体系应服务的对象。前者从学习角度强调为全体市民提供学习机会，后者从教育角度强调为全体市民提供受教育机会，本质上都是为了全体市民的全面发展服务，两者是一体两面的互为互动关系。这也是教育规划将学习型城市建设纳入规划之中，并将终身教育体系建设作为学习型城市建设重要内容的主要原因。所以，对于学习型城市建设的规划主要任务监测分析必然包含对终身教育体系建设的分析，而终身教育体系在理论上包含国民教育体系，但在实践中、在具体规划中一般还是指继续教育，侧重的是成人继续教育。同时，学习型组织作为学习型城市建设的细胞，其建设和发展情况是监测和判断学习型城市建设和发展情况的基础。因此，学习型城市建设的规划主要任务监测也要将学习型组织建设情况纳入其中。

普及终身学习理念就是要将终身学习的内涵与主要特征加以广泛传播与宣传，使之成为指导全民或个人学习行为的基本理念。终身学习的基本内涵就是学习贯穿终身，个人在生命的各个阶段都要主动积极地学习。终身学习的主要特征包括：（1）系统地看待学习，让学习贯穿人的一生，包括所有形式的正

---

❶ 杭州被列入全球学习型城市网络 [EB/OL]. http：//news.xinhuanet.com/local/2016-02/02/c_1117973274.htm.

规教育与非正式学习；（2）以学习者为中心，关注学习者和学习者多样的需求；（3）强调学习的动机，重视自定进度、自我指导式的学习；（4）权衡考虑教育政策的多重目标，这些目标与经济、社会或文化成果、个人发展、公民的权利和义务等相联系。[1] 而终身教育体系是与终身学习密切相关的一个概念，其基本内涵是保障个人终身都要接受教育的体系，其实质是为个人或全民终身学习提供教育资源和教育机会的体系，是包括正规教育、非正规教育以及非正式教育的体系。相应地，学习型组织也是与终身学习密切相连的一个概念，其基本内涵就是能为个人终身学习提供资源和机会的组织，是能够组织学习并通过学习来促进个人和组织发展的新型组织。学习型组织有五大特征：一是有共同愿景，愿景可以凝聚组织上下的意志力，为组织目标奋斗；二是强调团队学习，团队智慧应大于个人智慧的平均值，通过集体思考和分析，找出个人弱点，强化团队向心力；三是改变心智模式，组织的障碍多来自个人的旧思维，唯有通过团队学习以及标杆学习，才能改变心智模式，有所创新；四是突出自我超越，个人有意愿投入工作，不断超越自我；五是提倡系统思考，应通过资讯搜集，掌握事件的全貌，培养综观全局的思考能力，看清问题的本质，清楚因果关系。学习型组织可以泛化为学习型社区、学习型城市等不同的概念。了解这些基本概念及其主要特征，可以为监测和把握学习型城市规划任务完成情况提供基本指导，也可以为构建相关的监测指标与框架提供基本理论支撑。

三、学习型城市建设规划的政策措施分析

《北京市"十三五"时期教育改革和发展规划（2016—2020年）》就加强学习型城市建设提出了若干政策措施，主要包括两个方面。这些政策措施是否得到实施将是规划实施监测的主要观察点，也是规划实施年度监测的重点。

一是完善终身教育体系方面的政策措施，包括六个要点：（1）建立不同类型学习成果的互认与衔接机制和转换认定制度，构建市民终身学习"立交桥"；（2）探索试行普通高等学校、高等职业院校、成人高等学校之间学分转换，建立"学分银行""市民终身学习卡"等终身学习制度，拓宽终身学习通道；（3）制定非学历教育资格标准，依托学分银行平台，打通学历、非学历、职业资格证书之间的转换通道，实现学分互认；（4）加强语言文化建设，不

---

[1] 经济合作与发展组织. 教育政策分析2001 [M]. 北京：教育科学出版社，2003：4-5.

断提高语言文字社会应用规范化的治理与服务能力；（5）加强市民语言能力和母语素养的培养，传承与弘扬中华优秀语言文化；（6）建设北京市语言文字工作委员会科研基地。

二是建设终身学习服务平台方面的政策措施，包括三个要点：（1）整合教育、文化、科技、体育等现有优质资源，建成覆盖全市的终身学习网络和区域性学习中心，为市民提供丰富多样的学习交流平台，注重为老年人、残疾人等特殊需求群体提供学习服务；（2）建设一批有特色、受社区群众欢迎的"市民终身学习示范基地"，发挥其核心辐射作用；（3）依托北京开放大学建好终身学习系统——京学网。

这些政策措施都是宏观上的政策导向，与相关政策制定部门最终制定的具体政策存在差异。应该说，这些政策措施更多是一种政策框架或政策范围，指导有关部门在实施规划时采取与之相符合的具体政策。具体政策会涉及具体的部门、具体的资源配置、具体的人事变动、具体的制度体系等内容，而这些内容将是规划实施监测的具体对象。

四、学习型城市建设规划实施监测分析框架

学习型城市建设规划实施监测分析框架应首先基于规划政策措施的制定与实施情况的监测，其次把握规划主要任务的完成进展情况的监测，最后再判断规划目标的完成情况，所以规划实施监测的着手之处就是对规划政策措施的制定与实施进行监测。从规划政策措施入手，可以明确规划实施监测的重点就是政府制定相关政策的情况以及相关各方落实政策的情况。而政策措施往往意味着政府允许或领导什么人或组织用什么资源做什么事、完成什么任务、达成什么目标，这些人或组织的行为就是监测分析可以观察的现象，也就是规划实施监测的观察要点。虽然"十三五"学习型城市建设的规划目标、主要任务与政策措施之间不是完全一一匹配、呈现简单线性的因果关系，但在时间上，仍是先有政策措施之后才有主要任务及目标的变化情况。因此，还是可以根据"十三五"学习型城市建设的规划政策措施与主要任务来建构规划实施监测框架，具体如表1所示。

表1 "十三五"时期北京市学习型城市建设的规划实施监测框架

一级指标	二级指标	三级指标	监测要点
完善终身教育体系	构建市民终身学习"立交桥"	建立不同类型学习成果的互认与衔接机制和转换认定制度	市、区相关政策措施；互认机制；衔接机制；转换认定制度
	拓宽终身学习通道	试行普通高等学校、高等职业院校、成人高等学校之间学分转换；建立"学分银行""市民终身学习卡"等终身学习制度	市、区相关政策措施；学分转换制度与实施情况；学分银行数量与运行情况；市民终身学习卡制度与实施情况
	实现学分互认	制定非学历教育资格标准；依托学分银行平台，打通学历、非学历、职业资格证书之间的转换通道	市、区相关政策措施；非学历教育资格标准；转换制度及实施情况
	加强语言文化建设	提高语言文字社会应用规范化的治理与服务能力；加强市民语言能力和母语素养的培养，传承与弘扬中华优秀语言文化；建设北京市语言文字工作委员会科研基地	市、区相关政策措施；提高语言文字社会应用规范化的治理与服务能力的方式；市民语言能力和母语素养的培养方式；中华优秀语言文化传承与弘扬的方式；北京市语言文字工作委员会科研基地建设情况
建设终身学习服务平台	提供丰富多样的学习交流平台	整合教育、文化、科技、体育等现有优质资源；建成覆盖全市的终身学习网络和区域性学习中心；注重为老年人、残疾人等特殊需求群体提供学习服务	市、区相关政策措施；整合资源的情况；终身学习网络数量与运行情况；区域性学习中心数量与运行情况；服务特殊需要人群情况
	建设"市民终身学习示范基地"	建设一批有特色、受社区群众欢迎的"市民终身学习示范基地"，发挥其核心辐射作用	市、区相关政策措施；市民终身学习示范基地数量；有特色、受社区群众欢迎的评比；市民终身学习示范基地作用发挥情况
	建好京学网	依托北京开放大学建好终身学习系统——京学网	北京开放大学相关政策措施；京学网运行情况
建设学习型组织	推进学习型组织建设实践创新	推进学习型组织建设；推进学习型组织建设实践创新	市、区相关政策措施；学习型组织数量；学习型组织评比

虽然联合国教科文组织终身学习研究所提出的学习型城市主要特征草案从学习型城市建设目标、主要建设任务和基础条件三个方面设计了32项指标来监测评价各国学习型城市进展[1]，比本框架更为全面详细，但本框架仅从规划实施监测的角度来构建，关注的是规划本身说了什么、准备做什么以及最终规划目标能否落实，所以只集中在学习型城市建设的某些方面，集中在能体现北京市学习型城市建设实际情况的特定方面。应该说，按照本框架开展北京市学

---

[1] 联合国教科文组织终身学习研究所. 学习型城市主要特征 [J]. 职业技术教育, 2013 (33): 46-48.

习型城市建设规划实施情况的监测，是可以基本完成对全市围绕规划目标开展学习型城市建设实际情况的监测，能够发挥规划实施监测对于监测、分析、调整和促进规划实施的作用。

五、学习型城市建设规划实施进展分析

（一）总体进展

在"十三五"全市教育规划发布的同年（2016年），北京市还发布了专门的学习型城市建设行动计划，进一步指导和落实各项政策措施，进一步提升全市学习型城市建设质量和水平。相较于仅由市教委和发改委联合发布的教育规划对学习型城市的规划而言，由北京市14个委办局联合发布的《北京市学习型城市建设行动计划（2016—2020年）》明显更为全面、详细、具体和更具操作性。它提出的目标也进一步对规划所说的"先进的学习型城市"进行了较为具体的描述，即到2020年，北京将建成以完善的终身教育体系和学习型组织为基础，以广大市民的良好素质为支撑，学习资源丰厚、学习氛围浓厚、创新活力涌现的学习型城市，为实现首都教育现代化、建设国际一流的和谐宜居之都夯实基础，为率先全面建成小康社会贡献力量。同时，为了实现这一总体目标，行动计划还提出了更具可操作性和可监测性的"十大工程"，即重点建设12个学习型示范区；打造100个市级"市民终身学习示范基地"；打造"互联网+终身学习"的"京学网"学习公共服务平台；推进为市民提供学习成果积累与转换服务的学分银行建设；培育100个示范性学习型组织；建设可承担100万人次学习的50个职工继续教育基地；建设100所示范性成人学校和50个新型职业农民培训基地；实施"夕阳圆梦"工程，加大涉老养老服务人才培训力度；实施家庭教育和家风建设工程，弘扬家庭美德；实施社区教育指导服务系统建设工程，培养100名市级学习指导师，为首都社会服务与管理提供智力支持。❶

在"十三五"全市教育规划和全市学习型城市建设行动计划的指导下，北京市继续稳步推进学习型城市建设，全面提升学习型城市建设水平，向着实现建成"先进的学习型城市"规划目标又迈进了坚实的一步，取得了新的积

---

❶ 北京市力推"十大工程"打造学习型城市"升级版"——北京市第十二届全民终身学习活动周开幕［EB/OL］. http://edu.bjhd.gov.cn/xw/yw/201610/t20161028_1310543.html.

极进展。总体而言，主要表现在三大规划任务的推进上。

一是继续加强了各级各类教育的建设与衔接沟通，终身教育体系更加完善。实施第二期学前教育三年行动计划，扩大学前教育资源，提供更多优质教育机会，并发挥社区学前教育资源作用，推进0—6岁学前教育一体化体系建设；完善幼升小、小升初入学制度，推进中考和高考招生制度改革，加强普通教育与职业教育衔接沟通，现代国民教育体系更为完善；推进普通高等学校、职业院校服务继续教育，加强职业教育和成人教育的衔接沟通，加强各类职工教育和成人培训，加强老年教育，构建一体化的社区教育体系，继续教育体系更为完善；继续推进学分银行建设，探索各级各类教育的学分转换制度；弘扬中华优秀文化，语言文字工作得到进一步加强。

二是继续加强了各类学习资源平台的整合与建设工作，终身学习服务平台功能更为强大。充分利用网络平台，加强各类学习资源网站的衔接沟通与相互整合，加强了学习型城市网、京学网等网络平台建设，创建了首都女性终身学习平台，互联网+终身学习的平台和模式更加丰富多彩；继续推进市民终身学习示范基地建设，市、区两级市民终身学习示范基地的数量稳步增加，其作用发挥更加充分；加强市、区、街道（乡）、社区（村）四级社区教育机构建设，覆盖全市的终身学习网络和区域性终身学习中心建设取得积极进展。

三是继续推进了学习型组织建设工作，各类学习型组织更加完善，作用发挥更加充分，建设水平进一步提升。通过组织学习型城市建设成就展示、交流和评比活动，学习型城区建设水平进一步提升；继续完善学习型企业、学习型学校、学习型社团、学习型政党等各类学习型组织建设的政策和制度安排，学习型组织建设体系进一步健全；持续举办全民终身学习活动周，开展首都市民学习之星评比、宣传等活动，营造了全民终身学习的良好氛围，推进了学习型组织建设和市民个人学习。

（二）主要举措

北京市学习型城市建设工作已经形成了一整套完整的领导、组织、管理体系，各项活动都形成了比较成熟的制度，为落实"十三五"规划相关规定奠定了扎实的组织制度基础。在北京市建设学习型城市工作领导小组及其办公室的领导组织、管理协调下，在市相关部门、各区、各单位的共同努力下，北京市学习型城市建设各项工作稳步推进，学习型城市建设规划的主要举措得到有效实施。

一是举办全民终身学习活动周。全民终身学习活动周已形成完整的活动流程和组织制度，已经成为学习型城市建设的全市品牌活动。通过集中展示、交流一年来学习型城市建设所取得的成就、经验，既总结提高学习型城市建设工作的相关经验、理论认识和成熟制度体系，也引领和指导未来的学习型城市创新发展。"十三五"以来，北京市于2016年、2017年先后举办了第十二届、第十三届全民终身学习活动周。通过丰富多彩、高效广泛的活动安排，普及了全民终身学习的理念，营造了良好的学习型城市发展环境，推动了全市学习型城市建设工作，提升了全市学习型城市建设水平。北京市第十二届全民终身学习活动周主题为"育精益求精工匠，圆创新创业梦想"，于2016年10月在清华大学开幕。全市16个区、部分委办局、在京高等学校同期举办了500多场各类学习活动。❶ 北京市第十三届全民终身学习活动周的主题为"服务新北京建设，支撑新业态发展"，由北京市建设学习型城市工作领导小组、中共北京市委教育工委、北京市教育委员会、通州区政府、北京市成人教育学会及各组织单位共同主办，通州区教育委员会承办活动周开幕式，于2017年11月在人大附中通州校区举行。在前后一个月的活动周期内，全市各区、部分委办局、在京高校也举办了包括校园活动、企业活动、场所活动、社区活动等各种各样的学习活动，既推动了各单位的学习型组织建设，也促进了全市学习型城市建设工作。❷

二是推动各区开展学习型城市建设成果展示及经验交流活动。北京市建设学习型城市工作领导小组办公室从2016年起推动各区开展学习型城市建设成果展示及经验交流活动，为各区搭建了一个集中展示学习型城区建设成就的制度平台，也为市相关部门、各区以及各相关单位之间及时交流学习型城市建设经验提供了一个机制化长效化的机会。2016年顺义、房山等8个区，2017年丰台、石景山、延庆等8个区成功开展了"学习型城市建设成果展示及经验交流"活动。❸ 从两年来的实践看，各区开展学习型城市建设成果展示及经验交流活动确实发挥了总结和发现各区建设成就和典型经验、促进相互学习、凝聚优势力量、共同推动全市学习型城市建设工作的积极作用。例如，2017年5月，北京市延庆区学习型城区建设成果展示及经验交流活动在延庆区青少年剧

---

❶ 北京市力推"十大工程"打造学习型城市"升级版"——北京市第十二届全民终身学习活动周开幕[EB/OL]. http：//edu.bjhd.gov.cn/xw/yw/201610/t20161028_1310543.html.

❷ 北京市第十三届全民终身学习活动周开幕[EB/OL]. http：//www.bjlearning.gov.cn/home/content/1166/0.htm.

❸ 北京市建设学习型城市工作领导小组办公室关于开展学习型城市建设成果展示及经验交流工作的通知[EB/OL]. http：//zfxxgk.beijing.gov.cn/110003/zyycrjy53/2017-02/16/content_785807.shtml.

场举行，北京市教委领导、北京市学习型城市建设专家指导组成员、清华大学、人民大学、北京教科院、北京市社区教育指导中心、中关村学院以及海淀、昌平、密云、通州、怀柔、平谷、顺义、门头沟、丰台、大兴、房山11个区的相关领导以及延庆区政协、延庆区委宣传部、延庆区教委等部门的领导200余人出席会议。延庆区教委主任、区学习办主任魏旭斌以"意诚心正学润妫川"为题做延庆区创建学习型城市示范区工作报告，从加强顶层设计实现四个结合、把握创建主线做到两个支撑、完善服务体系促进多元发展、加强过程监督延展创建周期、培育组织文化搭建三个平台、坚持继往开来谋划六大工程六个方面全面介绍了延庆区成为北京市第5个学习型城市示范区的创建经验。❶ 又如，2017年4月，石景山区学习型城市建设成果展示及经验交流活动在石景山社区学院举行。活动由中共石景山区委教育工作委员会、石景山区教育委员会主办，石景山社区学院承办，与会领导及嘉宾有北京市教委职成处处长王东江、北京市教委职成处副处长吴缨、原北京市教科院副院长、北京市建设学习型城市工作专家组组长吴晓川、石景山区文明办主任裴士信、石景山区教委主任李秀兰，还邀请了马成奎、孙桂华等北京市学习型城市建设专家、各区县教委领导、区县兄弟学校领导及石景山区学习型城区建设领导小组成员单位及各街道领导。活动着重展示了"夕阳圆梦——老年大学""志愿飞翔——学习型社团""铸就基石——传统文化基地"三个品牌项目。❷

三是推动北京市民终身学习示范基地建设。北京市民终身学习示范基地是为市民提供学习、体验、创新、交流的平台，进一步拓展了面向市民的开放性、公益性教育服务，并以此为中心带动构建"市民终身学习圈"。2017年全市首批34个"北京市民终身学习示范基地"举行了挂牌，包括故宫博物院、北京市外事学校、中关村学院、北京老舍茶馆有限公司、北京市朝阳区图书馆等企事业单位；将各类型的学习型组织或教育资源单位尽纳其中，可充分利用社会教育资源，为全民提供更为丰富多样的学习资源。❸ 北京市民终身学习示范基地的建设为建设覆盖全市的学习网络和区域性学习中心提供了新的基础和途径，也为构建终身学习服务平台提供了现实基础，能够有力地促进学习型组

---

❶ 延庆区学习型城区建设成果展示 成为北京市第五个示范区［EB/OL］. http：//edu.china.com.cn/2017-05/18/content_40843265.htm.

❷ 北京石景山区举行学习型城市建设成果展示与经验交流活动［EB/OL］. http：//news.ifeng.com/a/20170424/50986457_0.shtml.

❸ 2017年北京市民终身学习示范基地名单公示［EB/OL］. http：//bjzj.bjedu.cn/tzgg/201711/t20171120_33461.html.

织建设，促进全民学习，推动学习型城市建设工作。北京市民终身学习示范基地的建设也将带动各区的市民终身学习服务基地的建设工作，提高基地建设的水平和服务市民学习的质量。例如，顺义区于2016年启动了区级示范性市民终身学习基地建设，首批10家示范基地都具有相当规模学习培训、参观体验的固定场地和基础设施，向社会公众开放，满足百姓多样化、就近化学习需求。❶ 又如，西城区将市民终身学习服务基地作为创建学习型城市工作示范区六大重点示范项目之一，承担着为区域市民提供方便、快捷、务实的学习服务的重要任务。在市民终身学习服务基地建设过程中，西城区充分发挥了区域内教育、科技、文化等单位在创建中的重要作用。通过积极有效的管理和指导，区域内的多元化教育资源得到了有效利用，具有品牌特色和深受市民好评的学习基地不断涌现，市民的学习需求和文化需求在满足的程度和层次方面都得到了极大的提升。❷

四是推动北京市职工继续教育基地和新型职业农民培训基地建设。2017年全市首批认定了北京财贸职业学院、北京市电气工程学校、北京市劲松职业高中等18所职业院校作为北京市职工继续教育基地，认定了北京市农业广播电视学校房山分校、北京市房山区河北镇职业社区成人学校、北京市大兴区安定镇成人学校、北京市新城职业学校、北京市延庆职业学校等24所成人学校和职业学校作为新型职业农民培训基地。❸ 这些基地的认定和建设既推动了职业院校面向社会扩大教育职能，又为继续教育增添了更优质丰富的教育资源，有利于促进职业院校教育与继续教育的衔接沟通，有利于推动终身教育体系的完善。

五是推动互联网+终身学习的发展。互联网为终身教育、终身学习和学习型城市建设提供了便利条件和有效手段。北京市继续加强各区学习网站建设，充分利用网络教育资源和学习资源，打造更有利于全民终身学习的网络平台。2016年，由北京市妇联与北京开放大学联合研发的"首都女性终身学习平台"正式启动。该平台以"北京妇女网""学历教育网""学习型城市网"三网为载体，是一个开放性、公益性的信息化学习平台；以女性培训中心为单位，利

---

❶ 顺义建设终身学习示范基地［EB/OL］. http：//jjrb.bjd.com.cn/html/2016-11/09/content_79800.html.

❷ 西城区市民终身学习示范基地建设［EB/OL］. http：//www.lsw.cc/bbs/thread-311738-1-1.html.

❸ 关于认定首批"北京市职工继续教育基地""北京市新型职业农民培训基地"的公示［EB/OL］. http：//bjzj.bjedu.cn/tzgg/201712/t20171227_35335.html.

用各学习点的教育培训资源,基本实现了教育的全覆盖,逐步形成了终身教育联盟;加强了女性终身学习的顶层设计,实现了女性教育、终身学习科学化;课程体系建设充分体现了女性终身教育特色,体现了女性在一生各阶段当中所受各种教育的总和,是女性受不同类型教育的统一综合;将学历教育和职业培训进行了有机融合,面向北京全市女性提供开放、灵活、丰富的终身学习服务。❶ 2016 年,北京开放大学北京市民终身学习网(京学网)共享服务系统建设项目面向全市进行公开招标,进一步加强京学网建设。❷ 2017 年,通州区"通学网"正式开通。"通学网"依托北京市终身学习平台(京学网)的资源和服务优势,立足北京城市副中心的定位,充分调动区域内各方力量,体现北京城市副中心建设的新方向和新成效,为区域内或全市的全民终身学习提供支持。❸

六是开展首都市民学习之星评选。"首都市民学习之星"评选活动由北京市委组织部、北京市委宣传部、北京市教育工作委员会等单位牵头、北京市建设学习型城市工作领导小组主办,旨在表彰热爱学习、践行社会主义核心价值观、积极参与学习型城市建设的市民先进典型,充分发挥广大市民在首都学习型城市建设中的主体作用,在全社会积极营造全民学习、时时学习、处处学习、终身学习的良好氛围。2016 年,评选出北京市"首都市民学习之星"100 名。2017 年,聚焦一线,评选出 100 名在学习型城市建设中做出突出贡献的首都市民学习之星,并进行了表彰和事迹宣传。❹学习型城市的宗旨在于为全民学习服务,标志在于人人都在学习。从根本上说,每个人都在终身学习,才能构成全民学习的社会,也才能建成学习型城市。首都市民学习之星的评选指向个人、激励个人,旨在通过每个个人的学习,实现全民的学习,是推动学习型城市建设的有效举措。

七是加强学习型城市建设的研究和指导。学习型城市建设是一个复杂的社会工程,需要科学的理论指导。广大市民的终身学习也需要及时地科学指导和引导。北京市一贯重视学习型城市的研究和实践指导工作。2016 年,北京市教委与清华大学合作共建的北京市组织学习与城市治理创新研究中心和依托北

---

❶ "首都女性终身学习平台"开通 [EB/OL]. http://lady.qianlong.com/2016/0908/913269.shtml.

❷ 北京开放大学北京市民终身学习网(京学网)共享服务系统建设项目公开招标公告 [EB/OL]. http://www.ccgp.gov.cn/cggg/dfgg/gkzb/201607/t20160701_6983919.htm.

❸❹ 北京市第十三届全民终身学习活动周开幕 [EB/OL]. http://www.bjlearning.gov.cn/home/content/1166/0.htm.

京开放大学的北京市社区教育指导中心正式成立，这两个"中心"将为北京探索新时期学习型城市建设的新规律、新途径，总结学习型城市建设实践经验，推动社区教育发展，开展学习型城市建设科学研究提供有力支撑。❶ 2017年，北京市教委联合联想集团充分挖掘和利用各自资源和优势，发挥职业院校和社区学院在首都经济社会发展、产业转型升级、京津冀协同发展中的重要作用，选拔和培养"学习指导师"；首批60名来自社区学院和职业学校的老师拿到了由北京市教委和联想集团共同举办的"学习指导师"高级研修班的结业证书，成为北京建设学习型城市急需的"懂教学、会指导、能策划"学习指导师。❷ 学习指导师加强了学习型城市建设的指导力量，其作用将在建成先进的学习型城市的过程中逐步得到体现。

八是加强语言文字工作。北京市语言文字工作委员会及其办公室结合"十三五"时期的新形势新要求，进一步加强了语言文字工作，包括扎实开展宣传教育工作，推动京津冀语言文字工作交流与合作向高水平、深层次、宽领域发展，成功举办"首届中国北京国际语言文化博览会"，全面开展学校语言文字规范化达标建设工作，促进语言文字应用科研工作，开展语言文字测试工作，加强信息化建设。特别是2017年举办的"首届中国北京国际语言文化博览会"填补了世界华语文化圈语言文化主题博览会的空白，构建了中外语言文化交流互鉴的新平台、大格局；"北京语言文化数字博物馆"项目通过验收鉴定，这是我国第一个全方位的语言文化数字博物馆，在非遗保护、文化宣传、社会教育、学术研究等方面都具有重大价值；启动国内首个"冬奥会语言服务"主题方面的研究项目，受到冬奥组委的高度关注。这些工作聚焦服务国家发展战略，赢得了广泛的赞誉和高度的评价。2017年，市教委、市语委还批准认定了第一批语言文字工作规范化达标建设优秀学校32所和达标学校305所。市语委办公室支持北京语言文字工作协会发起成立"语言文化学校联盟"，并为首批81所语言文化联盟校颁发了证书。❸ 同时，在2016年建设首都师范大学北京语言产业研究中心、北京语言大学北京语言文化建设研究中心、首都师范大学北京语言智能协同研究院、北京华文学院语言文化传播研

---

❶ 北京市力推"十大工程"，打造学习型城市"升级版"［EB/OL］. http://www.bjimec.org/zixun/edunews/2016/1104/132.html.

❷ 北京打造"学习指导师"助力学习型城市建设提质升级［EB/OL］. http://edu.qq.com/a/20161110/027465.htm.

❸ 市语委办召开年度工作总结会暨语言文化学校联盟成立会［EB/OL］. http://beijing-language.bjedu.gov.cn/xxkd/201712/t20171229_35436.html.

究中心、商务印书馆北京市阅读能力研究发展中心等5所北京市语言文字工作委员会研究基地的基础上，2017年又在北京语言大学设立北京语委研究基地"北京语言康复教育研究中心"，旨在汇集全国的专家、学科和学术资源，大力发展语言康复和语言治疗专业，从科研、应用、教育培训等多角度推进语言康复行业的立体发展，切实服务社会需要。

(三) 主要问题

面对"十三五"教育规划确定的学习型城市建设目标、任务和政策要求，结合"十三五"以来的新形势、新要求，北京市学习型城市建设还存在一些问题，需要在未来的一段时间内予以解决，才能在2020年最终实现规划目标。

一是学分银行建设进程需要加快。2016年行动计划提出了"学分银行"建设工程，力争到2020年初步建成终身学习的"学分银行"，建立个人学习账号和学分累计制度，打通继续教育与终身学习的通道，实现个人学习信息存储、学习成果认证、学分积累与转换，分阶段为500万市民建立终身学习账户，发放"京学卡"；建立市民终身学习档案，为普通高校、职业院校、成人高校之间学分积累与转换提供平台。同时，与行业企业合作，共同开发行业领域的能力标准，作为课程标准和学习成果认证的基础，推动办学主体之间学习成果的合理互认和相互衔接。但目前全市统一的"学分银行"制度设计和建设计划仍处于探索之中，相应的组织及其实施安排还未确立，进程需要加快。西城区已探索建立了"市民终身学习成果认证制度"——市民终身学习积分卡，其呈现方式是"学分银行"。借鉴银行的功能特点，以数字化存储、认证、兑换为手段，通过建立个人学习账户，实现个人学习与终身学习的信息存储、学分认证、学分积累、学分兑换、学习信用管理等功能。凡在西城区工作、学习、生活的人员、各类学习型组织均可申请"市民终身学习成果认证"学习账户。未来，无论是在西城区普通教育、职业教育、继续教育中的哪一类教育机构学习，学习者都有望通过学分的积累和兑换，获得如学习费用减免、升学就业和社区服务优先以及商品和服务优惠等相应奖励，不同类型学习成果之间还可以互认和衔接。❶ 如何总结和借鉴西城区相关的经验，进一步推动全市学分银行建设，是需要尽快解决的问题。

二是学习成果互认、衔接与转换制度待建立。规划确立的"建立不同类

---

❶ 学习型城市建设的区域样本：来自北京西城的实践探索 [EB/OL]. http://edu.qq.com/a/20161012/025117.htm.

型学习成果的互认与衔接机制和转换认定制度"仍需要加快设计和制定，特别是学历教育与非学历教育之间、职业教育与普通教育之间、普通教育与继续教育之间以及同类教育中不同院校之间，如何建立学习成果标准、认证程序及转换认定。就终身教育体系完善而言，不同学习成果形成一个统一的互认标准，为人们在各级各类教育中采用各种各样的学习方式所获得的学习成果提供一个比较公平的认可、转换制度，是基本前提。

三是特殊人群学习需求仍待满足。规划提出要注重为老年人、残疾人等特殊需求群体提供学习服务，但相对于北京市已进入老龄化社会所出现的庞大的老年人群体，目前的学习资源、学习机会仍显不足。同时，针对残疾人的特殊学习需求，也更多关注了义务教育阶段的残疾人，而对其他阶段的残疾人特别是成人阶段，所提供的教育资源不足。满足残疾人的教育需求和身心发展需求，是一个城市的文明标志，也是一个先进的学习型城市的内在要求，所以北京市还需要加强这方面的工作。

四是学习型组织建设仍需要创新。学习型组织是学习型城市的基础，需要根据时代发展要求，不断地创新发展。规划提出了推进学习型组织建设实践创新的要求，就当前来看，全市还缺少一个比较全面的组织安排和实践指导方案，特别是针对不同类型的学习型组织及其发展的特殊要求来提供一个可行的、可借鉴的指导方案。

（四）政策建议

到 2020 年实现规划目标需要在今后的 2—3 年进一步加强相关政策的实施力度，并对规划实施过程中所出现的问题及时采取有效措施，更好地推动全市学习型城市建设工作。

一是加强教育规划与行动计划在政策制定、实施、评估等方面的统筹协调。教育规划的实施更多的是在教育系统内，而学习型城市建设行动计划的实施则涉及教育系统内外。要进一步加强有关学习型城市建设的教育系统内政策和非教育系统内政策的统筹协调，更多地利用系统外的资源和力量来满足教育规划的要求，同时更好地发挥教育系统内资源和力量对于全市学习资源和力量的引导和促进作用，从而更有效地推动学习型城市建设。

二是加快学分银行及其相关制度的研制。进一步研究国家相关政策安排，借鉴上海市、浙江省等已经建立学分银行的经验，总结和推广西城区相关做法，扩大探索范围，尽快以学分为基本单位，建立起各级各类教育和学习成果的认证互换制度，推动全市学分银行建设工作。

三是满足特殊人群教育和学习需求。在终身教育体系建设和终身学习服务平台的建设中,专门制定有关特殊人群教育和学习需求的制度和机制(如首都女性终身学习服务平台),优先提供相应的资源和机会,为他们的身心健康和幸福生活创造更好的条件和环境。

四是推动互联网+学习型组织的创新发展。充分利用互联网,将学习型组织建设纳入全市终身学习服务平台建设之中,既为单个学习型组织提供广阔的网络展示平台,又为同类或不同类型的学习型组织提供相互交流借鉴的机会,推动互联网+学习型组织的创新发展。

各区实施北京市"十三五"时期教育规划情况监测

曹浩文[*]

摘　要：北京市"十三五"教育规划是指导全市教育改革与发展的纲领性文件，各区要立足该规划，结合本区实际，分阶段、分步骤组织实施。本研究从教育发展保障、教育发展质量、教育公平发展和教育开放发展四个方面构建指标体系，监测各区在2016年实施和推进北京市"十三五"教育规划的情况。监测结果表明，各区在上述四方面都采取了有力举措，取得了重要成效，北京市"十三五"教育规划在各区稳步推进。但是，一些区在教育发展保障方面努力程度不足，各区教育发展质量较为不平衡，教育公平取得重要突破的同时也面临外部环境的制约，教育开放发展的质量和效益有待进一步提升。

关键词：教育规划；规划监测；区县教育

2016年9月，《北京市"十三五"时期教育改革和发展规划（2016—2020年）》正式公布。北京市"十三五"教育规划是指导全市教育改革与发展的纲领性文件。各区要从本区实际出发，制订本区实施规划的具体方案、年度计划和政策措施，分阶段、分步骤组织实施。北京市"十三五"教育规划确定的各项指标不仅要纳入市政府，同时也要纳入各区的综合评价和绩效考核体系。本研究正是以此为依据，对北京市各区实施北京市"十三五"教育规划的情况进行监测的。

---

[*] 曹浩文，北京教育科学研究院教育发展研究中心助理研究员，博士，主要从事教育经济、教育政策研究。

一、各区"十三五"时期教育改革和发展背景

"十三五"时期是首都实现教育现代化的决胜阶段，同时也是北京市深入贯彻"四个全面"战略布局，落实首都城市战略定位，推进京津冀协同发展，率先全面建成小康社会，建设国际一流的和谐宜居之都的关键时期。在这一总体背景下，各区面临的具体情况既有共性之处，也有个性之处。

1. 各区教育要贯彻落实《北京城市总体规划（2016—2035年）》的精神，主动提升服务城市经济社会发展的能力

为落实城市战略定位，疏解非首都功能，促进京津冀协同发展，完善城市体系，《北京城市总体规划（2016—2035年）》提出了"一核一主一副、两轴多点一区"的城市发展新格局，并对这六片区域的发展定位、目标以及具体任务做出了明确规划。各区教育要主动对标、对表和对接《北京城市总体规划（2016—2035年）》，充分发挥区域资源优势，努力办好每一所学校，为城市经济社会发展做出新贡献。

2. 各区教育要贯彻落实实现首都教育现代化的决定，努力提升教育现代化水平

党的十八大提出到2020年基本实现教育现代化的目标，是中央对教育工作的明确要求。《北京市中长期教育改革和发展规划纲要（2010—2020年）》明确提出到2020年实现首都教育现代化。各区要坚持首都意识、首善标准和首创精神，做好北京市乃至全国教育综合改革的排头兵，为推动首都教育现代化做出应有贡献。一些省份（如浙江、广东、江苏等）已经印发了县（市、区）教育现代化督导评价指标体系，为县（市、区）教育现代化发展提供指导。北京虽然尚未出台相关指标体系，但是各区可以提前剖析自身教育现代化发展不平衡不充分的地方，改善薄弱环节，提高教育现代化水平。

3. 各区教育既面临较为复杂的外部环境，也面临人民群众对更好教育的强烈需求，发展难度提高

较为复杂的外部环境包括学龄人口入学高峰以及学龄人口分布发生变动，对教育资源供给总量及布局带来挑战；经济发展进入"新常态"，政府财政收入能力可能下降，给公共财政教育经费支出带来挑战；疏解非首都功能，优化提升首都核心功能，给教育发展的重点以及面临的人口形势都带来变化。同时，首都高端人才聚集，首都人民对更好教育的期待和诉求较高；首都人民期待更加公平、更高质量的教育，对教育服务的多样化、个性化和多层次特点需

求也较高。因此，首都教育促进教育公平的任务更为艰巨，实现教育创新的挑战更为严峻，扩大教育开放的需求更为迫切。

二、研究的基本思路及指标体系构建

（一）研究的基本思路

本研究的主题是"各区实施北京市'十三五'教育规划情况监测"，与本书其他章节关于北京市各级各类教育实施北京市"十三五"教育规划情况监测不同，有必要厘清监测的基本思路。

第一，在监测对象上，本研究以各区学前教育、义务教育、普通高中教育、中等职业教育和成人教育的改革和发展情况为监测对象，不包含高等教育。由于我国实行"以县为主"的基础教育管理体制，各区县人民政府担负着统筹区域内学前教育、义务教育、普通高中教育、中等职业教育和成人教育的重要责任，因此对各区实施北京市"十三五"教育规划情况的监测也应以上述级别和类型的教育为主。相反，高等教育实行中央和省级政府两级管理，以省级政府管理为主的管理体制，因此高等教育不在本研究的监测范围之内。

第二，在监测依据上，本研究以北京市"十三五"教育规划为监测依据，而非各区制定的"十三五"教育规划。北京市各区依据北京市"十三五"教育规划、各区"十三五"经济和社会发展规划等，结合本区实际，制定了各区的"十三五"教育规划。各区的"十三五"教育规划与北京市"十三五"教育规划在基本思想和发展理念上总体一致，但又各具特色和侧重点。各区有职责组织相关力量对本区的"十三五"教育规划实施情况进行监测。但是，本研究作为"北京市'十三五'教育规划实施监测研究"的一部分，以北京市"十三五"教育规划为依据，对各区实施北京市"十三五"教育规划的情况进行监测。

第三，在监测方法上，本研究采取优先定量监测、定量监测与定性监测相结合的方法。定量监测的优点在于客观、好比较，缺点在于一些反映各区教育改革和发展重要进展的内容难以量化，容易导致"只测量了能够测量的，难以测量的就不测"的后果。定性监测的优点在于它能够把一些难以量化的内容纳入指标体系，使得指标体系更为全面和可信，但缺点在于指标数据的收集容易受主观情感、态度和价值观的影响，导致指标失去公信力和应有的价值。

本研究采取优先定量监测（只要能量化且能找到数据的都采用定量监测，不能量化或无法找到数据的才使用定性监测）、定量监测与定性监测相结合的方法。

在设计定量指标时，一个很重要的考虑因素是数据可得性。本研究的监测对象是2016年各区教育改革和发展情况，数据较新，同时各区在教育数据公开方面没有统一的要求，各区公布的内容和进度不尽一致，导致本研究难以收集到2016年各区的教育数据。北京市教委每年组织编制《北京市教育事业统计资料》，但主要是全市层面的教育数据以及分城区、镇区和乡村的数据。分区的教育数据主要是学校数、学生数和教职工数，没有更多反映办学条件和教育质量等的分区数据。这给本研究的定量监测带来很大限制，只能在数据可得性的前提下设计定量指标。当一些指标无法找齐16个区的数据时，只呈现能够找到数据的区。对于定性指标，主要介绍各区（尤其是一些有代表性的区）教育改革和发展的特色做法和经验。

本研究的数据主要来源是历年《北京市教育事业统计资料》、北京市教委官方网站、《北京教育年鉴（2017）》等。值得一提的是，《北京教育年鉴》每年一编，记述了上一年度内北京市教育事业各方面发展的新情况，是研究北京市教育事业发展的重要信息来源。其中一部分内容为"各区教育"，记述了各区教育事业发展的新进展，是本研究的重要参考依据。从2017年开始，《北京教育年鉴》实现了电子化，使公众不仅可以在网上浏览《北京教育年鉴（2017）》的内容，还可以浏览历年的年鉴，形成一个内容丰富的年鉴数据资源库。公众不仅可以选择"原书阅读"的模式，还可以选择分类检索的模式，为研究工作提供了便利。

（二）指标体系构建

北京市"十三五"教育规划明确提出2020年教育改革和发展的总体目标，即"到2020年，建成公平、优质、创新、开放的首都教育和先进的学习型城市，全面完成《北京市中长期教育改革和发展规划纲要（2010—2020年）》确定的各项任务，实现教育现代化"。这是北京市以及各区"十三五"时期教育改革和发展必须严格遵循的目标。同时，北京市"十三五"教育规划还明确提出8项主要任务和5项改革措施，合计13项改革和发展任务。除了"强化高等教育内涵发展"这一项不属于各区教育改革和发展任务以外，其他12项都属于各区教育改革和发展任务，应该纳入本研究的监测范围（见表1）。

表1 北京市"十三五"教育规划提出的13项改革和发展任务

	改革和发展任务	是否列入监测范围
8项主要任务	全面深入实施素质教育	√
	拓展基础教育优质资源	√
	完善现代职业教育体系	√
	强化高等教育内涵发展	×
	健全终身教育服务体系	√
	依法促进民办教育发展	√
	有序疏解部分教育功能	√
	积极扩大对外交流合作	√
5项改革措施	深化管理体制改革	√
	深化办学体制改革	√
	深化教育督导改革	√
	深化考试招生改革	√
	深化人事制度改革	√

结合《北京市"十三五"时期教育改革和发展规划（2016—2020年）》要求，同时广泛参考浙江、广东等省份已经发布的县（市、区）教育现代化督导评价指标体系，在考虑数据可得性的前提下，制定了如下监测指标体系（见表2）。该指标体系分为四个一级指标，分别是教育发展保障、教育发展质量、教育公平发展和教育开放发展。教育发展保障设置了4个二级指标，分别是人力资源保障、财力资源保障、物力资源保障和战略规划指导。教育发展质量，设置了3个二级指标，分别是师资队伍质量、学校建设质量和人才培养质量。教育公平发展，设置了两个二级指标，分别是招生入学公平和特殊人群受照顾。教育开放发展，设置了3个二级指标，分别是京津冀教育协同、国际交流与合作和教育信息化。二级指标下，一共设置了22个三级指标，其中8个三级指标为定性指标，其余14个三级指标为定量指标。表2最后一列简要说明了每个三级指标的评价标准。

表2 各区实施北京市"十三五"教育规划的监测指标体系

一级指标	二级指标	编号	三级指标	指标性质	评价标准
教育发展保障	人力资源保障	1	各级各类教育生师比	定量	区际比较
	财力资源保障	2	公共财政教育支出占公共财政支出的比例	定量	17%
		3	教育财政拨款的增长是否高于财政经常性收入的增长	定性	高于
	物力资源保障	4	各级各类教育班级规模	定量	符合相关规定
		5	幼儿园园数和班数是否增长	定性	增长
	战略规划指导	6	是否编制和公布区"十三五"教育规划	定性	编制且公布区级规划
教育发展质量	师资队伍质量	7	市特级教师、市学科带头人、市骨干占教职工总数的比例	定量	区际比较
	学校建设质量	8	市级示范幼儿园比例	定量	区际比较
		9	市级示范高中比例	定量	区际比较
		10	金帆艺术团承办学校比例	定量	区际比较
		11	金鹏科技团承办学校比例	定量	区际比较
		12	是否为全国社区教育示范区	定性	是
		13	市级市民终身学习示范基地数量	定量	区际比较
	人才培养质量	14	中考分数段分布	定量	区际比较
		15	国家学生体质健康标准测试成绩合格率、优秀率	定量	区际比较
教育公平发展	招生入学公平	16	公办中小学就近入学比例	定量	区际比较
		17	优质高中名额分配比例	定量	区际比较
	特殊人群受照顾	18	进城务工人员随迁子女在京接受义务教育的情况	定性	推进
		19	是否重视特殊教育发展	定性	区际比较
教育开放发展	京津冀教育协同	20	是否主动开展京津冀教育协同发展工作	定性	区际比较
	国际交流与合作	21	跨国(境)教育科研交流和合作活动的成效明显	定性	区际比较
	教育信息化	22	建立开放灵活的教育信息公共服务平台,促进优质教育资源普及共享	定性	区际比较

三、监测结果

本部分主要基于官方公布的数据以及文件,依次呈现每个指标的监测结果。

（一）教育发展保障

一定的人力、财力、物力资源保障以及战略规划思想保障是教育发展的重要条件。尤其是在教育发展的外部环境较为复杂和充满不确定性的条件下，确保教育发展具备充分的保障条件显得更为重要。

1. 人力资源保障

"十三五"时期，北京市教师队伍供需面临矛盾。一方面，学龄人口增长，导致人们对师资的需求增加；另一方面，由于教师职业缺乏吸引力，教师编制紧缺，北京市加强户籍管控以及在职教师生育"二孩"等因素影响，教师的供给紧张。因此，保障数量充足的教师是"十三五"时期北京市各区面临的重要任务。

生师比是衡量教师数量是否充足的重要指标。如表3所示，就各级各类教育而言，小学和学前教育的生师比最高，职业高中的生师比最低，普通中学的生师比也较低。高中阶段生师比低，与高中阶段学龄人口处于低谷期有关。分区来看，海淀区、朝阳区和石景山区的小学生师比最高，分别达到21.77%、19.46%和17.18%，顺义区、大兴区和平谷区的学前教育生师比最高，分别达到17.83%、15.65%和14.4%，需要引起这些区的重视。

一些区在积极拓展教师来源方面采取了创新性的对策。例如，海淀区探索编外人员"区聘校用"模式，建立高端教育人才储备库。东城区全面推进人才战略，成立东城区教师发展中心，积极推进干部教师轮岗交流，参加交流干部教师3139人。顺义区全年组织教师交流230余人次，有效缓解了部分学校教师结构性缺编局面。

表3　2016年北京市各区各级各类教育生师比　　　　　（%）

	学前教育	小　学	普通中学	职业高中
全　市	11.56	16.77	6.68	3.36
东城区	9.83	13.38	7.62	5.47
西城区	9.26	14.66	7.12	2.79
朝阳区	10.25	19.46	4.61	2.67
丰台区	11.69	16.06	5.97	2.72
石景山区	12.24	17.18	5.84	3.07
海淀区	11.98	21.77	8.92	4.90
房山区	11.24	15.90	7.49	2.49

续表

	学前教育	小　学	普通中学	职业高中
通州区	11.60	17.16	6.91	2.40
顺义区	17.83	16.04	7.36	9.09
昌平区	10.48	15.80	5.05	4.75
大兴区	15.65	16.86	5.73	0.92
门头沟区	10.52	13.51	7.27	1.38
怀柔区	11.14	14.41	5.86	3.06
平谷区	14.40	11.90	6.59	2.57
密云区	10.34	14.60	7.85	4.08
延庆区	11.04	10.96	6.25	4.84

数据来源：《北京市教育事业统计资料》。

2. 财力资源保障

本研究选取公共财政教育支出占公共财政支出比例和教育财政拨款的增长是否高于财政经常性收入的增长两个指标来反映各区教育财力资源保障情况。

就公共财政教育支出占公共财政支出比例而言，北京市"十三五"教育规划明确要求，到 2020 年该指标要达到 17%（2015 年全市公共财政教育支出占公共财政支出比例为 16.8%）。从表 4 可见，2016 年东城区、朝阳区、石景山区、海淀区、昌平区和延庆区共 6 个区已经达到北京市"十三五"教育规划制定的 2020 年目标值。其中，东城区的比例最高，为 21.0%。这 6 个区既有首都功能核心区、城市功能拓展区，也有城市发展新区和生态涵养发展区。可见，公共财政教育支出占公共财政支出比例的高低与各区经济发展水平、财政收入水平并不存在必然联系。其余 10 个区的该指标值还未达到 2015 年全市平均水平，与 2020 年规划目标值更是存在一定距离。其中，通州区的公共财政教育支出占公共财政支出比例在全市各区中最低，仅为 8.8%，远低于 2015 年全市平均水平。

就教育财政拨款的增长是否高于财政经常性收入的增长（《中华人民共和国教育法》规定的教育经费"三个增长"要求之一）而言，2016 年有 6 个区的教育财政拨款的增长低于财政经常性收入的增长，分别是丰台区、石景山区、昌平区、大兴区、怀柔区和平谷区。其余 10 个区的教育财政拨款增长高于财政经常性收入的增长。

结合两个指标来看，大兴区、怀柔区、丰台区和平谷区这 4 个区的公共财政教育支出占公共财政支出比例没有达到2015年全市平均水平，同时教育财政拨款的增长也低于财政经常性收入的增长，表明这4个区的公共财政教育支出努力程度不够，需要引起重视。

表4　2016年各区公共财政教育经费增长情况

	公共财政教育支出占公共财政支出比例（%）	教育财政拨款的增长是否高于财政经常性收入的增长
东城区	21.0	是
西城区	12.9	是
朝阳区	19.6	是
丰台区	16.0	否
石景山区	17.1	否
海淀区	17.5	是
房山区	15.3	是
通州区	8.8	是
顺义区	13.3	是
昌平区	19.7	否
大兴区	13.7	否
门头沟区	16.5	是
怀柔区	15.6	否
平谷区	16.3	否
密云区	16.5	是
延庆区	17.0	是

数据来源：《关于本市2016年教育经费执行情况的公告》（京教财〔2017〕20号）。

3. 物力资源保障

本研究选取各级各类教育班级规模及幼儿园园数和班数是否增长两个指标来反映各区教育物力资源保障情况。在学龄人口增长的背景下，选取这两个指标反映教育的物力资源保障，旨在考察各级各类教育学位供给是否充足。

就班级规模而言，《幼儿园工作规程》规定，幼儿园每班幼儿人数一般为小班25人，中班30人，大班35人，混合班30人。按照平均班级规模为30人来处理，从表5可见，2016年顺义区、东城区和海淀区的幼儿园班级规模都超过30人，分别达到33.53人、30.95人和30.49人。大兴区、西城区和丰台区的幼儿园班级规模也较大，都在28人以上。人口生育政策调整后，幼儿园入学需求首当其冲地面临增长，所以各区幼儿园班级规模可能还会增长。

《北京市中小学校办学条件标准》规定，独立设置的小学、初中和九年一贯制学校班级规模不应高于 40 人，独立设置的高中班级规模不应高于 45 人。2016 年北京市各区小学、初中和高中的平均班级规模都达到了办学条件标准。但是，全区平均班级规模达标并不表示各校各班级都达标，一些区还存在大班额现象。其中，石景山区、房山区、东城区和平谷区的小学班级规模高于 35 人，也应引起重视。

表 5　2016 年北京市各区基础教育班级规模　　　　（人/班）

	幼儿园	小　学	初　中	高　中
东城区	30.95	34.48	30.47	30.26
西城区	28.71	35.77	32.58	31.28
朝阳区	25.48	30.35	24.22	24.21
丰台区	28.14	33.73	29.55	28.53
石景山区	27.26	31.19	27.37	28.87
海淀区	30.49	36.99	32.27	29.14
房山区	27.09	31.53	28.07	35.16
通州区	27.34	36.39	31.10	32.72
顺义区	33.53	34.64	33.44	35.99
昌平区	26.43	30.71	26.59	25.10
大兴区	29.06	34.46	28.96	32.52
门头沟区	27.16	31.30	28.42	28.52
怀柔区	27.74	34.69	22.18	33.64
平谷区	25.59	30.63	29.48	35.71
密云区	26.02	35.07	29.04	36.23
延庆区	27.80	27.39	24.97	34.94

数据来源：《北京市教育事业统计资料》。

就幼儿园园数和班数是否增长而言，2016 年有 13 个区的幼儿园园数和班数同时呈现正增长。在园数方面，朝阳区、昌平区、大兴区、顺义区、怀柔区和丰台区（集中在城市发展新区和城市功能拓展区）增长较多，尤其是朝阳区增加了 33 所。在班数方面，朝阳区、昌平区、大兴区增长较多，尤其是朝阳区增加了 277 个班。朝阳区、昌平区、大兴区和丰台区的幼儿园园数和班数增长都较为明显。这些区在扩大学前教育学位方面采取了积极举措。例如朝阳区修订了《朝阳区普惠性幼儿园委托管理办法》，明确普惠性幼儿园认定、扶持和奖励办法，2016年将5所民办园转为普惠园；通过在资源紧张地区以租代建、规范自办托幼园所、鼓励民办园增设普惠班等措施，扩充学前教育资源供给，在12个局部学位紧张地区扩充学位1880个。

但同时，也有个别区的幼儿园园数或班数没有增长，甚至呈现负增长。例如，延庆区的园数减少2所，平谷区的园数没有增长，房山区的班数减少152个。这些区的幼儿园园数或班数没有增长的原因有待进一步分析（见表6）。有必要指出的是，各区有必要根据近年常住出生人口数以及幼儿园现有学位数，对幼儿园学位供给及布局做出提前预测及采取对策。

表6 2016年各区幼儿园园数和班数变化情况

	园数（所）			班数（班）		
	2015年	2016年	增值	2015年	2016年	增值
全　市	1426	1570	144	14098	14913	815
东城区	50	52	2	470	505	35
西城区	68	69	1	594	609	15
朝阳区	203	236	33	2555	2832	277
丰台区	132	143	11	1459	1543	84
石景山区	48	54	6	537	559	22
海淀区	155	163	8	2014	2052	38
房山区	103	112	9	1159	1007	−152
通州区	136	141	5	1063	1111	48
顺义区	83	97	14	690	753	63
昌平区	111	132	21	971	1124	153
大兴区	71	86	15	975	1104	129
门头沟区	28	32	4	218	232	14
怀柔区	52	66	14	341	365	24
平谷区	62	62	0	365	400	35
密云区	68	71	3	438	452	14
延庆区	56	54	−2	249	265	16

数据来源：《北京市教育事业统计资料》。

4. 战略规划指导

除了人力、财力、物力方面的显性保障条件，本研究也考察战略规划和思想对教育改革和发展的隐形保障。表 7 呈现了北京市各区"十三五"教育规划的公布情况（一般情况下，如果各区制定了"十三五"教育规划，就会通过区政府官网和区教委官网等渠道发布规划文本的电子版）。可见，截至本文写作之时，北京市共有 8 个区公布了"十三五"教育规划文本，另有 8 个区没有公布。这剩下的 8 个区极有可能尚未完成区"十三五"教育规划的编制工作。

表 7　北京市各区"十三五"教育规划公布情况

	"十三五"教育规划公布情况
东城区	已公布
西城区	已公布
丰台区	已公布
海淀区	已公布
大兴区	已公布
朝阳区	已公布
石景山区	已公布
房山区	未公布
通州区	未公布
顺义区	未公布
昌平区	未公布
门头沟区	已公布
怀柔区	未公布
平谷区	未公布
密云区	未公布
延庆区	未公布

（二）教育发展质量

《中共中央关于制定国民经济和社会发展第十三个五年规划的建议》把提高质量作为教育改革发展的核心任务。本研究从师资队伍质量、学校建设质量和人才培养质量三方面考察教育发展质量。

1. 师资队伍质量

表8呈现了各区特级教师、市级学科带头人和市级骨干教师的人数。可见，优质师资在各区的分布很不平衡。以特级教师为例，特级教师人数最多的区为海淀区、丰台区和西城区（不考虑数据不可得的区），分别达到176人、68人和59人。这三个区特级教师人数合计占到全市特级教师总数的60.5%。而特级教师人数最少的区为怀柔区、平谷区和延庆区，分别为6人、7人和8人，与特级教师人数最多的区差距非常大。市级学科带头人和市级骨干教师的人数分布也呈现出同样的特点。

表8 北京市各区优质师资分布情况　　　　　　　　　（人）

	特级教师	市级学科带头人	市级骨干教师
东城区	50	16	165
西城区	59	25	190
朝阳区	—	—	—
丰台区	68	14	143
石景山区	11	6	55
海淀区	176	—	—
房山区	—	—	—
通州区	26	9	137
顺义区	27	22	110
昌平区	—	—	—
大兴区	31	23	148
门头沟区	18	2	54
怀柔区	6	8	55
平谷区	7	6	59
密云区	14	11	93
延庆区	8	7	82

数据来源：《北京教育年鉴（2017）》。

2. 学校建设质量

表9呈现了北京市各区优质学校的分布情况，包括北京市市级示范幼儿园、市级示范普通高中、金帆艺术团承办学校和金鹏科技团承办学校的数量分布。从表中可见，优质学校在各区的分布很不平衡。以市级示范幼儿园为例，海淀区、朝阳区、东城区、丰台区和西城区的市级示范幼儿园数量最多，分别

达到 32 所、30 所、21 所、20 所和 19 所。其他区的市级示范幼儿园数量与这 5 个区的数量相差很大。市级示范普通高中、金帆艺术团承办学校和金鹏科技团承办学校的数量分布也表现出类似的特征。门头沟区、延庆区、密云区和平谷区等区的优质学校数量很少。通州区作为北京城市副中心所在地，未来要提高城市副中心对中心城区人口和产业的吸引力，按照"三最一突出"（最先进的理念、最高的标准、最好的质量，突出绿色、低碳、可持续发展思路）的内涵和标准，将通州建设成为国际一流的和谐宜居之都的示范区。通州区的优质教育公共服务配套方面与中心城区还存在较大差距。

表 9 北京市各区优质学校分布情况　　　　　　　　（所）

	市级示范幼儿园	市级示范普通高中	金帆艺术团承办学校	金鹏科技团承办学校
东城区	21	12	23	11
西城区	19	15	18	10
朝阳区	30	7	10	7
丰台区	20	4	4	3
石景山区	7	3	1	1
海淀区	32	11	25	16
房山区	6	4	0	1
通州区	4	3	1	1
顺义区	9	3	0	1
昌平区	8	2	2	0
大兴区	7	2	2	2
门头沟区	2	1	2	0
怀柔区	3	1	0	1
平谷区	4	2	1	1
密云区	4	3	0	1
延庆区	3	1	0	0

数据来源：历年《北京教育年鉴》，北京市教委官网。

在学校建设质量方面，本研究除了考察正规教育各级各类学校的建设质量，也考察成人教育的建设质量。如表 10 所示，北京市共有 9 个区被评为全国社区教育示范区，分别是东城区、西城区、朝阳区、石景山区、海淀区、房山区、顺义区、大兴区和延庆区。这些区在社区教育组织机构建设、内涵建设，包括课程教材建设、实验项目、队伍建设、信息化建设等、体制机制创新，特色品牌项目，示范引领作用等方面表现突出。同时，北京市还评选出 34 个市级市民终身学习示范基地。其中，数量较多的区有西城区，东城区、朝阳区和海淀区（3 个）等。这些基地在拓宽服务内容、创新服务形式、突出特色、发挥引领示范作用，在共享学习成果、满足市民不同需求的终身学习服务上卓有成效。

表 10　各区社区教育和市民终身学习工作情况

	是否为全国社区教育示范区	市级市民终身学习示范基地（个）
全　市	—	34
东城区	第二批	3
西城区	第一批、第四批[①]	5
朝阳区	第一批	3
丰台区	否	1
石景山区	第四批	1
海淀区	第一批	3
房山区	第二批	3
通州区	否	3
顺义区	第二批	3
昌平区	否	1
大兴区	第三批	1
门头沟区	否	1
怀柔区	否	2
平谷区	否	1
密云区	否	2
延庆区	第三批	1

注①：2010 年，北京市原西城区与宣武区合并，所以新西城区于 2016 年再次申报全国社区教育示范区。

数据来源：北京市教委官网，教育部官网。

3. 人才培养质量

在人才培养质量方面，本研究选取中考分数段分布和国家学生体质健康标准测试成绩合格率、优秀率两个指标。

就中考成绩分数段分布而言，从表 11 可见，570 分以上考生占该区考生总数的比例在各区之间存在一定差距。海淀区和东城区的比例最高，分别达到

1.26%和1.04%；其次为通州区和丰台区，分别为0.93%和0.90%。一些区没有570分以上考生或该分数段人数占比很小。西城区、东城区和海淀区的400分以下考生占该区考生总数的比例最低，分别为9.35%、9.92%和10.10%。而怀柔区、平谷区、大兴区和顺义区的400分以下考生占该区考生总数的比例较高，都在18%以上。可见，400分以下考生占该区考生总数的比例较高的区是较低的区的近两倍。

表11　2016年北京市中考成绩分数段分布比较　　　　　　（%）

	570分以上考生占该区考生总数比例	400分以下考生占该区考生总数比例
东城区	1.04	9.92
西城区	0.60	9.35
朝阳区	0.28	12.22
丰台区	0.90	16.35
石景山区	0.46	13.92
海淀区	1.26	10.10
房山区	0.04	17.82
通州区	0.93	10.64
顺义区	0.40	20.08
昌平区	0.14	13.27
大兴区	0.13	19.69
门头沟区	0.17	16.10
怀柔区	0.68	18.39
平谷区	0.00	18.63
密云区	0.38	14.88
延庆区	0.19	15.94

数据来源：北京教育考试院官网。

就国家学生体质健康标准测试成绩合格率、优秀率而言，《国家学生体质健康标准》测试是国家学生体质健康监测评价机制的重要组成部分，旨在引导学校加强体育工作，促进学生积极参加体育锻炼，养成良好的锻炼习惯。测试将学生的体质健康分为四个等级，依次是90.0分及以上为优秀，80.0—89.9分为良好，60.0—79.9分为及格，59.9分及以下为不及格。本研究将测试成绩为"及格""良好"和"优秀"的学生数占参加测试学生总数的百分比称为"合格率"。表12呈现了北京市部分区中小学生参加《国家学生体质健康标准》测试的成绩。可见，各区中小学生体质健康测试总体成绩较好，不及格率较低，只有房山区和通州区超过4%。但是，各区中小学生体质健康优秀率的差别较大，如房山区和海淀区仅为11%左右，而西城区和东城区分别高达29.01%和25.79%，排名靠前的区是排名靠后的区的两倍多。

目前，北京市尚未发布区县教育现代化督导评价指标体系。从《广东省推进教育现代化先进县（市、区）指标体系》来看，广东省要求各区必须满足"国家学生体质健康标准合格率达95%以上，优秀率达20%以上"才能被评为教育现代化先进县（市、区）。如果按照广东省的标准，北京市海淀区、房山区、通州区和昌平区都未达到"优秀率达20%以上"的标准。

表12 2016年北京市各区《国家学生体质健康标准》测试结果比较 （%）

	不及格率	合格率	优秀率
东城区	3.02	96.98	25.79
西城区	2.44	97.55	29.01
海淀区	1.80	98.20	11.60
房山区	4.22	95.78	10.97
通州区	4.07	95.93	13.39
昌平区	3.40	96.60	16.81

注：为节省篇幅，只显示数据可得的区。海淀区的数据仅为小学。
数据来源：各区教委官网。

（三）教育公平发展

在教育公平发展方面，理论上本文可以选择教育资源的配置水平及校际差异系数（如每百名学生拥有县级以上骨干教师数的校际差异率）、教育质量水平及校际差异系数（如国家义务教育质量监测学生学业水平的校际差异率）等指标来反映教育优质均衡发展情况。然而，本研究无法获取各区2016年的这些指标值，所以主要从招生入学公平和特殊人群受照顾两方面来考察。

1. 招生入学公平

表13呈现了2016年部分区义务教育就近入学比例和优质高中名额分配比例。从该表可以看到，西城区和怀柔区实现了适龄儿童100%免试就近入学，石景山区实现了京籍适龄儿童全部就近入学。东城区、丰台区和延庆区的义务教育就近入学比例也很高。2016年全市优质高中名额分配比例为49%。但海淀区、怀柔区和延庆区的优质高中名额分配比例都超过全市平均水平。

表 13　2016 年各区义务教育就近入学比例和优质高中名额分配比例　　（%）

	小　学	初　中	优质高中
全　市	94.50	90.68	49
东城区	98.09	96.57	—
西城区	适龄儿童 100% 学区内免试就近入学		—
丰台区	100	93.70	
石景山区	京籍适龄儿童全部就近入学		—
海淀区	—	—	50
怀柔区	适龄儿童 100% 免试就近入学		50
延庆区	—	96.56	50.1

数据来源：怀柔区的义务教育就近入学比例、海淀区的优质高中名额分配比例数据来源于《北京教育年鉴（2017）》，其他数据来源于《北京市 2016 年深化基础教育综合改革情况督导调研报告》。

2. 特殊人群受照顾

在特殊人群受照顾方面，本研究主要选取进城务工人员随迁子女占义务教育招生数的比例变化和是否重视特殊教育发展两个指标来考察。

近年来，北京市切实保障随迁子女义务教育权益。不断完善随迁子女接受义务教育的投入保障和综合协调机制，按实际在校学生数和定额标准划拨所有接收学校生均经费、核定公办学校的教职工编制，并给予学校专项扶持。在公办学校不断挖潜的基础上，积极探索通过政府委托办学、购买服务方式保障随迁子女入学。随迁子女占北京市义务教育阶段在校生总数的 40% 左右，80% 以上的随迁子女在公办学校就读。北京市还建立了义务教育入学服务平台，统一发布入学政策、入学流程和问答手册，集中采集随迁子女入学信息。各区由区政府牵头建立包括教育行政部门、街道办事处（乡镇人民政府）等在内的"五证"联网审核机制，开辟专门联合服务窗口，公布热线咨询电话，方便群众办理手续和咨询政策。

就是否重视特殊教育发展而言，本研究主要采用定性监测的方法，介绍一些区的特色和典型工作经验。例如，东城区成立特殊教育研究中心，致力于特殊教育教师培训、打造骨干教师队伍，与中学、小学、学前、职业教育教研中心合作，深入开展融合教育研究。该中心将发挥研究高地、信息交流平台、咨询服务中心的作用。朝阳区开展特殊教育筛查统计及分析，建设融合教育支持保障体系。海淀区举办区特殊教育学校教师培训展示活动，邀请 19 名区级学科带头人和区级骨干教师代表参加说课比赛。

（四）教育开放发展

在教育开放发展方面，本研究主要从京津冀教育协同、国际交流与合作和教育信息化三方面考察。

1. 京津冀教育协同

教育协同发展不仅是京津冀协同发展的应有之义，还能在整个京津冀协同发展中发挥基础性和先导性作用。北京市各区要积极主动地融入京津冀教育协同发展大局中，引导教育资源布局不断优化，整体提升区域教育发展水平。

中心城区主要通过在河北和天津建立分校、开展教师培训等方式，帮助承接地提高教育服务水平。景山学校在曹妃甸协同发展示范区的建立的分校于2016年秋季顺利开学，同时北京五中、八一学校、史家胡同小学等校在廊坊、保定等地建设分校项目有序推进。

丰台区完成职成教育集团组建，实现职成一体化发展，按照非首都功能疏解和京津冀协同发展要求，与河北保定、邯郸、张家口开展职业教育合作，建立沽源分校、阜平分校。怀柔区推进对口支援和帮扶工作，落实京津冀协同发展战略，与河北省滦平县、丰宁县25所学校实现对接；根据《南水北调对口协作框架协议》，对河南省卢氏县开展送教及教师培训；与内蒙古自治区四子王旗开展教育交流，远程教育援助130万元。大兴区主动对接京津冀协同发展战略，倡议并牵头与天津市北辰区、河北省廊坊市组建"京津冀三区市教育联盟"。

2. 国际交流与合作

2016年，海淀区教委与国外教育部门及学校积极合作，签订3个合作协议。一是与芬兰萨翁林纳市教育和文化发展部签订教育合作意向书。根据协议，区教委在萨翁林纳市教育和文化发展部协助下，在该市建立教育培训交流基地，交流教育管理、教育与教学改革、教育督导经验，共享研究成果。双方还将在基础教育领域建立多种交流机制，鼓励并支持所辖地区学校开展校际合作交流。二是与英国剑桥大学教育学院签订教育合作意向书。根据协议，双方教育工作者将在基础教育领域开展更加广泛深入的合作交流，丰富彼此教育理念、教育方法、教育成果。三是与加拿大高贵林市签订教育合作意向书。根据协议，双方将在合作办学、干部教师"浸入式"培训、外籍教师选派等方面开展合作。

东城区青少年国际教育学院组织因公赴境外出访团组131批次3901人次，赴台文化教育交流出访团组17批次师生369人次；接待来自近30个国家、地区的 92 个政府和教育代表团组，来访人数 1433 人次；全面推进国际理解教育课程，50 余所学校 13000 名学生参与。

大兴区加强对外合作，进一步引进优质资源。大兴教育系统因公赴 11 个国家地区出访团组 21 批，教师 88 人次，学生 266 人次。丰台区形成"政府主导、科研引领、学校特色、社会参与"交流格局。因公出国（境）访问、学术交流、研修，培训干部教师 159 人次，学生 713 人次；选派 6 名教师赴国外教学，10 名校长参加国际研讨会；引进外籍专家 18 人。

3. 教育信息化

在教育信息化方面，本研究重点考察各区借助信息化手段，建立开放灵活的教育信息公共服务平台，促进优质教育资源普及共享的工作方法和经验。

西城区教育信息化统筹发展。开展全系统信息化项目初审，统筹云计算中心、区教育城域网等一批通用性、基础性项目建设。发布《西城区教委系统网站安全管理规定》，完善网站建设，开展各单位网站安全漏洞扫描和整改工作。

朝阳区继续提升教育信息化应用水平。区教委为全区 115 所中小学配备电子书包 35819 台，完善并新建 117 所学校无线网络系统，初步建设以北京中学智慧教育云为代表的朝阳区学生自助学习平台及覆盖 113 所学校的智慧校园服务器承载网络。在两个教育城域网核心机房进一步扩充朝阳教育城域网"云服务"虚拟化服务器资源池，实现朝阳教育网络视频平台、自主学校平台两套系统同时服务全区 20 万名中小学生的支撑能力。

门头沟区利用信息化手段实现现代教育教学与管理。开展 Pad 项目研究、中高年段信息技术手段改变教学方式提升课堂效率相关培训，以及语文精读加略读课例展示及研讨活动。拓展在线课程资源，9 所学校 24 名教师参与使用在线课程资源 110 节，点击率为 25645 次；试点使用学业数据采集与分析系统，8 所学校 21 名教师、近 800 名学生参与试点使用。

昌平区投入资金 1.15 亿元，开展信息化建设项目 13 个。初步建成"四个中心、两个平台、一个门户"教育信息化架构；举办 2016 年华北数字化学习试点校联盟年度大会；推进"虚拟学校"建设项目，完成项目一期示范班级选择、配套软硬件和网络环境建设，22 个示范学校、31 个班级开始教学应用。

密云区多措并举推进数字密云教育建设。加快教育信息网升级换代步伐，加强现代远程教育网络和数字校园建设，形成覆盖城乡、满足需求的教育信息基础设施体系。初步建成信息化教育管理、教师专业发展、网络视频教学、资源互动共享、教育信息互动五大平台，形成专业化管理网络。建成网络教研系统、视频点播系统、通用教学资源库、同步达标检测题库、集群式学科专题网站，实现资源共享。创新网络化学习模式，使学生学会运用信息技术自主学习，打造现代数字密云教育，服务智慧密云建设。

四、结论与对策建议

（一）结　论

本研究从教育发展保障、教育发展质量、教育公平发展和教育开放发展四个方面建立指标体系，监测各区在2016年实施和推进北京市"十三五"教育规划的情况。总体而言，各区在上述四方面都采取了有力举措，取得了重要成效，北京市"十三五"教育规划在各区稳步推进。具体而言，研究还得出如下结论。

第一，在教育发展保障方面，各区在"十三五"时期面临教育人力资源保障不充分的挑战，尤其是海淀区、朝阳区和石景山区的小学教育人力资源以及顺义区、大兴区和平谷区的学前教育人力资源已经初步呈现紧张态势，需要引起重视。大兴区、怀柔区、丰台区和平谷区的公共财政在为教育发展提供充足的财力资源保障方面努力程度不够，落后于北京市其他区，也没有满足教育法规定的教育经费"三个增长"要求。顺义区、东城区和海淀区有待进一步扩充学前教育学位，这3个区的幼儿园平均班级规模达到30人以上。石景山区、房山区、东城区和平谷区的小学班级规模都超过35人，需要引起关注。此外，北京市还有8个区没有对外公布区"十三五"教育规划的编制情况，不利于对区教育改革和发展提供宏观战略指导。

第二，在教育发展质量方面，一个突出的结论就是各区教育发展质量不平衡。无论是师资队伍质量、学校建设质量，还是人才培养质量，各区之间的差距都较大。本研究选取的各区特级教师、市级学科带头人和市级骨干教师的人数，市级示范幼儿园、市级示范普通高中、金帆艺术团承办学校和金鹏科技团承办学校的数量，是否为全国社区教育示范区和市级市民终身学习示范基地数量，中考成绩分数段分布和国家学生体质健康标准测试成绩合格率、优秀率等诸多指标，都呈现出优质教育资源仍在中心城区聚集的特征（除了海淀区的国家学生体质健康标准测试成绩优秀率低于部分远郊区以外）。这不利于北京市中心城区非首都功能的疏解。党的十九大报告指出，随着中国特色社会主义进入新时代，我国社会的主要矛盾已经转化为人民日益增长的美好生活需要和不平衡不充分的发展之间的矛盾。未来，北京市教育相关决策部门在破解各区教育发展质量不平衡方面还要加大发力。

第三，在教育公平发展方面，各区在提高义务教育就近入学比例、优质高中名额分配比例，扩大义务教育学位供给，保障随迁子女义务教育权益方面下真功夫，出真成效，提高了人民群众在优质教育资源方面的获得感，也提高了人民群众的教育满意度。但是，随迁子女在京接受教育的政策受到外部环境的制约。由于人口生育政策调整与北京市人口生育高峰相叠加，京籍适龄学生入学高峰的到来，各区义务教育学位供给（尤其是小学阶段）面临严峻挑战。在"特殊教育提升计划（2014—2016年）"实施背景下，一些区高度重视特殊教育发展，努力提升特殊教育水平。

第四，在教育开放发展方面，各区积极融入京津冀教育协同发展大局，引导教育资源布局不断优化，整体提升区域教育发展水平。海淀区、东城区和大兴区等与国外教育部门及学校积极合作，"走出去"与"引进来"相结合，努力让"北京教育"在国际舞台上发声。2016年，各区促进教育与互联网深入融合，提升教育管理服务的信息化水平，推进信息技术与教育教学融合创新。

（二）本研究的局限与不足

第一，各区实施北京市"十三五"教育规划情况的监测指标体系有待进一步完善。一套科学的指标体系，是政策监测与评价的基础。然而，本研究由于受数据可得性限制，无法选取一些重要的指标，例如，反映教育公平发展的教育资源配置水平及校际差异系数、教育质量水平及校际差异系数，反映中等职业学校发展质量的"双师型"教师比例和毕业生获得"双证书"的比例等。尤其是在各区层面，一些数据的获得更难，更何况是2016年最新的数据。尽管本研究努力通过各种渠道搜集数据，但仍然无法获取一些指标，一些指标只获得了部分区的数据。这影响了本研究更为全面和深刻地反映各区实施北京市"十三五"教育规划的情况。

第二，关于各区实施市级教育改革和发展规划的监测已有文献较少，导致本研究写作时缺乏充足的参考依据。本研究是在有限的已有文献基础上做出的尝试，未来还将进一步完善研究框架，推进已有研究。

（三）对策建议

第一，各区要进一步落实教育优先发展的方针，为教育改革和发展提供充足保障。随着教育改革和发展向纵深推进，教育改革和发展越来越不是教育一个部门能说了算的事，而是牵扯财政、国土、人力资源与社会保障、公安等多个部门。各区要加强区级层面的教育统筹，充分发挥区级层面的统筹、规划、协调和指导作用，优先确保教育改革发展所需的人才支撑、经费保障和土地储备，创造宽松的政策和制度环境。多种渠道扩大师范生培养规模，拓展基础教育师资来源，积极创新基础教育教师"区管校聘"的制度改革。完善教育经费投入机制，保障教育事业改革和发展各项工作资金需求。严格执行办学条件标准，保障中小学办学条件达标、校舍综合维修改造、校园安全保障等项目资金需求，进一步优化教育资源配置和布局，促进教育资源优质均衡发展。贯彻落实北京市第三期学前教育三年行动计划，通过整合资源、新增幼儿园、设立社区办园点、鼓励社会力量办园、政府购买服务、为外迁人口安置地配置优质教育资源等方式扩大学前教育资源供给，保存量、扩增量。

第二，进一步提高教育质量，化解首都教育质量发展不平衡不充分的问题。党的十九大报告关于我国社会主要矛盾转化的论述为新时代谋划发展、推动发展指明了方向。首都教育领域有必要梳理和审视首都教育发展不平衡不充分的主要表现，集中力量解决主要矛盾。健全教育资源配置机制，教育投入向乡村地区、偏远地区倾斜，向内涵发展和提高质量倾斜。加强薄弱学校改造，既重视学校的硬件建设，也加强学校的软件建设，尤其要大力加强教师和校长队伍建设。不断深化教育教学改革，切实提高学校管理水平和人才培养质量。建立健全学校标准化建设长效机制，全面提升学校建设、办学和管理水平，完善督导检查机制，保障全市所有学校在办学条件、师资配备等方面都达到标准，办好每一所学校。充分发挥教育督导、考试评价、质量监测的引领作用，树立科学的教育质量观，凝聚全社会的力量，推动形成保障内涵发展的长效机制。

第三，补齐教育短板，促进教育公平，为2020年全面建成小康社会强基固本。习近平总书记指出，没有贫困地区的小康，没有贫困人口的脱贫，就没有全面建成小康社会。"十三五"时期经济社会发展，关键在于补齐"短板"。他还着重指出，"小康不小康，关键看老乡"。北京市乡村教育仍占有一定比重，乡村教育与城镇教育的差距还较为明显。以2016年为例，北京市小学阶段有乡村学校242所（占比24.6%），乡村学生64442人（占比7.4%），乡村教师5663人（占比10.9%）。初中阶段有乡村学校60所（占比17.6%），乡村学生16190人（占比6.0%）。乡村学校教师队伍配备不齐全、课程无法开齐开足、教育管理理念和视野相对落后等因素，制约了乡村教育水平的提高。"十三五"时期，北京市各区要加大乡村教师队伍（包括校长）建设，让乡村学校能够吸引、保留和激励一批优秀师资，提高城乡义务教育一体化水平。此外，北京市还要逐步完善进城务工人员随迁子女在京接受义务教育的政策，提高保障随迁子女在京接受学前教育以及义务后教育的条件，逐步扩大符合条件的北京市居住证持有人依法享有公共教育服务的权益。提升特殊教育普及水平、教育质量和保障条件。

第四，以开放促改革、促发展，提高教育开放发展的质量和效益。贯彻落实党中央、国务院关于"一带一路"和京津冀协同发展的战略要求，以校际国际交流与合作、汉语推广和弘扬中华传统文化为重点，以国际理解教育学科渗透及其课程体系构建为抓手，以境外学习实践活动为途径，全方位搭建中小学国际交流与合作的平台，全面构建教育交流与合作新格局。坚持世界眼光、国际标准、中国特色、高点定位，推进规划、建设、发展首都"两翼"教育。积极发挥优质教育资源辐射带动作用，深化区域教育督导评价联动机制，着力缩小教育发展水平差距，加快构建区域教育协同发展体系，不断提升区域教育现代化水平。充分发挥现代技术在教育资源共享、人才培养模式创新和教育教学方式变革中的作用，推进现代技术与教育教学工作的深度融合。

热点与难点

北京市"十三五"时期教育对外开放状况监测研究

汤术峰[*]

摘　要："十三五"时期是首都深入推进教育综合改革的重要时期，也是完成《北京市中长期教育改革和发展规划纲要（2010—2020年）》中各项目标，实现首都教育现代化的关键阶段。在这一重要历史阶段，首都教育对外开放面临新的使命。本研究以《北京市"十三五"时期教育改革和发展规划（2016—2020年）》为依据，分析2016年以来北京教育在推进优化教育开放格局、促进国际教育交流与合作、人才培养国际化、推进双向留学工作方面所取得的成绩和面临的问题，提出应进一步扩大留学生规模，提高留学生教育质量，加快提升高校教师国际化水平，提升教育对外开放治理能力，并建立起一套教育对外开放动态监测指标体系，以期推进首都教育的国际化水平提升，使首都教育对外开放在培养国际化人才、提升国际影响力等方面发挥更加积极的作用。

关键词："十三五"时期；教育对外开放；规划监测

2016年中共中央办公厅、中华人民共和国国务院办公厅和教育部先后出台《新时期做好教育对外开放的若干意见》《推进共建"一带一路"教育行动》等文件，对新时期我国教育对外开放和教育工作对接国家"一带一路"建设进行了系统和明确的工作部署。北京作为我国教育发展领先和教育对外开放程度较高的地区，对推进落实中央和国家战略有着特殊的责任和使命。为此，《北京市"十三五"时期教育改革和发展规划（2016—2020年）》提出，进一步做好教育对外开放工作，形成全方位、多层次、宽领域、高水平、有影响的首都教育对外交流与合作新格局，并从加大教育交流合作力度、提升国际化人才培养水平、大力推进双向留学工作等方面对北京教育对外

---

[*] 汤术峰，北京教育科学研究院教育发展研究中心助理研究员，主要从事国际教育发展战略研究。

放工作提出了明确要求。在此背景下，对标"十三五"规划的目标和要求，把握新时期北京教育对外开放的进展，进一步总结北京教育对外开放取得的成就和面临的问题，对推进北京教育对外开放和"十三五"规划的实施有着重要的现实意义。

一、发展背景

"十三五"时期是北京深入落实新时期首都城市战略定位，建设国际一流的和谐宜居之都的关键时期，首都教育将面临新的挑战和更高的发展要求。在此背景下，教育对外开放作为首都教育的重要方面，在建设"四个中心"、服务"一带一路"建设、深化首都教育综合改革等方面将发挥更加重要的作用。首都教育对外开放也将步入新的历史发展阶段。

1. 新时期国家实施全面开放战略对首都教育对外开放寄予新使命

教育对外开放是我国改革开放事业的重要组成部分，为我国教育事业发展迈向世界水平做出了重要贡献。在新的历史时期，我国教育对外开放已进入内涵发展、提升水平的新阶段。为此，2016年中办国办出台《新时期做好教育对外开放的若干意见》。要求各级政府要服务党和国家工作大局，统筹国内国际两个大局，提升教育对外开放质量和水平，并在加快留学事业发展、完善涉外办学体制机制、加强高端引领、丰富中外人文交流、促进教育领域合作、提升教育对外开放治理水平等方面做出重要部署。为落实意见精神、推进"一带一路"建设，2016年教育部出台《推进共建"一带一路"教育行动》，对推进与"一带一路"沿线国家的人文交流、人才培养、教育合作提出更加明确的要求。北京作为首都，肩负着服务国家对外开放战略实施的重要使命。同时，作为全国教育发展最快、开放程度最高的地区，北京在落实国家教育对外开放战略各项部署中发挥着重要作用。面对新的对外开放格局，在立足自身优势的基础上，全面服务国家战略，发挥好教育国际交流与合作、国际化人才培养等方面的独特作用，是北京教育义不容辞的时代责任。

2. 首都"四个中心"城市战略定位对教育对外开放带来新挑战

随着"四个中心"首都城市战略定位的确立，教育在新时期首都经济社会发展中的基础性、先导性、全局性作用和地位更加凸显。同时，新的城市发展战略定位也对首都教育发展，特别是对首都教育对外开放带来了新的挑战。围绕"四个中心"建设，新时期首都教育在服务国家外交外事大局、发挥基本公共服务保障作用、弘扬中华传统文化、加强教育领域人文交流、提升教育影响力、培养国际化人才、提供国际交往的智力支撑等方面将进一步发挥更大作用。特别是在"国际交往中心"建设中，首都教育应面向世界，以国际一流的教育理念和标准，在提供涉外公共教育服务、聚集国际高端人才、开展高水平的国际教育合作与交流、培养五类国际人才、传播中国华文化、树立北京良好的国际形象等方面发挥好自身优势，为建设国际一流的和谐宜居之都提供人才保障、智力支撑和文化引领。

3. 深化教育综合改革对首都教育对外开放提出新要求

随着首都教育综合改革的不断推进，改革步入深水区，涉及一些关键领域，如教育资源配置、办学体制、管理体制、素质教育、教育评价、人才培养模式等方面的长期未能解决的体制机制障碍问题愈发凸显，人民群众对这些问题改革的呼声也愈发高涨。面对这些问题，在继续深入推进改革的同时，首都教育应该以更加开放创新的思维，广泛吸取世界先进办学治学经验，积极开展对外合作交流，探索扎根中国与融通中外相结合的教育发展模式。为此，在首都教育对外开放中，应在进一步总结经验成绩的基础上，在完善涉外办学管理、推进办学主体多元、探索国际化协同育人机制、以国际视野全面推进素质教育等方面，为首都教育改革推进探索新道路。

二、监测目标分析及指标体系构建

（一）目标分析

在《北京市"十三五"时期教育改革和发展规划》的主要目标中，教育对外开放的目标为"教育辐射影响力持续提高。教育的开放程度和国际竞争力显著增强，教育在吸引和聚集国际化高端人才中的作用更加突出。2020年在京国际学生规模达到15万人次，质量和层次明显提高"。因此，主要目标包括以下三个方面：教育辐射影响力、教育开放程度、教育国际竞争力。具体目标是到2020年国际学生规模达到15万人。在主要任务中涉及教育对外开放的内容为积极扩大对外交流合作，提升教育国际影响，主要包括四个方面。一是创新优化教育开放格局。主要包括进一步做好教育对外开放工作，形成全方位、多层次、宽领域、高水平、有影响的首都教育对外交流与合作新格局；以提质增效为重点，充分发挥教育在吸引国际高端人才、弘扬中华优秀传统文化等方面的作用，服务首都"国际交往中心"建设。

二是加大教育交流合作力度。主要包括探索中外合作办学新机制和新模式，引导中外合作办学向高质量、规范化方向发展；支持高等学校加强与国外院校在教育、教学、科研等方面的深层次交流与合作，加强学生、教师、管理队伍的国际化视野培养；鼓励支持高校与世界一流大学和学科开展高水平人才联合培养和科研攻关，促进国际协同创新；支持职业教育借鉴和引进国际权威的职业资格证书体系、办学模式和考核标准，推进国际化应用技能型人才培养；鼓励中小学开展多种形式的对外交流；加强与港澳台地区交流合作。三是提升国际化人才培养水平。主要包括重点抓好拔尖创新人才、非通用语种人才、国际组织人才、国别和区域研究人才、来华青年杰出人才五类人才的培养；学习借鉴国外素质教育和均衡发展的办学理念和模式，加强中小学国际理解教育和多元文化教育，提升跨文化沟通能力；积极与海外知名高等学校、职业院校建立联系，为"外培计划"和"高端技术技能人才贯通培养计划"搭建平台；服务2022年冬奥会，在各级各类学校开展形式多样的奥林匹克文化教育活动，加强冬奥会后备人才的培养。四是大力推进双向留学工作。主要包括研究探索在境外设立教育合作联络、教师培训、学生交流基地，提高汇聚和整合优质境外资源、推进务实合作交流的能力；深入推进"留学北京行动计划"，更加注重国际学生质量，提高学历生和研究生层次学生比例；完善国际学生服务体系和教育培养质量保证体系，设立"一带一路"沿线国家留学生奖学金；提高北京学生赴境外学习、交流、研修的规模和质量，面向全球引进高层次人才参与高校教学管理；稳妥开展汉语国际教育，进一步统筹首都院校孔子学院（课堂）建设布局，扩大教师和志愿者境外任教规模。

《北京市"十三五"时期教育改革和发展规划（2016—2020年）》提出要深入推进"留学北京行动计划"（以下简称行动计划）。该行动计划提出，到2020年，在京高校及中小学就读的外国留学人员规模达到18万人次。其中，接受高等学历教育的留学人员超过6万人，来京留学人员生源国别和层次类别更加均衡合理。年度北京市外国留学生奖学金获奖人数达到1万人，留学教育示范基地达到50个，汉语授课品牌专业达到300个，英文授课品牌课程达到100个，建立与北京国际地位、教育规模和水平相适应的来华留学人员工作与服务体系；造就一大批留学人员教育的高水平师资；形成留学人员教育特色鲜明的大学群和高水平学科群以及中小学国际教育品牌；培养一大批知华、友华的高素质的来京留学毕业生。除来京外国留学生数在《北京市"十三五"时期教育改革和发展规划（2016—2020年）》中调整为 15 万人次以外，行动计划中提出的各项目标也是教育对外开放规划监测的重要依据。

（二）监测指标体系构建

总体来看，"十三五"期间北京教育对外开放将以提质增效、内涵发展为主线，注重进一步发挥教育对外开放服务国家战略和北京市"四个中心"城市功能建设的作用，在进一步扩大对外交流合作的基础上，注重提升合作层次、加强文化传播、优化人才培养结构、提高人才培养质量。本研究对规划的监测指标的设定按照《北京市"十三五"时期教育改革和发展规划（2016—2020年）》涉及的主要方面，并结合提质增效、内涵发展的主线来构建。按照《北京市"十三五"时期教育改革和发展规划（2016—2020年）》对北京市教育对外开放的主要任务划分，将监测指标体系的一级指标确定为对外开放总体格局、教育合作与交流、人才培养、双向留学四个方面，每个方面按照其内容又分为若干具体任务目标。在目标值上，由于《北京市"十三五"时期教育改革和发展规划（2016—2020年）》中教育对外开放部分的主要任务目标以定性描述为主，因此，本监测指标体系中监测的目标值也以定性描述为主，结合"行动计划"中的定量目标共同构建。需要说明的是，监测结果无法完全体现所有指标的变化情况。原因基于两点：一是受限于相应的资料和数据缺失，无法掌握个别指标进展情况，如"汉语授课品牌专业""留学生教育示范基地"等数据缺失导致两项指标无法监测进展；二是受监测时间段所限，年度监测无法覆盖整个规划周期内的所有内容，因此个别指标虽有列明，但其进展并未体现在本年度监测中（见表1）。

表1 北京市"十三五"时期教育对外开放监测指标体系

一级指标	二级指标	三级指标	目标值	指标来源
对外开放总体格局	政府国际交往	1. 开展与友好城市、国际组织合作	推进	规划
		2. 参与中外人文交流机制活动	推进	规划
		3. 服务国家外事外交工作	推进	规划
	人文交流	4. 开展师生人文交流	推进	规划
	文化传播	5. 孔子学院与孔子课堂建设	推进	规划
		6. 举办汉语及中华文化推广活动	增加	规划

153

续表

一级指标	二级指标	三级指标	目标值	指标来源
教育合作与交流	中外合作办学	7. 机构及项目数量	增加	规划
		8. 办学层次	提高	规划
		9. 纳入办学质量评估数量	增加	规划
	高校科教研合作	10. 搭建科研合作平台	增加	规划
		11. 合作方院校层次及学科专业水平	提高	规划
	高校教师国际化	12. 外籍教师、国际知名学者比例	提高	新设
		13. 具有留学经历的教师比例	提高	规划
		14. 教师境外学习培训机会	增加	规划
	职业教育国际化	15. 引进国际职业标准及认证	增加	规划
	中小学国际交流	16. 开展国际交流活动	增加	规划
人才培养	五类人才培养	17. 开展五类人才培养的学校和项目数量	增加	规划
	中小学国际理解教育	18. 开设多语种课程的学校数量	增加	规划
		19. 接收外国留学生的中小学数量	增加	规划
		20. 开展国际理解教育的学校数量	增加	规划
	技能型人才培养	21. 开展外培和贯通培养的学校和项目数量	增加	规划
		22. 与高水平海外院校的合作	增加	规划
	冬奥会教育	23. 开展冬奥教育学校数量	增加	规划
双向留学	来京留学生教育	24. 留学生规模	15万人次	行动计划
		25. 提高学历生和研究生层次学生比例	高等学历教育留学生超过6万人	规划行动计划
		26. 北京市外国留学生奖学金获奖人数	1万人	行动计划
		27. 留学教育示范基地	50个	行动计划
		28. 英文授课品牌课程	100个	行动计划
		29. 汉语授课品牌专业	300个	行动计划
		30. "一带一路"奖学金	设立	规划
	境外教育	31. 外派境外学习的学生数量	增长	规划
	境外办学	32. 办学层次	提高	新设
		33. 质量保障	推进	新设

三、监测结果分析

(一) 教育对外交往格局不断优化

1. 不断扩大政府交流合作范围

目前北京市与 50 多个国外城市的教育部门及联合国教科文组织建立了友好交流合作关系,同时,充分利用友城合作,积极推动双边教育交流。2016 年,北京市教委因公出访 34 个国家和地区,接待来自 30 个国家和地区来访团组 78 个,在推进外培计划、高端技能人才贯通培养计划、校园足球计划等方面开展了政府合作。

2. 增强服务外事大局能力

通过主办"金砖国家大学校长论坛",连续多年主办"北京论坛",为中外学者交流搭建重要平台,促进和增强了全球高校之间的交流合作,提升了首都教育的国际影响力。积极参与和服务国家人文交流机制建设,2016 年参与中法高级别人文交流机制,签署中法中学项目合作协议,与法国多个学区签署合作伙伴关系协议;不断推进中美和中欧人文交流合作,参与推进中美"千校携手"项目、中德青少年交流项目。

3. 打造对外交流项目品牌

北京市连续多年高水平举办了国际学生北京夏令营、京港澳学生交流夏令营、北京—世宗青少年艺术交流活动、中华文化小使者等一批品牌交流项目,在促进中外教育和人文交流、提升首都学生国际理解力和跨文化沟通能力方面发挥了重要作用。坚持多年举办"北京高校外国留学生汉语辩论邀请赛""驻华使馆官员汉语学习课堂"等活动,传播中华文化,扩大对外教育交流影响力。

4. 推进孔子学院与孔子课堂建设

据统计,2016 年北京市各级各类学校境外开办孔子学院 131 所,孔子课堂 116 所,比"十二五"末分别增加 3 所和 15 所。❶

---

❶ 本小节内容据北京市教育委员会《国际、港澳台合作与交流年报(2015—2016)》整理。

（二）教育合作与交流不断深化

1. 推进中外合作办学稳步发展

近年来，北京市中外合作办学领域不断拓宽，办学层次明显提升，高等学历教育成为中外合作办学主流。截至2016年，北京市共有中外合作办学机构21个，中外合作办学项目119个。在21个中外合作办学机构中，高等教育学历机构9个，占42.8%；中等学历教育机构5个，非学历教育机构5个，学前教育机构3个。在119个中外合作办学项目中，高等学历项目85个，占71.5%；中等学历项目29个，非学历项目5个。合作办学外方主要来自美、英、德、法等17个国家和地区的教育机构，专业涵盖工学、理学、管理学、经济学等十大类学科专业。近五年来，北京市中外合作办学项目结构不断优化，办学层次明显提升，其中本科、硕士和博士项目数量快速增长，高职和培训项目数量明显下降，中等学历教育和职高项目数量保持稳定。2016年全市中外合作办学项目中，本科项目占比达27.7%，硕士及以上项目占比达31.9%（见表2、图1）。

表2　2016年北京市中外合作办学机构和项目学历层次

	中外合作办学机构（个）	占比（%）	中外合作办学项目（个）	占比（%）
博　士	1	4.8	4	3.4
硕　士	5	23.8	34	28.6
本　科	1	4.8	33	27.7
高　职	2	9.5	14	11.8
高　中	5	23.8	26	21.8
学前/职高	学前3	14.3	职高3	2.5
非学历	5	23.8	5	4.2

数据来源：北京市教委《国际、港澳台合作与交流年报（2015—2016）》。

2. 完善中外合作办学管理

一是建立了中外合作办学管理的政府权利和责任清单，清单中进一步明确和完善了各类中外合作办学机构的分立、合并、终止审批，办学机构和项目开设课程和引进教材清单及说明备案，学籍管理制度备案，招生简章备案等相关制度和管理流程。二是推进本科以上层次机构和项目的评估工作。三是开展了对本科以下机构和项目的抽查工作。中外合作办学的管理水平进一步提高。

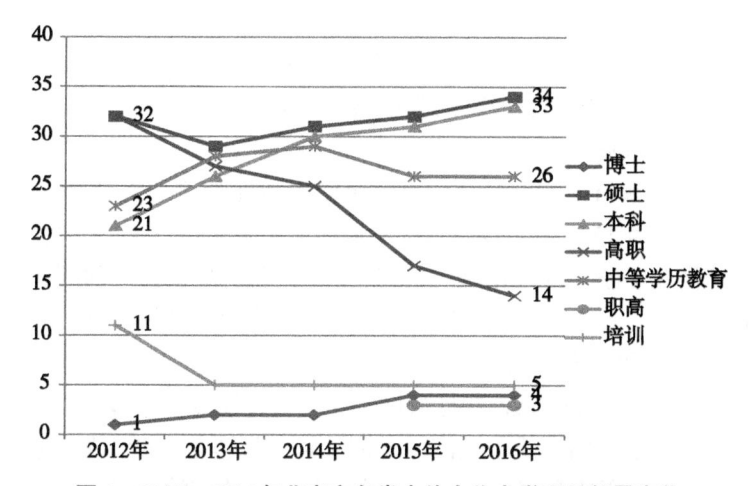

图1 2012—2016年北京市各类中外合作办学项目数量变化

资料来源：北京市教委各年度《国际、港澳台合作与交流年报》。

3. 加强高校科研国际合作

近年来，北京市政府和高校层面都在大力推进高校科研国际合作，努力搭建科研合作国际协同创新平台。"十二五"末北京开展高校高精尖创新中心建设项目，该项目面向世界科技前沿及国家重大关键技术需求，积极吸纳国际优质创新力量和资源，广聚国际领军创新人才，深入推进协同创新和开放创新。项目计划集中力量建设20个左右的高精尖中心，实施50个左右的高精尖项目（北京市教委《北京高等学校高精尖创新中心建设计划》，京教研〔2015〕1号）。项目推进注重搭建国际创新平台，明确要求项目面向全世界公开招聘国际顶尖创新人才，经费额度原则上不低于70%用于聘任国内外高端人才；其中，不低于50%的经费要用于引进国际顶尖创新人才，不低于20%的经费要用于引进京外人才（北京市教育委员会、北京市财政局《北京高等学校高精尖创新中心建设管理办法》，京教研〔2015〕5号）。此外，以高校"双一流"建设为契机，北京市借助高校优质资源聚集的优势推进高校科研国际合作。2016年3月，清华大学在博鳌亚洲论坛年会上宣布，将发起成立亚洲大学联盟，旨在通过促进亚洲大学间的全面合作和深入交流，发挥大学在解决教育、经济、科技等区域性和全球性问题中的重要作用。北京大学通过对接国际一流学术机构和大师推进自身在科研和人才培养方面的建设。为此，北京大学设立5个创新引智基地，每年邀请一大批国际知名学者和领军人物参与基地前沿课题研究，大大促进了北京大学基础学科的国际化进程和国际学术影响力；各基地引进了多位科学界顶尖人才推动前沿科学研究，基地成员年平均获批省部级以上项目资助50余项，国际合作研究资助近10项；通过国际研讨和合作等方式，基地中外专家每年发表SCI论著40余篇。❶

4. 提升高校教师国际化水平

2015年，北京市普通本科高校教师中取得境外学位的人数为7193人，聘请境外教师总数为1313人，参加境外培训进修总人数为3825人次，北京高校教师的国际化水平进一步提升。❷ 但监测发现，北京高校教师国际化水平与全国发达地区相比仍有差距，主要体现在高校引入境外教师的数量和比例偏低。根据中国教育国际交流协会发布的《2016中国高等教育国际化发展状况调查》对全国579所本科院校的调查数据显示，在引入外籍教师最多的15所高校中，北京仅有3所高校入围，低于上海的4所，且上海包含两所市属高校，北京3所均为央属高校，无市属高校入围。此外，北京的外籍教师总数也低于上海。在境外专任教师占专任教师比例最高的15所高校中，北京仅有两所部属高校，且境外教师比例偏低，排名最高的北京高校——北京外国语大学的境外教师占比也仅有21.98%。而排名前四的高校均是来自浙江和江苏的中外合作办学高校，其境外专任教师占比均超过60%，其中排名第一的浙江肯恩大学的境外教师占比高达94.5%（中国教育国际交流学会《2016中国高等教育国际化发展状况调查报告·本科院校报告》）。在此方面北京高校差距明显。

5. 推进职业教育国际化发展

2016年以来，北京职业教育通过中外合作办学、人才培养、引进国际标准认证等措施不断提高国际化水平。目前北京有职业教育中外合作办学项目17个，其中高职14个，中职3个，占全市中外合作办学项目总数的14.3%（见表2）。在推进人才培养模式创新方面，通过推进"贯通培养"外培项目的实施，与国外院校和机构开展项目对接，初步搭建了学生赴境外进行本科学习的通道。以北京电子科技职业学院为例，该校在2015级"贯通培养"项目中派出421名学生赴德国、法国、加拿大、新西兰等国外院校学习。学校在推进"外培"项目中，实施中方与外方共同认可的人才培养各阶段的质量标准；加强专业对接，确定技术教育阶段人才培养方案；开设丰富的语言课程，强化语言教学；聘请外教同台授课，构建国际化教师团队；联系境外机构、企业，

---

❶ "扎根中国，面向世界"——北京大学五年来国际交流及社会服务成就回顾 [EB/OL]. http://pkunews.pku.edu.cn/.

❷ 王铭，杨楠. 北京普通高校国际化程度 [J]. 北京教育：高教版, 2016 (10): 4.

为学生海外实习研修畅通渠道；选派数十名教师到境外合作方进行教学方法、教学标准、教学组织和考核评价的学习培训。"贯通培养"外培项目取得了实质性进展和阶段性成果。此外，该校通过引进英国 IMI 汽车机电师、德国 AHK/IHK 切削机械师、Cisco 认证 CCNA、CCNP 标准，以及苹果公司、戴姆勒、捷豹路虎等 13 个国际职业资格标准，促进国际化人才培养质量的有效提升。❶

6. 推进中小学国际交流

2016 年，北京市进一步加大中小学生参与境内外交流的活动力度，成功举办了国际学生北京夏令营、京港澳学生交流夏令营、北京—世宗青少年艺术交流活动等一系列对外交流品牌活动，共涉及国内外师生约 1570 人次。此外，作为中美人文交流机制工作的一部分，北京市 5 个区县的 10 所中小学被推荐参与教育部第三批"千校携手"项目，5 所学校获得项目示范校称号。

（三）人才培养模式突破创新

1. 探索五类人才培养新模式

面对新时期首都经济社会发展对人才培养的新要求，首都高校依托自身优势，以国际一流标准，瞄准拔尖创新人才、非通用语种人才、国际组织人才、国别和区域研究人才和来华杰出人才等高层次人才培养目标，开展了众多面向国际顶尖人才培养的创新项目。如清华大学设立"苏世明书院"、北京大学设立"燕京学堂"，以培养未来的世界领导者为目标面向全球招收优秀学生。人民大学的"中欧欧洲法项目"作为国家留学基金委实施的"创新型人才国际合作培养项目"的一环助力国际组织人才培养。北京外国语大学设立北外学院、国际组织学院，实施"亚非非通用语种人才培养计划"，依托多语种语言优势致力于培养复合型、复语型、高端国际化人才。众多首都高校回应国家需求培养国际高端人才的同时传播了中国文化，也进一步提升了中国教育的国际影响力。

2. 开展中小学国际理解教育

作为学生发展核心素养的重要方面，国际理解教育是北京市基础教育新课程改革的重要内容。在课程方面，2016 年北京市共有 10 个区县的 59 所中小学开设了非通用语种课程，涉及的语种包括德语、日语、俄语、西班牙语等 8

---

❶ 北京电子科技职业学院. 扎根中国大地　国际化办学迈出新步伐 [EB/OL]. http：//www.dky.bjedu.cn/news/xxyw/201712/t20171222_53410.html.

种。此外，北京市目前批准了 284 所普通中小学校有资格接受外国学生，共有 103 个国家的 6587 名中小学生就读于这些学校。外语课程的丰富和众多国际学生为丰富中小学国际理解教育、促进不同国家学生的文化交流、开阔学生国际视野起到了良好的促进作用。

3. 开展冬奥会教育

随着冬奥会的申办成功，北京市开展了校园冰雪运动推广普及活动及各项冰雪体验课项目，该项目走进了 16 个区的近百所学校，覆盖了 10 万余名中小学生。北京市各区县在推进基础教育冬奥会教育工作方面推出众多创新举措。例如海淀区制定了《海淀区中小学校体育工作三年行动计划（2015—2018年）》，首次将冰雪运动列入全区中小学体育工作三年发展计划。自 2016 年起，海淀区连续举办了三届中小学冰球联赛，冰雪运动试点校达 41 所，全区 10 万多学生参与冰雪运动。[1]

（四）双向留学不断推进

1. 深入推进"留学北京行动计划"

北京市教委相关数据显示，2016 年来京留学生达 12 万人次，其中高校为 101803 人次，中小学为 6587 人次，外籍人员子女校 11620 人，高校学历生比例达到 40.54%。接受外国留学生高校达到 91 所，中小学达 284 所（《国际、港澳台合作与交流年报（2015—2016）》）。按照《北京市"十三五"时期教育改革和发展规划（2016—2020 年）》和"行动计划"的目标，到 2020 年北京市外国留学生要达到 15 万人次，高等学历留学生达到 6 万人。与目标相比，目前北京留学生总数和高等学历教育留学生数分别还有 3 万人次和 1.2 万人的差距。

来京留学生中本科及以上学历生比例逐年提高，研究生比例快速增长。2016 年，本科及以上留学生占到来京高等教育留学生总数的 64.5%。研究生（硕士和博士）留学生比例由 2012 年的 16.1% 提高到 2016 年的 26.4%，增速明显。非学历培训生规模逐年下降，培训生占留学生比例从 2012 年的 48% 下降到 2016 年的 34.5%。高等教育留学生学历结构不断优化，学历生和研究生数量提升明显（见图2）。

2016 年北京市投入 7000 万元留学生奖学金，共有 5400 人获得奖学金。

---

[1] 海淀教育. 迎接北京冬奥 我们在行动[EB/OL]. http://edu.bjhd.gov.cn/xw/yw/201803/t20180329_1500163.html.

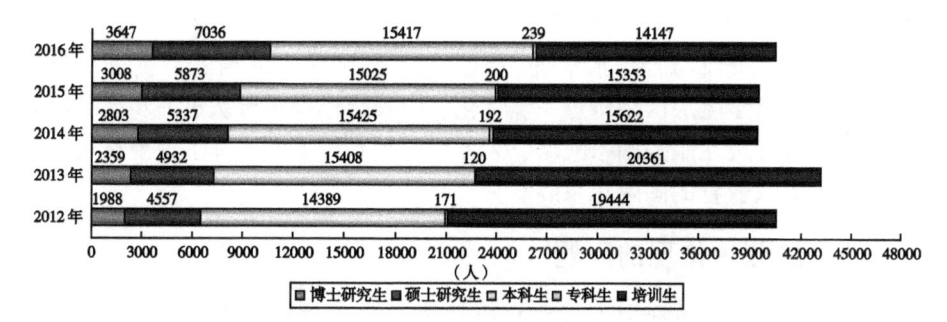

年份	博士研究生	硕士研究生	本科生	专科生	培训生
2016年	3647	7036	15417	239	14147
2015年	3008	5873	15025	200	15353
2014年	2803	5337	15425	192	15622
2013年	2359	4932	15408	120	20361
2012年	1988	4557	14389	171	19444

图2　2012—2016年北京市高等教育留学生学历层次分布

资料来源：北京市教委各年度《北京市教育事业统计资料》。

随着北京市《北京市对接共建"一带一路"教育行动实施方案》的颁布实施，北京市设立了外国留学生"一带一路"专项奖学金项目，支持建设160个来华留学学历项目。可以预见，来京留学生获奖学金人数将进一步增长。

在留学生课程建设方面，2016年北京市42所院校开设了401个英文授课项目，北京高校共有30门课程入选教育部第二期来华留学生英语授课品牌课程。

2. 稳步推进境外教育

2016年北京市共有274人公派出国留学。通过实施"外培计划"，北京市21所高校共派出325名在校生赴境外学习。此外，2016年北京市派出汉语教师交流和培训达1100人。

3. 境外办学快速发展

近年来，北京市积极实施教育"走出去"战略，通过境外办学进一步推广北京教育，提升北京教育的国际影响力。境外办学呈现出数量增长快、办学层次高的特征。2016年，共有15所学校在16个国家和地区开展了41个境外合作办学项目，比2014年增加52%。其中学历项目为39个，非学历项目2个。学历项目中本科及以上项目为36个，占全部项目数的88%。境外办学专业主要集中在汉语语言、商科、中医、工程科学等领域。

四、若干思考与建议

（一）总体研判

通过对北京市教育对外开放规划监测的分析，本研究认为，北京市教育对外开放整体水平不断提高，正朝着《北京市"十三五"时期教育改革和发展规划》设定的各项目标稳步前进，主要体现在教育对外开放整体格局进一步优化、教育国际交流与合作水平进一步提升、国际化人才培养力度进一步加大、高等教育留学生层次结构进一步优化、中外合作办学层次进一步提高等方面。教育对外开放在服务国家战略、人才培养创新等方面发挥了重要作用，有力地促进了北京教育的国际化发展。

（二）监测中体现的问题

通过监测分析，本研究发现北京市在推进教育对外开放中仍存在一些问题，主要体现在以下方面。

1. 来京留学生规模有待进一步扩大

2011年《留学北京行动计划》提出到2020年北京市留学生将达到18万人次的目标，而在2016年发布的《北京市"十三五"时期教育改革和发展规划》中，这一目标已经调整为15万人次，显示出北京留学生规模发展出现后劲不足的态势。从数据分析来看，与国内其他地区相比，北京留学生规模优势不断下降。近年来北京留学生数量的全国占比在不断下降，从2013年的23.7%下降到2016年的17.4%。北京市高等教育留学生规模同样呈缓慢下降趋势，尽管2016年生源数量有所回升，但与2013年高峰相比下降超过2000人，降幅达4.7%，而上海、江苏、浙江等省市留学生数量连续多年来保持了快速增长（见图3）。

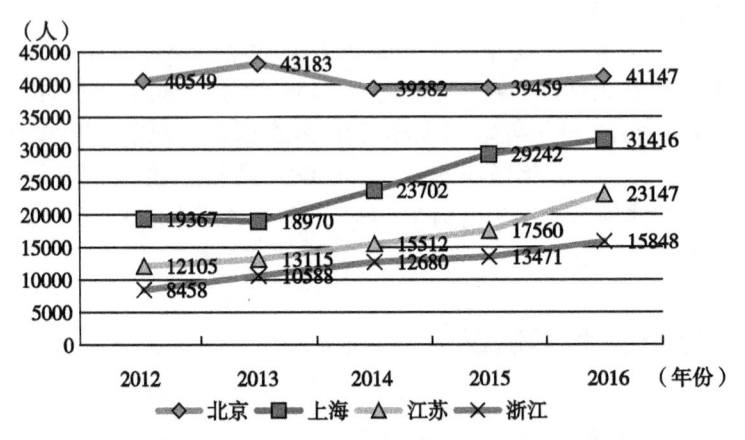

图 3　2012—2016 年北京市高等教育留学生规模

资料来源：各年度《中国教育统计年鉴》。

2. 高校教师的国际化水平与发达地区比有差距

从监测中看到，北京高校教师的国际化整体水平还有待进一步提高，特别是与浙江、上海、江苏等发达省市相比存在差距。由于北京作为首都的特殊性，高校在办学体制改革创新上落后于上述地区。因此，在管理体制上，特别是在涉外教育管理体制上还有待进一步突破现有瓶颈，为外籍教师引进、本土教师境外进修与培训创造更多条件，尽快补齐短板。

3. 市属高校的对外开放水平亟待提高

北京高等教育的对外开放整体水平在全国具有优势地位，但从院校结构分析来看，呈现出央属高校强、市属高校弱的局面；市属高校在国际化水平上具有明显短板，国际化水平是市属高校和央属高校差距的重要方面。主要体现在留学生规模较小、教师国际化水平不高、中外合作办学层次偏低、国际化发展观念不强等方面。例如，从留学生院校结构来看，市属高校留学生所占比例明显偏低。据统计，2016年市属高校留学生数为6941人，仅占全市高等教育留学生总数的17.4%（见图4）。另外，从发展理念来看，市属高校的国际化发展理念普遍较弱。2015年北京教科院课题组对29所市属高校发布的学校章程研究显示，"国际化"是这些被调查高校章程提及最少的关键词(见图5)。❶

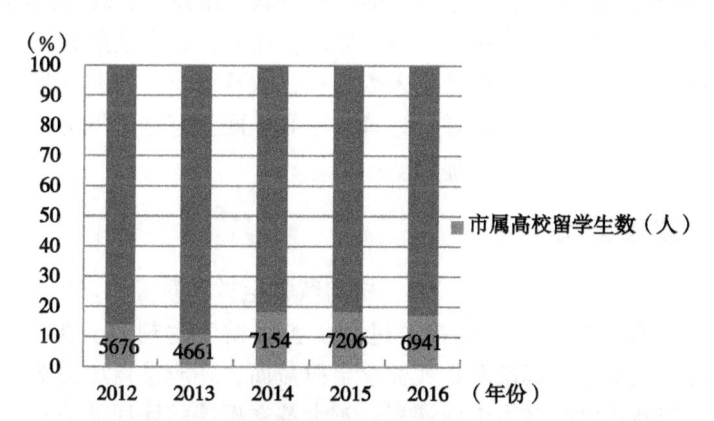

图4　2012—2016年北京高等教育留学生中市属高校留学生数量及占比

资料来源：北京市教委各年度《北京市教育事业统计资料》。

4. 教育对外开放信息公开水平有待提高

监测中发现，涉及北京教育对外开放的公开数据和相关信息资料还不够丰

---

❶ 2015年北京市教委委托课题《市属高校功能定位与布局结构调整研究》（课题负责人：桑锦龙）。

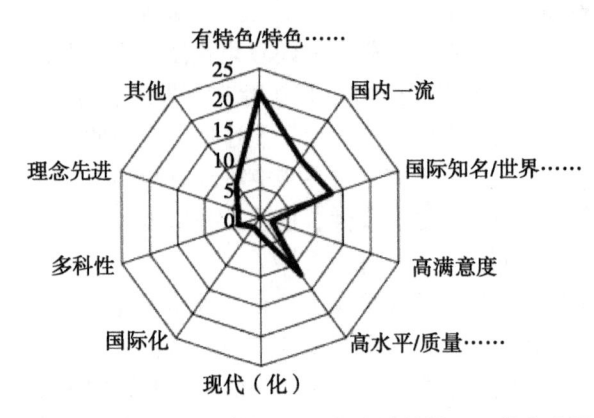

图5 北京市属高校章程在学校发展目标中的关键词及其出现频次

资料来源：2015年北京市教委委托课题《市属高校功能定位与布局结构调整研究》。

富，公开水平有待进一步提高。例如，来京留学生学科专业结构、国别来源、就读院校结构、留学生课程、中外合作办学学生规模、教师的国际交流与培养等方面数据的公开性不足。在这些方面，来自教育部及其直属部门的全国数据公开程度更高，数据内容也更加丰富、详细。此外，已有数据的统一性、规范性也有待加强。以高等教育留学生人数为例，教育部公开数据与北京市公布的数据存在一定差异，在统计口径、计算方法等方面没有进一步说明，发布数据的统一性和规范性有待进一步加强。

（三）政策建议

1. 进一步扩大来京留学生规模，提高留学生教育质量

（1）对照英美发达国家标准，进一步扩大留学生规模。在政策实施上，除了提高留学生奖学金标准和扩大奖学金覆盖面，还应重点加强学科专业体系建设，包括丰富留学生教育专业课程，扩大英文授课的课程覆盖面，加强全英文授课的专业师资队伍培养，推进特色学科的国际化等。同时，还应加强留学生服务体系建设，包括丰富留学生文化体验活动，推进留学生教育的趋同化管理，为留学生来京就学和就业创业提供更多政策便利。最后，要加大宣传力度，在开展传统的教育对外推介活动基础上，充分利用北京各学校在海外建立的孔子学院、孔子课堂网络宣传介绍北京教育，提高北京教育的国际知名度。利用互联网扩大宣传，建立"留学北京"门户网站，为有意来京学习的海外学生提供丰富、详细的来京就学信息。

（2）提高留学生教育质量。优化留学生的学习体验。加强留学生学习体验的调查研究，找准目前留学生教育的薄弱环节，改进来华学生留学体验。加强留学生教育的质量监管，构建北京市高校留学生教育质量监管评价体系，鼓励更多在京高校参加教育部组织的"来华留学质量认证试点"工作，切实提高留学教育质量，以高质量的留学教育服务吸引更多海外优秀学生来京学习。

2. 切实提高高校教师的国际化水平

加大"引智"工作和本土教师国际化培养的力度。鉴于市属高校与央属高校在国际化方面的较大差距，采取重点扶持政策支持市属高校引进海外高水平师资，采取加大经费投入、完善政策保障、市属高校联合聘任、市属高校与央属高校联合聘任等方式提高市属高校对优质国际资源的吸引力。加强教师队伍的国际化培养，消除教师和科研人员出国学习交流的外事管理政策障碍，创造更多有利条件鼓励更多教师走出国门开拓视野、了解学术前沿、参与国际学术交流。

3. 完善教育对外开放治理，建立教育信息公开机制

加大教育对外开放相关数据及信息的公开力度，提高统计数据质量。完善留学生、涉外办学等相关信息发布制度，建立相关信息发布渠道，及时、定期发布相关信息，建立统一的数据指标体系。通过建立完善的教育对外开放信息开放机制，促进高质量的教育决策研究，提升教育对外开放政策制定和管理的科学化水平。

北京市学龄人口与教育资源需求预测研究
——2016—2035 年义务教育阶段

赵佳音[*]

摘 要：本研究首先对 2000—2016 年的北京市人口现状进行梳理，特别对 2000 年和 2010 年人口普查年份的生育率及生育结构进行描述与研究，发现北京市育龄妇女初生年龄后移，生育高峰后移且较 2000 年生育高峰数值低 20% 左右，并且生育年龄区间变宽。其次，考虑"全面二孩"政策的影响，对 2017—2035 年的北京市学龄人口进行预测，发现北京市义务教育阶段学龄人口总体呈逐渐上升而后下降的趋势，2023 年达到峰值约 140.9 万，2027 年后下降速度加快，到 2035 年下降至 52.5 万人，只有 2016 年适龄人口数的 48.2%。最后，根据学龄人口基准预测的结果分别对教育资源需求（人、财、物三个方面）进行预测，发现除教育经费需求外，对教育资源需求的变动趋势与学龄人口趋势相同。在峰值年份，教师、校舍建筑面积都存在较大缺口。而教育经费需求在峰值年份至少为 2016 年的 2.1 倍，初中教育事业费在峰值年份的需求为 2016 年的 4.2 倍。

关键词："全面二孩"政策；学龄人口预测；教育资源需求

一、北京市人口现状总体分析

2000—2016 年，北京市人口进入快速增长期，常住人口从 1363.6 万人增长至 2172.9 万人，净增长 809.3 万人，其中非户籍人口对常住人口净增长的贡献率为 68.4%。常住人口性别比在 102.6—109.5 内变动，但总体基本稳定，

---

[*] 赵佳音，北京教育科学研究院发展中心博士后，助理研究员，主要研究方向为学龄人口预测、教育经济学、教育财政学。

男性略多于女性。从粗出生率来看，2000—2016年，呈现出振荡上行趋势，逐渐从6‰恢复至9‰，2003年、2015年的粗生育率都明显低于周围年份，分别为5.06‰与7.96‰。而这两个年份的生肖都是羊，说明父母对子女的属相还是有明显偏好。常住人口死亡率经过2000年的5.30‰振荡下行至2011年的4.27‰后，又开始逐步上升，2016年达到5.20‰，回到2005年水平。常住人口自然增长率呈现震荡上行的趋势，从2000年的0.90‰增长至2016年的4.12‰，具体数值见表1。

表1 2000—2016年北京市人口基本情况

年份	常住人口（万人）	户籍人口（万人）	性别比（%）	常住人口出生率（‰）	常住人口死亡率（‰）	常住人口自然增长率（‰）
2000	1363.6	1107.5	108.9	6.20	5.30	0.90
2001	1385.1	1122.3	108.9	6.10	5.30	0.80
2002	1423.2	1136.3	109.3	6.60	5.73	0.87
2003	1456.4	1148.8	109.5	5.06	5.15	−0.09
2004	1492.7	1162.9	109.4	6.13	5.39	0.74
2005	1538.0	1180.7	102.6	6.29	5.20	1.09
2006	1601.0	1197.6	104.4	6.22	4.94	1.28
2007	1676.0	1213.3	103.1	8.16	4.83	3.33
2008	1771.0	1229.9	103.4	7.89	4.59	3.30
2009	1860.0	1245.8	104.4	7.66	4.33	3.33
2010	1961.9	1257.2	106.8	7.27	4.29	2.98
2011	2018.6	1276.4	106.4	8.29	4.27	4.02
2012	2069.3	1295.5	106.7	9.05	4.31	4.74
2013	2114.8	1312.1	106.5	8.93	4.52	4.41
2014	2151.6	1332.9	105.9	9.75	4.92	4.83
2015	2170.5	1347.9	105.3	7.96	4.95	3.01
2016	2172.9	1362.9	105.3	9.32	5.20	4.12

注：本表数据根据《北京统计年鉴（2017）》中的表3-2计算得出。

一方面，快速增长的常住人口，特别是18—65岁年龄段的人口，为北京市经济社会的快速发展提供了有力的保障；另一方面，快速增长的常住人口也成为北京"大城市病"的主要来源之一，而相对于人口的快速增长，医疗、交通、教育以及水资源出现严重短缺。

（一）生育情况

仅研究粗生育率还不足以对学龄人口进行较精确的预测，因此本研究还对分年龄别生育率与总和生育率进行了研究。

图1对普查年份2000年、2010年分年龄别生育率的计算结果进行了呈现。可以看出，10年间分年龄别生育率的形态已发生较大改变。具体表现为初生年龄后移，生育高峰后移且较2000年生育高峰数值低近20%，并且生育年龄区间变宽。

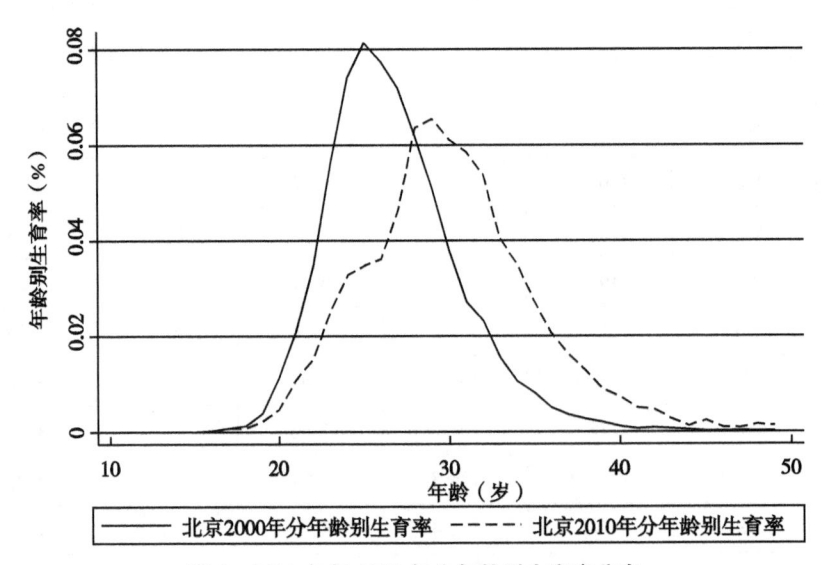

图1　2000年与2010年分年龄别生育率分布

注：北京市2000年分年龄别生育率根据《北京市各区县2000年人口普查资料》计算得出；2010年分年龄别生育率根据《北京市2010年人口普查资料——乡、镇、街道卷》计算得出。

2000年，从20岁开始，分年龄别生育率开始急速攀升，至25岁时达到峰值，然后急速回落。而2010年，分年龄别生育率从20岁开始迅速攀升，但速度比2000年慢，在24—27岁还有一段较平缓的上升期，而后迅速攀升，到29岁时到达峰值，然后开始逐渐下降，其下降速度要比2000年慢；超过40岁后还有一部分妇女继续生育，而2000年时超过40岁的高龄产妇数量很少。这一现象的形成与北京市常住人口教育程度提升特别是女性教育水平的提升、育儿成本的提升、女性工资水平的提升以及医疗水平的提升密不可分。

考虑总和生育率（Total Fertility Rate）的原因除了这个指标与性别与年龄结构因素外，还有就是其代表的含义。总和生育率可以近似看成一个妇女从进入生育年龄至生育年龄结束期间生育孩子的数量，也就是说如果总和生育率为1，则代表一名妇女15—49岁可能生育1个孩子，较其他衡量生育情况的指标更有解释力。从普查年份的分年龄生育率可以计算出，2000年及2010年总和生育率分别为0.68和0.71，即北京市到2010年，1名妇女一生约可生育0.71个孩子。如想通过人口自然增长来保持常住人口规模，一般认为总和生育率至少要达到2.1，而北京市现阶段的总和生育率处于深度低的状态。根据美国中央情报局对2014年世界224个国家和地区总和生育率的排名情况来看，北京未达到新加坡的0.83，而新加坡已经是排名最低的国家。❶

（二）死亡情况

根据分年龄别死亡率的分布规律，一般情况可以分为三段：第一段为婴儿的存活率（0岁），第二段为1—49岁的意外死亡率，第三段为49岁之后的自然死亡率。由于本研究预测的范围只包括学龄人口，所以只对0—49岁死亡率分布情况进行分析与研究。

分年龄别死亡率的资料不是很容易找到，本研究可以找到的数据为第六次人口普查北京市常住人口的相关数据。从表2可以看出，北京市婴儿死亡率为1.3‰，与49岁前的其他年龄段人口的死亡率有明显不同，因此在后面的预测中会单独考虑。女性在各年龄段的死亡率都要低于男性。女性在2—15岁的分年龄别死亡率基本保持在万分之一至万分之二之间，16—49岁（除46岁、49岁）保持在十万分之八水平之下，处于极低的水平。男性在2—23岁的分年龄别死亡率保持在万分之二至万分之三之间，23—41岁保持在十万分之八以下的水平，从34岁开始逐步上升，42—49岁达到3.1‰的水平。

---

❶ 美国中央情报局官网 [EB/OL]. https://www.cia.gov/library/publications/the-world-factbook/rankorder/2127rank.html.

表2 2010年北京市0—49岁分性别年龄死亡率分布表   (‰)

年龄(岁)	男性死亡率	女性死亡率	年龄(岁)	男性死亡率	女性死亡率	年龄(岁)	男性死亡率	女性死亡率
0	1.3	1.3	17	0.3	0.01	34	0.04	0.02
1	0.5	0.4	18	0.2	0.01	35	0.04	0.02
2	0.2	0.2	19	0.2	0.01	36	0.05	0.03
3	0.1	0.1	20	0.2	0.0	37	0.06	0.03
4	0.1	0.1	21	0.2	0.01	38	0.06	0.04
5	0.1	0.1	22	0.3	0.01	39	0.08	0.05
6	0.2	0.1	23	0.03	0.01	40	0.04	0.02
7	0.1	0.1	24	0.02	0.01	41	0.04	0.02
8	0.1	0.1	25	0.02	0.01	42	0.10	0.05
9	0.1	0.0	26	0.02	0.01	43	0.13	0.06
10	0.2	0.0	27	0.02	0.02	44	0.14	0.08
11	0.2	0.1	28	0.02	0.01	45	0.19	0.08
12	0.3	0.1	29	0.02	0.01	46	0.20	0.11
13	0.1	0.2	30	0.03	0.01	47	0.18	0.08
14	0.2	0.1	31	0.03	0.01	48	0.18	0.08
15	0.3	0.1	32	0.03	0.02	49	0.31	0.13
16	0.3	0.01	33	0.03	0.02	—	—	—

注：本表根据《北京市2010年人口普查资料——乡、镇、街道卷》整理。

（三）迁移情况

从表3可以看出，北京市常住外来人口（非户籍）增长十分迅速，从2000年的256.1万增长至2016年的810.0万，成为北京市常住人口增长的主要来源。通过常住人口自然增长情况、常住外来人口数量可以计算出每年外来人口的净迁入情况。不难看出，其趋势基本呈现倒"U"形，每年净迁入人口从2000年的6.5万人迅速增加至2009年的88.5万人。我国县级行政区内平均人口为50万人左右，也就是说，2009年一年内北京市几乎增加了两个县的人口。2015年由于"非首都功能疏解"等相关政策的影响，年净迁入人口迅速回落，2015年已从净迁入转向净迁出，且迁出规模已达到13.5万人。政策、生活成本等因素对人口的迁移还是有较大的影响。

表3 2000—2016北京市外来人口机械变动　　　　　　　　（万人）

年份	常住外来人口	常住人口自然增长率（‰）	自然变动人数	外来机械人口	外来人口净迁入
2000	256.1	0.9	0.2	256.3	6.5
2001	262.8	0.8	0.2	263.0	23.9
2002	286.9	0.9	0.2	287.1	20.5
2003	307.6	-0.1	0.0	307.6	22.2
2004	329.8	0.7	0.2	330.0	27.3
2005	357.3	1.1	0.4	357.7	45.7
2006	403.4	1.3	0.5	403.9	58.8
2007	462.7	3.3	1.5	464.2	76.9
2008	541.1	3.3	1.8	542.9	71.3
2009	614.2	3.3	2.0	616.2	88.5
2010	704.7	3.0	2.1	706.8	35.4
2011	742.2	4.0	3.0	745.2	28.6
2012	773.8	4.7	3.7	773.8	54.0
2013	802.7	4.4	3.5	799.2	15.6
2014	818.7	4.8	4.0	814.7	5.4
2015	822.6	3.0	2.5	820.1	-13.5
2016	810.0	4.1	3.3	806.7	—

注：本表数据根据《北京市统计年鉴（2017）》中的表3-2计算得出。

二、北京市义务教育阶段学龄人口预测

本研究预测范围为2016—2035年义务教育阶段的学龄人口数，结合前面所描述的生育、死亡、迁移情况，将其模型化。❶ 考虑到"全面二孩"政策因素，对其实施后的生育可能性进行了低、中、高方案假设，即生育率分别在原有基础上增加10%、20%、50%。由于北京市预测年龄段的特征，所以只对0

---

❶ 赵佳音. 人口变动背景下北京市及各区县义务教育学龄人口与教育资源需求预测 [J]. 教育科学研究，2016（6）：37-43，57.

岁的婴儿死亡率进行假设，假定固定死亡率为1.3‰。由于疏解"非首都功能"的相关政策，以及近期的人口迁移情况，本研究假定净迁移保持在2015年的水平不变。在预测方法上，使用改进后的队列构成法进行预测。[1] 本研究使用了2010年第六次人口普查全国分年龄的相关数据作为预测基础。本研究正文仅对生育可能性的中方案进行描述，低方案和高方案假设见附表1和附表2。

2017—2035年，北京市义务教育阶段（6—14岁）学龄人口总体变化趋势为逐渐上升而后下降，2023年达到峰值约140.9万人，较2016年增幅达到29.3%。然后开始逐步下降，2027年后下降速度加快，到预测结束的2035年下降至52.5万，只有2016年适龄人口数的48.2%。"全面二孩"政策实施效果从2022年开始显现。小学部分，峰值也出现在2023年约为97.8万，较2016年多出17.9万人，表现为上学压力非常大。但2035年值下降至只有28.9万人，可以考虑进行小班化教学，以及部分学校整体迁移至雄安新区及河北省的部分城市。初中部分到2028年、2029年会达到峰值约为49万人，较小学部分滞后，较2016年约增加19.1万人，到2035年回落到比2016年还要低的水平。具体预测结果如表4所示。

表4　2016—2035年义务教育阶段学龄人口预测（方案）　　　　（万人）

年份	义务教育阶段	小学部分	初中部分	年份	义务教育阶段	小学部分	初中部分
2016	109.0	79.9	29.1	2026	135.5	86.7	48.8
2017	114.9	84.8	30.2	2027	128.4	80.5	47.9
2018	123.1	89.1	34.0	2028	119.8	70.8	49.0
2019	128.8	90.7	38.1	2029	110.4	61.4	49.0
2020	133.6	91.9	41.7	2030	100.7	52.9	47.9
2021	137.0	92.0	44.9	2031	88.4	45.4	43.0
2022	139.7	97.9	41.8	2032	77.1	39.4	37.8
2023	140.9	97.8	43.1	2033	67.2	34.6	32.6
2024	139.9	95.8	44.1	2034	59.0	31.2	27.8
2025	140.9	92.0	48.9	2035	52.5	28.9	23.7

---

[1] 赵佳音．"全面二孩政策"背景下全国及各省市学龄人口预测——2016—2025年学前到高中阶段［J］．教育与经济，2016（4）：64-69，91．

三、北京市教育资源需求预测

本研究对教育资源需求预测包括对教师（人）、教育经费（财）以及办学条件（物）需求的预测。按照"定标准、定责任、入预算"的原则，❶先找到可以代表教育资源需求的相关标准，然后使用前面预测的适龄人口数，进行教育资源需求的相关预测。根据数据的可获得性，结合各自指标的意义，本研究选取了生师比、生均教育事业费、生均公用经费、生均校舍建筑面积这四个指标。

（一）教师需求情况

对于教师需求的预测是一个极其复杂的问题，其中包括对教师数量与质量预测。本研究仅对教师需求的总量进行预测，因此，主要关注对教师数量产生影响的因素。其中，最直接的因素有两个。一是在校生数。在校生的多少对教师的需求起到决定性作用，因为没有学生就不需要教师。在保持原有教学规模的情况下，在校生增加，教师也要相应增加。二是生师比。生师比确定了，教师的需求总量就确定了。❷

由于本研究主要基于适龄学生数量来对教师需求做出预测，所以主要关注生师比这个最直接的指标。学生与教师数量的变化会影响生师比，在其他条件不变的情况下，学生增加生师比会上升，而教师数量增加会使生师比下降。从教育效率的角度来说，生师比比值的上升在一定程度上可以看作效率的提升，但是这种关系并不是确定的，因为教师负担学生数过多，以及课时数过多，会影响教学质量。❸ 从教育质量的角度来说，在一切条件不变的情况下，生师比降低有助于教师更加关注学生，提升教学质量，有助于学生提高学业成就。但是生师比在不同地区有不同的含义，并不是统一的。在交通不便利的地区，学校规模小，但是各科教师要配置齐全，生师比可能会偏低；在交通便利、经济发展水平较高的地区，学校规模较大，在达到相同教学条件下，生师比要高于交通不便利的地区。生师比相同也并不意味着教师的教学质量相同，教师的年

---

❶ 王善迈，刘泽云，孙志军.2008年北京市教育经费需求与供给预测［J］.教育科学研究，2003（1）：5-9.

❷ 苟斌娥.时间序列分析法在教育研究中的应用［D］.成都：四川师范大学，2012：22.由于北京推进城乡一体化发展，其中地理环境因素被作者融入生师比之中。

❸ 王善迈.教育投入与产出研究［M］.石家庄：河北教育出版社，1996：193.

龄、性别、学历、经验等因素会影响教师的教学方式以及教学质量。而且生师比相同也不意味着学科结构相同，很多经济欠发达地区大量缺少外语、音乐、体育、美术等方面的教师。

在义务教育均衡发展的前提下，对于相同地理环境的学校，生师比应该基本相同。《北京市区县人民政府落实义务教育均衡发展责任情况督导评估办法（试行）》中附件1《北京市区县政府推进义务教育均衡发展工作督导评估指标体系》中的标准确定了义务教育阶段合理的生师比，即初中应小于等于18.3:1，小学应小于等于20.8:1。本研究采用这一标准对教师需求进行预测。这一标准制定的时间较早，只应作为达标下线，但是，考虑到学龄人口的激增，在5—10年内使用这一标准还是合理的。

义务教育阶段教师需求变化趋势与学龄人口相同，也是先上升后下降。2023年达到峰值约7.1万，较2016年需要额外增加约1.7万名教师。然后开始逐步下降，2027年后下降速度加快，到预测结束年份2035年下降至需要2.7万名教师，较2016年减少2.7万名。小学部分，峰值出现在2022年约为4.7万名，较2016年需求多出0.9万名教师；不考虑教师退休等因素，全市教师缺口较大，需增加教师编制，并大量招聘教师。到2035年，下降至只需要1.4万名教师，进入2030年后可以考虑适当降低生师比，进行小班化教学。初中部分到2028年、2029年会达到需求峰值约为2.7万名教师，较小学部分滞后，到2035年回落至比2016年还要低的水平。具体预测结果见表5。

表5　2016—2035年义务教育阶段教师需求预测　　　　（万人）

年份	义务教育阶段	小学部分	初中部分	年份	义务教育阶段	小学部分	初中部分
2016	5.4	3.8	1.6	2026	6.8	4.2	2.7
2017	5.7	4.1	1.6	2027	6.5	3.9	2.6
2018	6.1	4.3	1.9	2028	6.1	3.4	2.7
2019	6.4	4.4	2.1	2029	5.6	3.0	2.7
2020	6.7	4.4	2.3	2030	5.2	2.5	2.6
2021	6.9	4.4	2.5	2031	4.5	2.2	2.3
2022	7.0	4.7	2.3	2032	4.0	1.9	2.1
2023	7.1	4.7	2.4	2033	3.4	1.7	1.8
2024	7.0	4.6	2.4	2034	3.0	1.5	1.5
2025	7.1	4.4	2.7	2035	2.7	1.4	1.3

（二）教育经费需求情况

教育是一项成本递增的活动，而教育经费是为其提供保障的基础。应建立教育经费增长的长效机制并通过制度安排来实现；应建立和完善各级各类教育办学标准、生均经费标准、生均财政拨款标准。❶ 在确定生均经费的基础上，通过学龄人口数，可以预测所需的教育经费情况。

教育经费中较重要的指标为教育事业费与教育公用经费。本研究采用固定增速法对这两个指标进行预测。❷ 通过计算可以得到，2011—2015 年，小学生均教育事业费的年增长率约为 6.7%（2011 年：1.8 万元；2015 年：2.4 万元），生均公用经费的年增长率为 8.0%（2011 年：0.87 万元；2015 年：0.98 万元）。初中生均事业费的年增长率为 8.0%（2011 年：2.6 万元；2015 年：4.0 万元），生均公用经费的年增长率为 3.1%（2011 年：1.3 万元；2015 年：1.5 万元）。应用于本研究，可以假定 2017—2035 年的生均教育经费增长情况与 2011—2015 年的相同。但综合考虑到北京市经济增长速度放缓，以及北京市中小学生均教育经费相对于全国已处于较高水平等因素，在预测过程中，本研究假定 2017—2035 年，小学生均事业费的年增率为 6.9%，生均公用经费的年增长率为 7.0%；初中生均事业费的年增长率为 7.0%，生均公用经费的年增长率为 3.1%。

根据上面假设条件进行预测，可以看出，义务教育阶段教育事业费需求在 2029 年前都处在不断上升的过程中，而后才开始逐渐回落。2029 年教育事业费需求约为 880.5 亿元，约是 2016 年的 2.7 倍。小学部分，需求峰值出现在 2026 年，约为 433.7 亿元，是 2016 年教育事业费的 2.1 倍；到 2035 年，教育事业费需求下降至 263.0 亿元。初中部分，到 2030 年会达到需求峰值，约为 528.4 亿元，约是 2016 年的 4.2 倍；到 2035 年，教育事业费的需求会回落至 366.4 亿元。具体预测结果如表 6 所示。

表 6　2016—2035 年义务教育阶段教育事业费需求预测　　　　（亿元）

年份	义务教育阶段	小学部分	初中部分	年份	义务教育阶段	小学部分	初中部分
2016	329.5	205.0	124.5	2017	370.6	232.5	138.1

---

❶ 王善迈．"新常态"下教育经费增长的长效机制［N］．中国教育报，2015-06-17．
❷ 固定增速法是通过假定预测期指标的增长速度与之前的一个时期相同来对预测期的指标进行预测，是一种外推法。

续表

年份	义务教育阶段	小学部分	初中部分	年份	义务教育阶段	小学部分	初中部分
2018	427.8	261.1	166.7	2027	861.6	430.1	431.6
2019	484.1	284.2	200.0	2028	877.1	404.5	472.6
2020	541.7	307.8	233.8	2029	880.5	375.2	505.3
2021	599.4	329.6	269.8	2030	873.5	345.1	528.4
2022	643.2	374.9	268.3	2031	824.7	317.2	507.5
2023	696.3	400.2	296.1	2032	770.7	293.7	477.0
2024	743.6	419.1	324.5	2033	716.9	276.3	440.6
2025	815.1	430.3	384.7	2034	668.3	265.9	402.4
2026	844.5	433.7	410.8	2035	629.4	263.0	366.4

义务教育阶段教育公用经费需求在2026年前达到峰值，而后开始逐渐回落。2026年教育公用经费约为284.3亿元，约是2016年的2.2倍。到2035年回落至134.7亿元。小学部分，2026年教育公用经费的需求达到约181.9亿元，是2016年的2.2倍。初中部分，2030年达到峰值113.5亿元，是2016年的2.5倍。具体预测结果如表7所示。

表7　2016—2035年义务教育阶段教育公用经费需求预测　　（亿元）

年份	义务教育阶段	小学部分	初中部分	年份	义务教育阶段	小学部分	初中部分
2016	128.8	83.8	45.0	2026	284.3	181.9	102.4
2017	201.9	155.3	46.6	2027	284.2	180.6	103.6
2018	227.2	174.6	52.6	2028	279.3	170.0	109.4
2019	249.1	190.2	59.0	2029	270.5	157.8	112.7
2020	270.6	206.0	64.5	2030	169.0	55.4	113.5
2021	290.5	221.0	69.5	2031	188.3	83.3	105.1
2022	316.2	251.6	64.6	2032	172.4	77.2	95.2
2023	185.0	102.5	82.5	2033	157.3	72.6	84.7
2024	262.6	175.5	87.1	2034	144.5	70.0	74.5
2025	279.9	180.3	99.5	2035	134.7	69.3	65.4

由此可见，建立长效的教育经费拨款机制，并将其制度化是十分重要的。并且，要维持教育经费需求的增长，也需要北京市的经济保持中高速增长作为

保障。

(三) 办学条件需求情况

办学条件是学校各项既得资源中最为直观的表现,它反映的是一个学校教育资源存量的差异。[1] 关于办学条件的定义并没有统一的标准,国家相关政策法规中对于办学条件的规定包括经费、教师以及学校硬件条件,即包括人、财、物三个方面。《教育统计年鉴》对办学条件的划分只包括校舍用地、固定资产、图书等硬件条件,对于人力、财力的投入并未列在其中。在对办学条件的学术研究中,不同学者对办学条件所包括的范围及其指标又各有不同看法。本研究对办学标准的研究仅限于学校硬件办学条件,即对学校物力投入的分析。

衡量办学条件的指标有很多,大致可以分为校舍用地、仪器设备与图书三个方面。其中,校舍用地又可以分为生均学校占地面积、生均危房面积、生均教学辅助用房、校均运动场四个指标;仪器设备可以用生均仪器设备、百名学生中拥有计算机台数这两个指标来衡量;图书可以分为生均普通图书及生均电子图书。由于考虑所有指标数据搜寻及工作量较大,本研究只选择生均建筑面积进行研究与预测。

总体来看,北京市用于中小学生的建筑面积逐年增加。对于北京市整体来说,普通中学的建筑面积2009—2010学年为102.7万平方米,2014—2015学年达到了126.2万平方米。小学建筑面积总值从2009—2010学年的564.0万平方米增加到2014—2015学年的682.7万平方米。这意味着,在2009—2015学年,北京市用于中小学生的建筑面积在逐步增加。其中,小学在2009—2013学年增幅不大,只有4%到1%的增长,但是2013—2014学年增长幅度达到了10.9%

北京市教委2006年12月颁布的《北京市中小学校办学条件标准细则(试行)》(以下简称《细则》)小学部分规定,生均建筑面积以12个班(480人)14.1平方米、18个班(720人)12.2平方米、24个班(960人)11.3平方米为标准。[2] 由于小学平均每个学校的班数在20个左右,每年都比较稳定,在28个班到24个班之间,所以在预测过程中,本文使用的小学生均

---

[1] 杜育红,孙志军. 中国义务教育财政研究 [M]. 北京:北京师范大学出版社,2009.
[2] 根据《细则》表述,建筑标准以全国的《中小学校建设规范》(GBJ99—86)和《中小学理科实验室装备规范》(JY/T0385—2006)为依据制定,《细则》的指标范围确定参照了《办学标准》与《实施意见》。

建筑面积为 12.2 平方米。

《细则》规定初中的生均建筑面积 18 个班（720 人）15.3 平方米、24 个班（960 人）14.6 平方米、30 个班（1200 人）13.7 平方米。由于北京初中班级数平均在 15 个左右，每年都比较稳定，数值在 18 个班以下，本文在预测中采用初中生均建筑面积为 15.3 平方米。

根据上面假设条件进行预测，可以看出，义务教育阶段校舍建筑面积需求变化趋势与学龄人口相同，也是先上升后下降。2025 年达到峰值约 1870.5 万平方米，较 2016 年需要增加约 450.6 万平方米。然后开始逐步下降，2027 年后下降速度加快，到预测结束年份 2035 年下降至 714.1 万平方米，较 2016 年减少 705.8 万平方米。小学部分，需求峰值出现在 2022 年约为 1194.6 万平方米，较 2016 年增加 219.7 万平方米。由于北京市土地价格较高，新建、加盖建筑物较为困难，审批过程烦琐，可以考虑在需求较大年份通过租赁等方式，临时扩大校舍建筑面积。到 2035 年，校舍建筑面积下降至 352.0 万平方米。初中部分到 2028 年会达到峰值，约为 750.1 万平方米，到 2035 年回落至 362.2 万平方米。具体预测结果详见表 8。

表 8　2016—2035 年义务教育阶段校舍建筑面积需求预测　　（万平方米）

年份	义务教育阶段	小学部分	初中部分	年份	义务教育阶段	小学部分	初中部分
2016	1419.9	974.9	445.0	2026	1804.8	1058.3	746.5
2017	1495.4	1034.1	461.3	2027	1714.6	981.7	732.9
2018	1607.0	1086.6	520.4	2028	1613.8	863.7	750.1
2019	1689.6	1106.2	583.5	2029	1498.9	749.4	749.6
2020	1758.6	1120.9	637.7	2030	1377.4	644.9	732.5
2021	1810.4	1122.8	687.5	2031	1212.0	554.5	657.5
2022	1833.8	1194.6	639.1	2032	1057.9	480.3	577.6
2023	1852.1	1193.0	659.1	2033	921.2	422.6	498.6
2024	1843.7	1168.5	675.2	2034	806.0	380.4	425.6
2025	1870.5	1122.4	748.1	2035	714.1	352.0	362.2

四、结　论

根据前文的研究，可以发现北京市育龄妇女的生育年龄结构已发生了较大改变，表现为初生年龄后移，生育高峰后移，且生育年龄区间变宽。在考虑"全面二孩"政策影响、死亡和迁移的前提下，本研究通过对2017—2035年北京市学龄人口的预测，发现学龄人口数量在预测区间有较剧烈变动，"全面二孩"政策对学龄人口数量的增加有一定的加剧作用，但是无法扭转2030年后学龄人口下降的趋势。

通过对教育资源需求的预测可以看出，教师需求方面，在峰值年份需要大量增加教师编制，并补招教师；2030年后，由于教师需求量迅速下降，可以考虑调整生师比标准，以提高教师对每位学生的关注程度。校舍建筑面积需求方面，变化趋势与学龄人口相同，也是先上升后下降，达到峰值时较2016年建筑面积数值有较大缺口。由于校舍建筑无法在短时间内进行调整，可以通过租赁等其他方式进行补充。教育经费需求方面，小学阶段教育事业费需求的峰值为2016年教育事业费需求的2.1倍，初中教育事业费在峰值年份的需求为2016年教育事业费的4.2倍。因此，建立长效的教育经费拨款机制，并将其制度化是十分重要的。

附表1　2016—2035年义务教育阶段学龄人口预测（低方案） （万人）

年份	义务教育阶段	小学部分	初中部分	年份	义务教育阶段	小学部分	初中部分
2016	109.0	79.9	29.1	2026	129.6	80.8	48.8
2017	114.9	84.8	30.2	2027	121.7	73.8	47.9
2018	123.1	89.1	34.0	2028	112.5	64.9	47.6
2019	128.8	90.7	38.1	2029	102.5	56.3	46.2
2020	133.6	91.9	41.7	2030	92.3	48.5	43.8
2021	137.0	92.0	44.9	2031	81.1	41.7	39.4
2022	138.2	96.5	41.8	2032	70.7	36.1	34.6
2023	138.1	95.0	43.1	2033	61.6	31.8	29.9
2024	135.9	91.8	44.1	2034	54.1	28.6	25.5
2025	135.9	87.0	48.9	2035	48.1	26.4	21.7

附表2　2016—2035年义务教育阶段学龄人口预测（高方案）　　（万人）

年份	义务教育阶段	小学部分	初中部分	年份	义务教育阶段	小学部分	初中部分
2016	106.5	79.9	28.6	2026	153.2	104.6	48.6
2017	117.0	84.8	32.2	2027	148.5	100.6	47.9
2018	120.7	89.1	31.6	2028	142.2	88.5	53.7
2019	128.1	90.7	37.4	2029	128.9	76.8	52.1
2020	132.8	91.9	40.9	2030	120.6	66.1	54.5
2021	134.3	92.0	42.2	2031	105.7	56.8	48.9
2022	143.9	102.3	41.7	2032	92.2	49.2	43.0
2023	148.8	106.2	42.6	2033	80.4	43.3	37.1
2024	155.6	107.7	47.9	2034	70.7	39.0	31.7
2025	151.4	107.1	44.3	2035	63.1	36.1	27.0

北京市"十三五"时期
教育治理状况监测研究

朱庆环[*]

摘　要： 本研究依据北京市"十三五"教育规划，从治理体系和治理保障两个维度构建了由2个一级指标、10个二级指标、32个三级指标、116个监测点构成的北京市"十三五"时期教育治理监测指标体系。结合相关数据资料，对2016—2017学年度北京市教育治理的实际进展情况进行监测。研究发现，北京教育治理在治理体系的制度性、规范性方面取得明显成效，在治理体系的执行效果评估和治理保障方面尚需加强。建议从健全市级统筹制度、完善招生考试配套制度、加强党的领导、优化教育布局等方面加强工作。

关键词： 教育治理；规划监测；指标体系

一、教育治理的发展背景

"十二五"时期，首都教育坚持优先发展、统筹协调、改革创新，全面深化教育领域综合改革，在一系列重点领域和关键环节取得突破，为完成"十二五"规划确定的目标任务提供了制度保障。在招生考试方面，改革招生计划分配方式和考试录取方式，统筹拓展基础教育优质资源，推进职业教育高端技术技能人才贯通培养，实施高等学校人才交叉培养、高质量就业创业和高精尖创新中心建设等计划。在教育督导方面，调整市政府教育督导室机构编制和职能，推进建立督政、督学和评估监测三位一体的教育督导体系，教育治理体系和治理能力现代化水平得到有效提升。在教育保障方面，教育系统党建和思

---

[*] 朱庆环，北京教育科学研究院教育发展研究中心助理研究员，博士，主要研究方向为教育现代化、教育治理现代化。

想政治工作不断加强，教育督导职能有效发挥，学校章程建设取得进展。在办学条件方面，教育投入显著增长，新建、改扩建幼儿园 843 所，新建、改扩建中小学校 200 所，增加城乡一体化学校 65 所。在教师队伍建设方面，教师遴选、引进管理和发展服务体系进一步完善。在教育信息化方面，教育信息化基础环境与运行机制更加健全，形成以中小学生籍信息系统为代表的新型信息化教育管理服务模式。

"十三五"时期是首都实现教育现代化的决胜阶段，是首都深入贯彻"四个全面"战略布局，落实首都城市战略定位，推进京津冀协同发展，率先全面建成小康社会，建设国际一流的和谐宜居之都的关键时期，也是北京市贯彻落实《国家中长期教育改革和发展规划纲要（2010—2020 年）》和《北京市中长期教育改革和发展规划纲要（2010—2020 年）》的最后五年，是实现教育规划纲要目标的终结期，也是深入推进教育"管办评"分离的重要时期。面对新形势、新要求，我们必须清醒认识到首都教育治理还存在一些问题，包括教育发展不平衡，优质教育资源不足与人民群众强烈的"上好学"的需求之间的矛盾突出；教育资源配置还不能跟上城市人口分布的变化，教师队伍建设还不能满足全面提升教育质量的要求；教育体制机制改革亟待深化，教育发展的动力和活力不足；教育管办评分离改革还不适应教育治理体系和治理能力现代化的需要。

北京市教委和北京市发展改革委根据《国家教育事业发展规划第十三个五年规划》和《北京市国民经济和社会发展第十三个五年规划纲要》，结合北京教育改革发展实际，制定了《北京市"十三五"时期教育改革和发展规划》，并于 2016 年 9 月出台。该规划在立足于"十二五"取得的成绩和当前形势分析的基础上，进一步明确了未来五年首都教育改革发展的主要目标和任务，是指导未来五年首都教育发展的纲领性文件。随后，朝阳、海淀、丰台等区县陆续发布了本地区的"十三五"时期教育改革和发展规划。

"一分部署，九分落实。"如何衡量首都"十三五"时期教育规划的执行情况？如何诊断"十三五"时期教育规划执行中存在的问题？如何评估"十三五"时期教育规划的实施效果？如何破解"十三五"时期教育规划执行的难题？这一系列问题亟须构建基于《北京市"十三五"时期教育改革和发展规划》的教育规划监测指标体系，以发挥监测、诊断、评价、改进功能。本研究以教育治理为切入点，尝试构建北京市"十三五"时期教育治理监测指标体系。

二、教育治理监测指标体系的构建

(一) 北京市"十三五"时期教育治理监测指标体系的政策依据

为了考察《北京市"十三五"时期教育改革和发展规划》在教育治理方面的进展情况，本研究以规划为依据，对"主要目标""深化教育领域综合改革""保障措施"和"重大工程"相关内容进行提炼，归纳出监测指标，为指标体系的构建奠定基础。

1. "主要目标"部分的指标梳理

在主要目标方面，《北京市"十三五"时期教育改革和发展规划》明确了2016—2020年首都教育治理的主题和方向。该部分主要围绕教育行政、学校管理、教育督导和教育财政四个方面展开。其中，教育行政主要包括政府、学校、社会的新型关系建设，市级政府教育统筹，学校依法自主办学权的落实，社会支持参与教育的机制建设等方面；学校管理主要包括依法治校制度建设、学校章程建设、学校内部治理结构完善三个方面；教育督导主要包括现代教育督导体系建设、教育督导法治化、教育督导专业化、教育督导现代化四个方面；教育财政主要包括教育财政保障体系建设、公共财政教育支出占公共财政支出比例两个指标（见表1）。

表1 "主要目标"部分备选指标

一级指标	二级指标
教育行政	教育领域政府、学校、社会的新型关系基本形成
	市级政府教育统筹力度得到加强
	学校依法自主办学权力得到更好保障
	社会广泛参与支持教育的机制渠道更加完善
学校管理	依法治校机制形成
	学校章程和制度建设得到加强
	学校内部治理结构更加完善
教育督导	现代教育督导体系建设
	教育督导法治化
	教育督导专业化
	教育督导现代化

续表

一级指标	二级指标
教育财政	教育财政保障体系更加健全
	公共财政教育支出占公共财政支出的比例

2. "深化教育领域综合改革"部分的指标梳理

《北京市"十三五"时期教育改革和发展规划》中的"深化教育领域综合改革"主要围绕管理体制、办学体制、教育督导制度、招生考试制度和人事制度五大制度展开。

其一，在管理体制方面，《北京市"十三五"时期教育改革和发展规划》提出"深化管理体制改革，提升教育治理能力"，从加强市级政府统筹、建立清单管理制度、提升教育治理能力三个方面展开。其中，加强市级政府统筹主要聚焦机制建立，具体来说有三大机制：教育统筹工作机制、部市联席会议制度、部市年度会议机制。清单管理制度方面，主要有权力清单、责任清单和负面清单三大清单制度。教育治理能力提升方面，主要聚焦教育管理方式创新、多元参与的合作共治机制建设、教育信息公开和教育改革氛围的营造四个方面（见表2）。

表2 管理体制部分备选指标

二级指标	三级指标
市级统筹	教育统筹工作机制
	部市联席会议制度
	部市年度会商机制
清单管理制度建设	权力清单
	责任清单
	负面清单
教育治理能力提升	教育管理方式创新
	多元参与的合作共治机制建设
	教育信息公开
	教育改革氛围营造

其二，在办学体制方面，《北京市"十三五"时期教育改革和发展规划》提出"深化办学体制改革，激发学校发展活力"，从落实学校办学主体、完善学校内部治理结构、推进公办学校办学机制改革三个方面展开。其中，落实办

学主体地位主要包括四个方面：推进学校章程建设、政府管理方式转变、扩大学校办学自主权、深化校务公开。完善学校内部治理结构方面，主要包括基础教育学校内部制度建设、高等教育学校内部制度建设、高校人事制度改革、学校内部督导制度建设、议事决策机制建设、学校法律顾问制度建设。公办学校办学机制改革主要包括三个方面：开放办学机制、政府购买服务和中小学发展支持机制。其中，开放办学主要通过教育资源和社会资源的融通共享来激发学校办学活力；中小学发展支持机制是指在京高校、教学研究与教育科研部门、社会机构参与和支持中小学办学来深化委托办学和合作办学试点（见表3）。

表3 办学体制部分备选指标

二级指标	三级指标
落实学校办学主体地位	学校章程建设
	政府对学校的支持与服务
	学校办学自主权的落实和扩大
	校务公开
完善学校内部治理结构	中小学校内部治理制度建设（校务委员会、教职工大会和家长委员会）
	高等学校内部治理制度建设（学术委员会、理事会制度，教职工代表大会、学生代表大会）
	高校人事制度改革（校长选拔任用制度、行政人员职员职级制）
	学校内部督导制度建设
	办学议事决策机制（民办学校、中外合作办学）
	学校法律顾问制度
公办学校办学机制改革	开放办学机制（社会资源与教育资源融通共享）
	政府购买教育服务
	中小学发展支持机制（高校、科研机构、社会机构参与合作办学）

其三，在教育督导制度方面，《北京市"十三五"时期教育改革和发展规划》在"深化教育督导改革，促进教育科学发展"部分围绕建立现代教育督导体系、教育督导机制、着力加强教育督导保障三个方面展开。其中，建立现代教育督导体系主要指管办评分离的推进情况；教育督导机制从督政、督学和评估监测三方面展开；教育督导保障覆盖组织领导、工具开发和加强研究三个方面（见表4）。

表4　教育督导部分备选指标

二级指标	三级指标
建立现代教育督导体系	管办评分离机制建设
教育督导机制	政府履行教育职责的督导评价制度
	教育教学工作督导评价制度
	第三方教育评估监测机制
教育督导保障	跨区域教育督导体系和工作机制建设
	教育督导工具研制
	教育督导理论研究

其四，在招生考试制度方面，《北京市"十三五"时期教育改革和发展规划》在"深化招生考试制度改革，引导学生健康发展"部分围绕深化制度改革和完善配套措施两个方面展开。在深化制度改革方面，主要涉及各级各类教育的招生、录取改革情况；在配套制度中，包括实施办法和年度工作方案、走班制推广情况、中学生学业规划建设、教学管理队伍配备和培训、命题中心和标准化考点建设（见表5）。

表5　招生考试制度部分备选指标

二级指标	三级指标
深化制度改革	学区制和九年一贯对口招生
	优质高中招生名额统筹
	中考改革方案
	高考改革方案
	两依据一参考的录取机制
	分类考试录取考试占高职院校比例
	职业院校招收初中毕业生改革
	成人高考改革试点
完善配套制度	实施办法和年度工作方案
	走班制推广情况
	中学生学业规划制度
	教学管理队伍配备和培训
	命题中心和标准化考点建设

其五，在人事制度改革方面，《北京市"十三五"时期教育改革和发展规划》在"深化人事制度改革，提升教师综合素质"部分围绕加强师德建设、加强高素质专业化师资队伍建设、保障教师地位和待遇、健全教育人事管理制度四个方面展开（见表6）。

表6　人事制度部分备选指标

二级指标	三级指标
师德建设	师德建设长效机制
师资队伍建设	师范生培养规模
	实施中小学干部教师培训计划
	教师培养专项计划（教育家培养计划、乡村教师素质提升计划、开放型教学实践活动计划）
	名校长培养机制
	"双师型"教师建设
	高层次人才建设
教师地位待遇	绩效工资激励作用
	乡村教师岗位生活补助制度
	教师社会保障环境建设（养老保险、医疗和住房）
	乡村教师荣誉制度
	优秀教师荣誉制度（北京市人民教师奖、北京市优秀教师、先进工作者表彰）
人事管理制度	教师编制标准
	教师编制统筹管理新机制
	教师考评退出机制
	校长教师交流轮岗制度
	教师职称制度改革

3. "保障措施"部分的指标梳理

《北京市"十三五"时期教育改革和发展规划》中的"保障措施"主要从党的领导、依法治教、教育投入、优化布局、互联网+教育五个方面展开。

其一，党的领导。《北京市"十三五"时期教育改革和发展规划》在"落实从严治党责任，提高党建工作水平"部分围绕加强思想理论建设、加强领导班子和干部队伍建设、加强基层党组织建设、加强党风廉政建设、维护教育系统安全稳定、全面加强统一战线与群众工作六个方面展开（见表7）。

表7 党的建设部分备选指标

二级指标	三级指标
思想理论建设	党委理论中心组和党支部理论学习制度
	宣传理论阵地建设
	理论研究中心建设（中国特色社会主义理论研究协同创新中心、研究高地、决策咨询智库、人才培养基地）
领导班子和干部队伍建设	健全干部教育培训工作体系
	健全完善考核评价机制
	离退休干部工作
基层党组织建设	健全党建责任体系
	完善党建工作述职评议考核制度
	健全基层党建经费保障制度
	加强中小学党的建设
	加强民办学校党的建设
党风廉政建设	落实党风廉政建设责任制
	加强惩治和预防腐败体系建设
	落实中央八项规定精神
	加强廉政教育和廉政文化建设
教育系统安全稳定	平安校园建设
	安全信息化平台建设
	学生安全教育体系建设
	校园周边综合治理
统一战线与群众工作	工程推进情况（123工程、心桥工程、三个10%）
	民族教育政策落实
	港澳台侨学生工作
	群团组织的民主管理监督作用

其二，依法治教。《北京市"十三五"时期教育改革和发展规划》在"全面推进依法治教，提高教育法治水平"部分围绕健全教育法规体系、完善重大教育决策制度、依法行政、全面推进依法治校四个方面展开。其中，健全教育法规体系方面，主要包括立法工作、地方性法规的修订工作、规范性文件的

清理修订工作。立法工作主要指推进《北京市教育督导条例》和《北京市终身学习促进条例》的立法工作；地方性法规修订主要是指跟进国家《民办教育促进法》《职业教育法》《学前教育法》的修订适时修订北京市实施办法；同时，加强规范性文件的清理和修订工作。重大教育决策制度建设方面，包括重大决策程序建设、重大决策跟踪反馈和责任追究机制、新型北京教育智库建设、利益表达和建言献策平台建设。依法行政方面，主要包括教育法律事务中心的建设、教育纠纷处理机制的健全和教育法律顾问作用的发挥。在依法治校方面，主要包括推行依法治校评价指标体系和达标考核办法、加大依法治校培训、依法治校教师培训基地和依法治校研究基地建设（见表8）。

表8　依法治教部分备选指标

二级指标	三级指标
健全教育法规体系	立法工作
	地方性法规修订工作
	规范性文件的清理修订工作
重大决策制度建设	重大决策程序建设
	重大决策跟踪反馈和责任追究机制
	新型北京教育智库建设
	利益表达和建言献策平台建设
依法行政	教育法律事务中心建设
	教育纠纷处理机制
	教育法律顾问作用
依法治校	指标体系和达标考核办法
	培训工作
	基地建设（培训基地、研究基地）

其三，教育投入。《北京市"十三五"时期教育改革和发展规划》在"保障教育经费投入，提高管理使用效益"部分主要围绕教育投入的总量和使用效益展开。在总量上，可以提炼出生均公共财政预算教育事业费和生均公共预算公用经费的逐步增长两个指标。经费使用效益方面，主要是学校内部财务制度、财务信息公开制度等相关制度的建立和推行；此外，还包括对教育资助政策的落实和完善（见表9）。

表 9 教育投入部分备选指标

二级指标	三级指标
教育经费筹措机制	各类生均公共财政预算教育事业费支出
	各类生均公共财政预算公用经费支出
	增量经费向薄弱区域、学校倾斜
教育经费使用效益	完善教育财政咨询制度
	健全学校内部财务管理制度
	高校试行总会计师职务
	完善内部审计制度
	完善绩效拨款制度
	建立财务信息公开制度
—	教育资助政策的落实和完善

其四，优化布局。《北京市"十三五"时期教育改革和发展规划》在"优化教育空间布局，提高资源配置效益"部分从教育层级的角度对基础教育、职业教育和高等教育的空间布局进行考核。教育布局调整的整体思路是统筹中心城与新城、城市与农村、市域与区域教育发展，通过教育资源空间布局调整，支撑城市功能优化提升和引导人口合理分布。基础教育布局调整的关键词是"均衡配置"，主要通过新建和名校办分校的方式均衡配置；职业教育布局调整的关键词是"协调配置"，主要着力于学校布局调整与产业布局的协调，此外，还要加强职业教育实训基地建设；高等教育布局调整的关键词是"优化配置"，主要从部分市属高校新校区建设、高校资源整合、沙河和良乡高教园区建设三个方面着力（见表 10）。

表 10 优化布局部分备选指标

二级指标	三级指标
基础教育均衡配置	加强城乡公办幼儿园建设
	中小学教育资源均衡配置
职业教育协调配置	职业学校布局与产业布局协调
	加强职业教育实训基地建设

续表

二级指标	三级指标
高等教育优化配置	市属高校新校区建设（北京城市学院、北京建筑大学、北京工商大学、北京信息科技大学、北京电影学院）
	高校资源整合（中专与市属，市属与部属）
	推进沙河和良乡高教园区建设

其五，互联网+教育。《北京市"十三五"时期教育改革和发展规划》在"构建互联网+教育，提高融合创新能力"部分从提升教育管理服务信息化和推进信息技术与教育教学融合创新两个方面着力，以强化数据资源统筹管理、采集和共享，优化教育管理水平，强化应用能力建设，培育教育新型发展形态（见表11）。

表11 互联网+教育部分备选指标

二级指标	三级指标
教育管理服务信息化	实现无线教育网络全覆盖
	建成首都教育信息公共服务平台
	建设教育大数据体系
信息技术与教育教学融合	完善市级数字教育资源供给体系（推进北京数字学校、数字化资源共享交换平台建设）
	培育社会化的数字资源

4. "重大工程"部分的指标梳理

在重大工程方面，教育治理相关的工程主要包括市级统筹优质教育资源项目和教育督导与评价专业化建设项目。市级统筹优质教育资源项目提出，完善市级优质高中教育资源统筹机制，新建10所市级统筹优质高中。教育督导与评价专业化建设项目提出教育督导队伍建设和教育督导评估结果使用制度（见表12）。

表12 重大项目中的备选指标

项目	指标
市级统筹优质教育资源项目	完善市级优秀高中教育资源统筹机制
	新建10所市级统筹优质高中

续表

项 目	指 标
教育督导与评价建设项目	教育督导队伍建设
	教育督导评估结果使用制度

（二）北京市"十三五"时期教育治理监测指标体系

一般来说，指标体系构建有内容维度、基本特征维度和 CIPP 等多种模式。《北京市"十三五"时期教育改革和发展规划》中教育治理相关的四个部分——主要目标、深化教育领域综合改革、保障措施和重大工程，与 CIPP 模式的结果、过程和投入是一致的，分别对应治理目标、治理体系和治理保障。考虑到治理目标是治理体系和治理保障的结果，为了避免重复考核，将治理目标的考核细化到治理体系和治理保障中，因此教育治理的监测指标从治理体系和治理保障两个维度设计。二级指标的设定，主要依据规划"深化教育领域综合改革"和"保障措施"中的二级标题进行归纳提炼而成。三级指标的选择依据相应的规划文本表述，提炼可量化或考核的指标，并依据便利性和数据获得性对指标进行筛选、合并而成，最终形成北京市教育治理监测指标体系（见表13）。

表13　北京市"十三五"时期教育治理监测指标体系

一级指标	二级指标	三级指标	监测点	目标值
治理体系	管理体制	市级统筹	教育统筹工作机制	建立健全
			部市联席会议制度	建立健全
			部市年度会商机制	建立健全
		清单管理制度建设	权力清单	建立健全
			责任清单	建立健全
			负面清单	建立健全
		治理能力提升	多元参与的共治机制建设	建立健全
			政府教育信息公开	建立健全
			教育改革氛围营造	建立健全

续表

一级指标	二级指标	三级指标	监测点	目标值
治理体系	办学体制	落实学校办学主体地位	学校章程建设	建立健全
			政府对学校的支持与服务	不断完善
			学校办学自主权的落实和扩大	不断完善
			校务公开制度	建立健全
		完善学校内部治理结构	中小学校内部治理制度建设（校务委员会、教职工大会和家长委员会）	建立健全
			高等学校内部治理制度建设（学术委员会、理事会制度，教职工代表大会、学生代表大会）	建立健全
			高校人事制度改革（校长选拔任用制度、行政人员职员职级制）	建立健全
			学校内部督导制度建设	建立健全
			办学议事决策机制（民办学校、中外合作办学）	建立健全
			学校法律顾问制度	建立健全
		公办学校办学机制改革	开放办学机制（社会资源与教育资源融通共享）	建立健全
			政府购买教育服务制度	建立健全
			中小学发展支持机制（高校、科研机构、社会机构参与合作办学）	建立健全
	督导制度	教育督导体系	管办评分离机制建设	建立健全
		教育督导机制	政府履行教育职责的督导评价制度	建立健全
			教育教学工作督导评价制度	建立健全
			第三方教育评估监测机制	建立健全
		教育督导保障	跨区域教育督导体系和工作机制建设	建立健全
			教育督导工具研制	建立健全
			教育督导理论研究	不断加强
	招生考试制度	深化制度改革	学区制和九年一贯对口招生	不断完善
			优质高中招生名额统筹	不断增强
			中考改革方案	建立健全
			高考改革方案	建立健全
			两依据一参考的录取机制	建立健全
			分类考试录取考试占高职院校比例	不断增加
			职业院校招收初中毕业生改革	建立健全
			成人高考改革试点	逐步增加
		配套制度	实施办法和年度工作方案	建立健全
			走班制推广情况	建立健全
			中学生学业规划制度	建立健全
			教学管理队伍配备和培训	建立健全
			命题中心和标准化考点建设	建立健全

续表

一级指标	二级指标	三级指标	监测点	目标值
治理体系	人事制度	师德建设	师德建设长效机制	建立健全
		师资队伍建设	师范生培养规模	不断增大
			实施中小学干部教师培训计划	建立健全
			教师培养专项计划（教育家培养计划、乡村教师素质提升计划、开放型教学实践活动计划）	建立健全
			名校长培养机制	建立健全
			"双师型"教师建设	建立健全
			高层次人才建设	建立健全
		教师地位待遇	绩效工资激励作用	不断增加
			乡村教师岗位生活补助制度	建立健全
			教师社会保障环境建设（养老保险、医疗和住房）	建立健全
			乡村教师荣誉制度	建立健全
			优秀教师荣誉制度（北京市人民教师奖、北京市优秀教师、先进工作者表彰）	建立健全
		人事管理制度	教师编制标准	逐步统一
			教师编制统筹管理新机制	建立健全
			教师考评退出机制	建立健全
			校长教师交流轮岗制度	建立健全
			教师职称制度改革	建立健全
治理保障	党的领导	思想理论建设	党委理论中心组和党支部理论学习制度	建立健全
			宣传理论阵地建设	建立健全
			理论研究中心建设（中国特色社会主义理论研究协同创新中心、研究高地、决策咨询智库、人才培养基地）	建立健全
		领导班子和干部队伍建设	健全干部教育培训工作体系	建立健全
			健全完善考核评价机制	建立健全
		基层党组织建设	健全党建责任体系	建立健全
			完善党建工作述职评议考核制度	建立健全
			健全基层党建经费保障制度	建立健全
			加强中小学党的建设	建立健全
			加强民办学校党的建设	建立健全
		党风廉政建设	落实党风廉政建设责任制	建立健全
			加强惩治和预防腐败体系建设	建立健全
			落实中央八项规定精神	建立健全
			加强廉政教育和廉政文化建设	建立健全
		教育系统安全稳定	平安校园建设	建立健全
			安全信息化平台建设	建立健全
			学生安全教育体系建设	建立健全
			校园周边综合治理	建立健全

续表

一级指标	二级指标	三级指标	监测点	目标值
治理保障	党的领导	统一战线与群众工作	工程推进情况（123工程、心桥工程、三个10%）	效果显著
			民族教育政策落实	效果明显
			港澳台侨学生工作	不断推进
			群团组织的民主管理监督作用	不断增强
	依法治教	健全教育法规体系	立法工作	建立健全
			地方性法规修订工作	建立健全
			规范性文件的清理修订工作	建立健全
		重大决策制度建设	重大决策程序建设	建立健全
			重大决策跟踪反馈和责任追究机制	建立健全
			新型北京教育智库建设	不断推进
			利益表达和建言献策平台建设	建立健全
		依法行政	教育法律事务中心建设	建立健全
			教育纠纷处理机制	建立健全
			教育法律顾问作用	不断增强
		依法治校	指标体系和达标考核办法	建立健全
			培训工作	不断推进
			基地建设（培训基地、研究基地）	建立健全
	教育投入	教育经费筹措机制	各类生均公共财政预算教育事业费支出	逐年增加
			各类生均公共财政预算公用经费支出	逐年增加
			增量经费向薄弱区域、学校倾斜	建立健全
		教育经费使用效益	完善教育财政咨询制度	建立健全
			健全学校内部财务管理制度	建立健全
			高校试行总会计师职务	建立健全
			完善内部审计制度	建立健全
			完善绩效拨款制度	建立健全
			建立财务信息公开制度	建立健全
			教育资助政策的落实和完善	建立健全
	教育布局	基础教育均衡配置	加强城乡公办幼儿园建设	建立健全
			中小学教育资源均衡配置	建立健全
		职业教育协调配置	职业学校布局与产业布局协调	建立健全
			加强职业教育实训基地建设	建立健全
		高等教育优化配置	市属高校新校区建设（北京城市学院、北京建筑大学、北京工商大学、北京信息科技大学、北京电影学院）	建立健全
			高校资源整合（中专与市属，市属与部属）	建立健全
			推进沙河和良乡高教园区建设	建立健全

195

续表

一级指标	二级指标	三级指标	监测点	目标值
治理保障	互联网+教育	教育管理信息化	实现无线教育网络全覆盖	建立健全
			建成首都教育信息公共服务平台	建立健全
			建设教育大数据体系	建立健全
		信息技术与教育教学融合	完善市级数字教育资源供给体系（推进北京数字学校、数字化资源共享交换平台建设）	建立健全
			培育社会化的数字资源	建立健全

三、教育治理监测结果分析

从监测时间段来说，本研究报告主要监测 2017 年北京教育治理的进展情况。考虑到定量指标数据获取的滞后性，定量指标主要采用 2016 年数据，而定性指标的活动材料和体制建设情况限定在 2017 年。

（一）教育治理体系监测结果分析

1. 管理体制

在市级统筹方面，主要通过简政放权开展工作。具体而言，一是按照市政府要求主动推进"放管服"改革，取消"高等学校副教授评审权审批""自费出国留学中介服务机构资格认定"两项行政许可审批事项；二是协调 74 个处室、单位，已完成第二批方便群众办事、创业证明事项清理情况上报工作；三是研究起草《关于深化高等教育领域简政放权放管结合优化服务改革的实施意见》并联合发文。

清单管理制度建设方面，全面清理规范权力清单，依据法律授权对所有权力事项进行梳理，最终确立了共有 96 项职权（不含区级职权）的 2017 版市教委权力清单。其中，结合国务院决定取消和调整中央指定地方实施的行政审批事项目录，将原有的 17 项行政许可事项清理调整至 12 项；将原有 25 项非行政许可审批事项全部取消。对行政处罚事项进行梳理，取消 1 项、新增 3 项、修改 9 项处罚依据。组织中介服务清理工作，论证保留 7 项中介服务事项。全面清理涉及群众企业办事创业各类证明，调整取消各类证明 12 项。

在治理能力提升方面，大力推进政务信息公开。具体而言：一是完善制度机制，加强各个环节公开；二是持续推进义务教育入学、中高考考试招生、财政资金、高校教育教学改革、疏解整治促提升等领域政务公开，打造"阳光教育"；三是回应社会关切，对重大决策和民众关注度高的事项，通过召开新闻发布会、利用"两微一端"平台发布解读文件等方式，及时深入进行公开解读；四是制定教育资源分布地图，将公办中小学校名称、地址、办学规模、特色和联系方式等信息以电子地图的方式可视化呈现；五是完善公共服务事项流程，编制行政审批事项目录，规范审批事项名称、内容、标准、时限、流程、格式等，制作审批文件格式及流程图，同时积极推进公共服务事项进驻市政务服务中心行政审批大厅（教委14项公共服务事项已全部进驻行政审批大厅）；六是加强信息工作策划和报送。

2. 办学体制

办学体制方面的进展主要体现在中小学发展支持机制方面，即高校、科研机构、民办教育机构等参与合作办学，促进学校优质发展。具体来说，26所在京高校对口支援56所附中附小，惠及6000多名教师和80000多名学生；32所高校和高水平艺术团体参与支持164所小学体育美育特色发展，使30万名学生从中受益；全市共有21个教科院部门支持41所学校的发展，市区两级教科院部门共有360多名优秀教研员完成专题培训和学科课程指导17000多课时。❶

3. 督导制度

教育督导改革是教育领域综合改革的重要内容，是教育治理体系和治理能力建设的关键所在。2016年年初，北京市政府办公厅印发《关于深化教育督导改革的实施意见》，明确了北京教育督导改革的思路、目标、主要任务和保障措施。各项改革任务和措施得到深入落实，取得一系列丰硕成果。

在教育督导体制机制方面，切实加强教育督导机制编制与职能建设，建立与教育督导委员会成员及市政府相关委办局畅通协调的运行机制，建立第三方教育评估监测机制和社会力量参与监督机制，建立教育督导协作交流机制，建立健全教育督导结果使用机制。以第三方评估监测机制为例，2017年公开发布了49个委托项目，通过政府购买服务的方式引入第三方监测评估；在督导结果使用方面，2017年年初，市政府公开发布了上一年度13个教育督导和评估监测结果，接受社会公众监督。

在教育督导体系方面，建立了三位一体职能体系、工作体系、政策标准体系、支持保障体系。具体来说，建立了覆盖各级各类教育的督导评估与治理监测体系。建立起以有效履行教育督导职能为核心，教育督导和教育行政有机协

---

❶ 本刊编辑部. 供给侧结构性改革［J］. 北京教育：普教版，2018（1）：8-9.

调，教育督导统筹归口管理，第三方教育评估监测有效实施，市区校三级分层负责、运转顺畅的工作体系。研制构建了涵盖政策、规划、制度、标准、工具与规程等具体内容的政策标准体系。建立健全数据库建设数据体系、人力保障体系、经费和条件保障体系。

在教育督导模式方面，坚持以经常性督导为基础，以专项督导为重点，以教育治理监测数据为依据，立足学校内部督导，市区两级教育督导部门统筹组织实施三至五年为周期的综合督导，综合评估评价市域、区域教育发展水平和学校办学水平与质量，形成综合督导、专项督导、经常性督导、学校内部督导互相配合、有机统一，结果互为印证，科学高效的教育督导模式。具体来说，综合督导，2017年针对名校办分校、集团化办学等办学模式改革情况开展综合督政；经常性督导，深入推进北京市和国家级中小学校责任督学挂牌督导创新区争创工作。朝阳、顺义、大兴、怀柔四个区被认定为首批全国中小学责任督学挂牌督导创新区；东城、西城、石景山、门头沟、通州、昌平六区被认定为市级创新区并接受了国家级核查；到2017年年底，16个区全部达到国家创新区标准。❶

教育督导队伍建设方面，加强高素质教育督导行政管理队伍、高度专业化督学队伍、高水平专家机构与队伍建设，同时，积极培育专业化社会支持机构，强化广泛多元的社会监督力量。

4. 招生考试制度

在小升初方面，取消"推优"，压缩特长生比例。进一步规范特长生入学，区级层面特长生招生比例少于4%❷，进一步降低特长生招生的功利性。

在高中招生方面，通过"市级统筹""名额分配""校额到校""乡村计划"等多种方式，精准配置优质高中计划。就"名额分配"而言，2017年中考名额分配批次计划占优质高中招生计划比例不低于50%；就"校额到校"来说，保证每一所公办初中学生升入优质高中的机会不低于35%；❸就"乡村计划"来说，中考招生进一步向远郊区乡村学校倾斜，规定边远山区的乡村学校中考成绩超过530分的学生和50%的中考成绩在500—529分的学生均有机会进入优质高中。❹同时，还将加大市级统筹首次纳入义务教育入学意见，从市级层面加大统筹力度，以促进区域内和区域间的均衡。

---

❶ 唐立军. 北京教育督导改革发展的创新探索与实施 [J]. 北京教育：普教版，2018 (1)：71-74.

❷❸ 本刊编辑部. 供给侧结构性改革 [J]. 北京教育：普教版，2018 (1)：11, 8-9.

❹ 本刊编辑部. 城乡一体化 [J]. 北京教育：普教版，2018 (1)：12.

在高考改革方面，作为第二批高考改革综合改革试点省市之一，北京市于2017年秋季进入高考综合改革实施阶段。2017年7月5日，北京市教委印发《北京市普通高中学业水平考试实施办法（试行）》和《北京市普通高中学生综合素质评价实施办法（试行）》，对普通高中学业水平考试和普通高中学生综合素质评价做出具体规定。普通高中学业水平考试分为合格性考试和等级性考试。其中，合格性考试覆盖普通高中课程方案所设定的13门科目，等级性考试包括思想政治、历史、地理、物理、化学、生物6门科目。考生根据报考高校的要求和自身特长从6门等级性考试中自主选择3门科目考试。合格性考试成绩以"合格/不合格"呈现，成为达到合格水平普通高中毕业的必要条件和高中同等学历认定的主要依据。等级性考试以等级呈现，成绩当年有效，计入高考总成绩的方式另行制定。普通高中学生综合素质评价内容包括学生的思想品德、学业成就、身心健康、艺术素养和社会实践五方面。上述两个文件是北京市高考综合改革的重要配套文件，改变了过去"一考定终身"的历史。

5. 人事制度

2017年北京市教育供给端启动实施了一系列人事制度改革，全面提升教师队伍综合素质，主要体现在以下几个方面：坚持加强师德师风建设，全面提升干部教师的思想道德素质，建设高素质专业化的教师队伍；通过实施名师名校长工程，搭建优秀干部教师成长的助力平台；通过开展开放型教学实践活动，探索教师培训新模式；办好师范教育，加大幼儿园、中小学师资培养力度；全面开展中小学教师职称改革，全市中小学、幼儿园教师都可以参评正高级职称，打通了教师职业发展通道；建立中小学教师绩效奖励激励机制，重点向承担教育教学改革发展任务重、为促进义务教育均衡发展做出突出成绩的一线教师、骨干教师倾斜，充分调动教师的工作积极性，切实增加教师的获得感；促进区域内师资力量均衡配置，推动义务教育校长、教师在区域间、城乡间、校际合理有序流动。❶

在教师队伍建设方面，为拓展乡村教师补充渠道，制定实施《北京市乡村教师特岗计划（2016—2020年）》，每年为乡村中小学招聘300名紧缺学科教师，解决乡村学校结构性短缺问题。实施"乡村教师素质提升计划""农村中小学教师研修工作站"和京郊教师"绿色耕耘"等项目，支持乡村教师赴城区优质校跟岗脱产培训。

在教师地位待遇方面，通过实施乡村教师岗位补贴和优秀教师荣誉评比，

---

❶ 本刊编辑部. 教师队伍建设 [J]. 北京教育：普教版, 2018 (1): 21.

从物质和精神两个方面激励教师（见表14）。

表14　教师地位待遇情况

荣　誉	人　数（人）
乡村教师岗位补贴	>3.3万
北京市特级教师	222
北京市优秀教师	625
北京市优秀教育工作者	75
"紫金杯"优秀班主任	400
北京市人民教师奖	9
正高级教师	71

在人事管理制度方面，标志性的改革是中小学教师职称改革。此次改革健全了职称层级，打通了教师职业发展通道。同时，本次改革还将民办教师纳入评审范围，打破了体制机制壁垒。在职称名额分配方面，提高乡村学校教师名额分配比例，职称评聘和骨干教师评选向乡村学校倾斜。对乡村教师中的高级职称给出了明确的比例，规定乡村小学副高职称比例不低于10%，高中级职称不低于75%；乡村中学副高职称比例不低于35%，高、中级职称合计不低于80%。本次改革对于完善教师评价机制，提升教师队伍素质，提高中小学教师地位，推进教育改革发展，对于激励广大教师积极投身教书育人，吸引和稳定优秀人才从教、终身从教具有重大意义。

（二）教育治理保障监测结果分析

1. 党的领导

在党的领导方面，以学习宣传贯彻党的十九大精神为主线，提前制定工作方案，逢会必讲、遇事必抓，营造喜迎十九大的浓厚氛围。主要从以下几个方面开展具体活动：一是组织45万名师生干部参观"砥砺奋进的五年"大型成就展，组织高校"两微一端"新媒体矩阵开展"喜迎十九大"主题宣传；二是分批次、分层级开展全覆盖学习培训，并组建开展各类宣讲活动；三是组织开设"习近平总书记重要思想概论"公选课，下发多种多类教辅材料；四是完善"市级示范、校际协同、学校推进"三级课程建设体系；五是深入推进首都教育需要重点解决的18个方面重点问题调研，组织两委一室领导班子集体务虚，做好全市教育大会相关筹备，研究制定《学前教育第三期行动计划》

《关于促进北京高等教育改革发展的若干意见》等文件,推动党的十九大精神在教育系统形成生动实践。

在党风廉政建设方面,全面深入推进党风廉政建设工作。具体来说:一是高度重视履行党风廉政建设主体责任,明确具体任务;二是完善党风廉政建设主体责任领导小组工作机制,强化责任分工,推动主体责任细化;三是落实"三重一大"制度,确保重大问题充分酝酿、集体决策;四是切实提高党内政治生活质量和效果,引领导干部党员营造良好的政治生态;五是编发15期《专题学习摘编》,开展党风廉政建设专题学习月,开展"三会一课"落实情况督导检查;六是持续深入推进作风建设,实现"三公经费零增长",注重节日节点通知提醒,明察暗访;七是继续做好教育乱收费问题专项治理;八是加强换届风气和干部选任监督检查;九是强化党内监督,坚持领导干部全程记实、述责述廉、个人有关事项报告、经济责任审计等制度,从严清理规范领导干部廉职。

在推动巡视工作整改落实方面,对中央和市委巡视发现的问题进行分析,梳理出重点问题并提出具体的整改措施。一方面,针对中央巡视组"回头看"指出高校党建"被边缘化"问题,提出10条具体措施,出台相关文件并开展入校检查;另一方面,针对市委巡视两委一室的整改意见,成立领导小组,梳理31个主要问题,细化为102项具体整改任务。❶

2. 依法治教

在依法治教方面,大力推进教育行政执法,2017年行政检查量突破2700件,行政处罚26件。组织完成市教育系统行政处罚、行政复议案卷评查工作,抽查案卷优秀率达到100%。认真做好规范性文件合法性审查及备案工作,文件合法性审查20余项、备案12项。按要求对市政府规章进行清理,市教委共保留3项政府规章。完成市教委1980—2016年以政府名义发布文件的清理工作,共清理文件145件,其中有38件失效。完成市教委2016年年底前制定的行政规范性文件清理工作,共清理文件354项,其中废止81项。发挥法律顾问专业优势和决策咨询作用,审查民事合同、法律文书68件,提出建议140余条。切实维护师生合法权益,加大对高校、区教委管理工作中不当行为的纠正力度。2017年办理申诉复议案件17件、诉讼案件11件。❷加强申诉案件办理后学校落实工作的指导监督,开展相关法律事务的服务咨询,维护各方合法权益和教育系统和谐稳定。

---

❶❷ 北京市教委. 北京市教育委员会关于2017年度绩效管理工作自查报告 [EB/OL]. http://www.bjedu.gov.cn/xxgk/ywdt/zdly/201801/t20180109_35818.html.

3. 教育投入

在经费投入方面，向偏远地区倾斜，优化教育支出结构。将乡村教师培训纳入基本公共服务体系，按照高于普通教师20%的标准上浮培训经费。

在经费管理方面，展开预算管理、绩效管理、财政绩效评价、专项审计方面工作。一是推进编制三年滚动预算，加强预算执行管理，印发关于编制2018年市级部门预算的通知，要求各单位结合自身"十三五"规划，具有一次性规划方案、一次性评审、一次性招投标、资金分年度支出的项目必须编制三年滚动预算。二是加强绩效管理，提高经费使用效益，对2016年预算全年执行、2017年预算半年度执行进行绩效跟踪。三是积极配合市财政局对初中开放性科学实践活动、高精尖创新中心建设等5个项目开展财政绩效评价。四是配合市审计局对市教委开展的年度部门预算执行和决算草案审计、科研政策落实跟踪审计、中小学教育改革政策执行情况专项审计调查等，针对审计和检查查出的问题，积极落实整改。

4. 教育布局

教育布局方面，主要体现在非首都功能的疏解。具体而言，有序推进北京城市学院、北京工商大学、北京建筑大学、北京电影学院、北京信息科技大学等高校新校区建设。加快推进沙河、良乡高教园区规划建设，实现北京城市学院、北京中医药大学、中国矿业大学（北京）等高校向外疏解学生近1.4万人。另外，在培训机构压缩方面，按计划压缩培训机构31个，减少培训人数18825人，完成年度预期任务。

5. 互联网+教育

在互联网+教育方面，联系对接中科院、社科院、艺术研究院，研制发布2017年"实培计划"项目指南，深入推进科教结合、产学融合、校企合作，完善协同育人机制，实现优质教育资源开放共享。完善"实培计划"管理机制，建立"实培"项目信息管理平台。该平台可实现"实培计划"项目申报及全过程管理，将极大提升实培项目的信息化水平。

四、结论与建议

（一）总体研判

2017年，首都教育治理立足于供给侧结构性改革，继续深化教育领域综合改革，从管理体制、办学体制、督导制度、招生考试制度、人事制度等方面完善了首都教育治理体系，在党的领导、依法治教、教育投入、教育布局和互联网+教育等方面都提升了首都教育治理能力，为推进首都教育现代化和办人民满意的教育提供了制度保障。简言之，首都教育治理在二级指标上均有所推进，同时也存在一些亟待完善的地方。主要表现在：在管理制度方面，清单管理制度建设尚需完善；在办学体制方面，学校办学自主权还有待进一步落实，学校内部治理机构有待优化；在教育督导方面，教育督导保障有待提升，特别需要开展教育督导工具研制和加强教育督导理论研究工作；招生考试制度方面，中高考改革方案的配套制度尚需健全；人事制度方面，教师地位待遇有待提升；在党的领导方面，思想理论建设和基层党组织建设有待加强；依法治教方面，基地建设需要加强；教育投入方面，经费向薄弱区域和学校倾斜的政策需要延续；教育布局方面，加强城市副中心的优质教育资源的建设，继续推进市属高校新校区建设，推进沙河和良乡高教园区建设；教育信息化方面，亟须建立首都教育信息公共服务平台和教育大数据体系，数字化的教学资源还需培育。

需要注意的是，有些指标没有进展，并不代表政府在这方面没有努力，很可能是因为缺少上位支持或条件尚不具备。比如，地方立法工作，需要在上级立法工作的基础上制订地方性法规，在上级立法工作尚未有进展的情况下无法开展。

（二）思考与建议

1. 改进指标体系的建议

通过对2016—2017年度教育治理进展的监测发现，教育治理监测指标体系存在一些不足。其一，指标选取的准确性有待改进，指标选取的全面性和遗漏性并存。为了全面准确地监测规划中提出的教育治理的进展情况，在指标体系的设计中尽量把每句话都设计成相应的指标，以免造成遗漏。但是，治理的监测大多是定性的，指标选取时主要提炼可量化或可考核的定性指标，难免遗漏对于教育治理比较重要但较难测量的指标。其二，监测结果的准确性有待提高。鉴于教育治理是相对较难量化的部分，监测结果大多从定性层面描述，无法充分直观地反映教育治理的进展情况。其三，结果分析的年度性有待整合。本研究的结果分析是对2017年的教育治理监测，无法充分反映该年度之前的进展基础，更无法充分反映"十三五"时期教育治理的整体进展。比如，学校章程建设等指标在本年进展情况中没有涉及，并不代表这一指标没有完成，可能是该指标在本年度之前已经完成，即章程都已颁布。从理论上来看，年度报告不仅仅监测该年度的进展情况,而是监测到本年度结束时的整体进展情况。但是由于教育治理指标大多是定性描述的,而定性描述的来源主要是当年的新闻媒体报道、年度工作总结等过程性材料,未涉及往年完成的情况,这也是本研究的不足之一。

为此,需要建立指标体系的动态调整机制。具体来说,在框架结构上,进一步梳理教育治理的内涵,从教育治理的基本特征或内容出发构建指标体系。在指标选择上,进一步合并相似指标。比如,关于招生的指标在市级统筹和招生考试制度中均有涉及;又如,党的领导的指标相对较多,与其他二级指标相比不太均衡,建议进一步精简。在指标数量上,进一步精简指标,选取具有代表性的、能体现教育治理特征的指标,不求面面俱到,只求能从整体上反映教育治理进展情况。

2. 提升教育治理的建议

在治理体系方面,加强统筹机制建设,进一步完善议事制度、多方联动机制和会议制度,充分发挥两委一室参与的议事协调机构;研制出台《深化首都教育体制机制改革的实施方案》《首都教育现代化2035》;进一步完善义务教育入学规则,巩固义务教育就近入学成果;进一步加大市级统筹优质高中招生计划精准分配力度,确保一般公办初中升入优质高中机会达到40%;在城市发展新区和生态涵养区启动新建若干所示范性学校;持续实施第二阶段扩优改革,加大对郊区优质教育资源改革的专家指导和支持力度,优先支持农村学校办学质量提升,推进城乡义务教育一体化;做好课程教学与中高考改革衔接工作,如制定落实进一步推进高中阶段学校考试招生制度改革的实施意见,开展自主招生、集团直升等试点评估,研究制定高考综合改革有关配套政策。[1]

在治理保障方面,提升基层党建工作质量,切实维护教育系统安全稳定;扎实推进中小学校和民办学校党的建设,研究制度《北京市中小学党建工作基本标准》;出台加强学前教育管理的若干意见,加强监管,强化举办者主体责任,落实政府部门监管责任,引导家长参与管理;在教育布局上,继续推进北京城市学院、北京建筑大学、北京工商大学、北京电影学院和北京信息科技大学等高校新校区建设,启动北京联合大学新校区选址工作。

---

[1] 郑祖伟. 北京公布2018年教育"任务单"[N]. 现代教育报, 2018-01-24.

比较与借鉴

北京七区县"十三五"时期
教育规划纲要的文本诠释分析

李 璐[*]

摘 要：本研究以北京市及七区县的"十三五"时期教育规划文本为研究对象，从文本诠释理论中的权威价值分配维度入手，运用 NLPIR 大数据搜索与挖掘共享平台对所有文本资料进行词频、关键词和情感色彩的统计分析，分别梳理各区县"十三五"教育规划文本的价值在教育主体、教育供给和教育治理中的配置。

关键词："十三五"教育规划；文本诠释；互联性

一般来说，教育规划是一个国家或地区根据教育发展和进步的需要，基于对当前教育事业的分析和未来形势的预判，对一定时期教育发展目标、原则、任务、方法和路径的系统性阐述，用以指导教育改革和发展，为教育事业的发展提供明确的方向，对各级各类教育部门、教育机构的教育治理和人才培养具有重要的指导性意义。❶ "十三五"时期是首都实现教育现代化的决胜阶段。《北京市国民经济和社会发展第十三个五年规划纲要》中特别强调了教育优先发展的战略，要求在"十三五"时期，构建起公平、优质、创新、开放的现代教育体系，为所有人提供适宜的教育。结合《国家教育事业发展第十三个五年规划》和《北京市国民经济和社会发展第十三个五年规划纲要》精神，北京市于 2016 年 9 月发布《北京市"十三五"时期教育改革和发展规划（2016—2020 年）》。此后，海淀、丰台、石景山、朝阳、西城、大兴和门头沟七个区县（以下简称七区县）相继制定了区县"十三五"教育改革和发展

---

[*] 李璐，北京教育科学研究院教育发展研究中心。
❶ 汤贞敏. 我国教育规划的基本特性及"十三五"教育规划的制订 [J]. 中国教育学刊，2016 (3)：1-5.

规划。

　　教育规划文本作为教育政策的一种表现形式，一种"准公共产品的提供方案"，具有前瞻性、政治性、系统性、公共性和价值选择性的属性。❶ 研究教育规划文本，能够更好地理解政策制定者对教育发展现状、趋势、外部环境的判断，理解教育与政治、经济、社会发展关系的政策界定，理解各级各类教育发展改革的价值追求和策略设计，理解政策制定者对多元利益诉求的正式回应。因此，本研究以文本诠释理论和文献研究法对北京市及七个区县"十三五"时期教育改革与发展规划（以下简称北京区县"十三五"教育规划）进行文本诠释研究，❷ 将政策文本对于教育现实的经验性描述、诊断与存在世界进行厘清、比对和评鉴，探究教育政策文本对教育现实指谓的真确性。

一、文献综述

　　鉴于研究对象的特定性和研究时点的临近性，北京区县"十三五"教育规划研究并没有既成学术文献可供参考，但若将其作为教育政策学中一项教育政策文本研究，学界已经积累了相应的基础。一些学者对教育政策研究知识图谱和教育政策文本的内涵进行了梳理。比如，祁占勇等统计分析了1985—2015年中国教育政策学研究热点的知识图谱，发现了两大研究主线和六大研究领域，认为教育政策文本研究处于本土化和教育研究过程这两个维度共同构成的研究象限之中。❸ 刘复兴将教育政策文本及其总和看作教育政策的现象形态，体现在元政策文本、国家总体教育政策文本总和、某领域政策文本集合及单项政策文本四个层次。❹

　　诸多国内学者提供了很好的教育政策文本研究的范本。比如，朱春奎和涂端午均从实体价值和符号价值两个方面入手，分别对《国家中长期教育改革和发展规划纲要（2010—2020年）》和高等教育政策进行了价值结构分析。❺ 叶杰、包国宪基于1987—2013年的教育部"工作要点"，探究了我国教育政

---

❶ 林小英. 理解教育政策：现象、问题和价值 [J]. 北京大学教育评论, 2007 (4): 1-2.
❷ 曾荣光. 教育政策研究：议论批判的视域 [J]. 北京大学教育评论, 2007 (4): 2-30.
❸ 祁占勇, 陈鹏, 张旸. 中国教育政策学研究热点的知识图谱 [J]. 教育研究, 2016 (8): 47-56.
❹ 刘复兴. 教育政策的四重视角 [J]. 清华大学教育研究, 2002 (4): 13-19.
❺ 朱春奎, 刘宁雯, 吴义欢.《国家中长期教育改革和发展规划纲要（2010—2020年）》的价值结构分析 [J]. 复旦教育论坛, 2011 (5): 6-6. 涂端午. 高等教育政策的价值结构——基于政策文本的实证分析 [J]. 清华大学教育研究, 2010 (5): 6-13.

策管理、政治和法律价值。❶ 曲洁和扶松茂均运用自愿性、强制性与混合型政策工具，分别讨论了义务教育和民族教育中的政策工具问题。❷ 李文平通过分析1987—2016年《教育部工作要点》研究了我国政策话语对高等教育质量的关注及演变。❸ 廖湘阳、王战军阐释了改革开放以来我国研究生教育政策四个时期的不同发展特点。❹ 田景正、周芳芳基于对12个省市学前教育三年行动计划文本的分析，探讨了地方学前教育基础和发展定位。❺ 杨润勇以各省市"中长期教育改革与发展纲要"为研究对象，对地方特殊教育发展进行了政策文本分析。❻ 林小英以民办高校学历文凭考试相关政策为例讨论了教育政策文本的模糊性和策略性。❼ 滕珺、李敏谊运用N-Vivo工具研究了联合国教科文组织职业技术教育政策的话语演变。❽ 以上研究的内容包括价值研究、政策工具、话语演变、政策关注点、阶段性特征等方面，分析框架根据研究问题和对象的不同有所差异，既有对国家整体教育政策的分析，也有对学前教育、基础教育、高等教育、民办教育、特殊教育、民族教育等各级各类教育的政策文本探究；既有对不同时期政策文本演变的讨论，也有对同一时期不同层面教育政策的文本研究。文本研究方法方面，呈现多样化特征，有定性的编码归类分析、定量的文献计量分析法以及综合分析方法等。

近年来，政策文本研究正在经历研究旨趣的转向。曾荣光和涂端午分别撰文分析了教育政策研究视域和教育政策文本研究旨趣的演变，这种转向源于不同理论视域对教育政策和政策文本本体性质的不同理解。曾荣光将教育政策文

---

❶ 叶杰，包国宪. 我国教育政策的管理、政治和法律价值——基于1987—2013年教育部"工作要点"的文本分析 [J]. 复旦教育论坛，2015（2）：2.

❷ 曲洁. 义务教育改革与发展的政策工具研究 [J]. 复旦教育论坛，2011（5）：9-13. 扶松茂. 我国民族教育的政策工具发展研究 [J]. 复旦教育论坛，2011（5）：14-17.

❸ 李文平. 我国政策话语对高等教育质量的关注及演变——基于1987—2016年《教育部工作要点》的文本分析 [J]. 教育发展研究，2016（11）：21-29.

❹ 廖湘阳，王战军. 改革开放以来我国研究生教育政策的文本分析 [J]. 高等教育研究，2004（6）：36-43.

❺ 田景正，周芳芳. 我国地方学前教育的现有基础与发展定位——基于对12个省市学前教育三年行动计划文本的分析 [J]. 学前教育研究，2012（8）：32-37.

❻ 杨润勇. 关于地方特殊教育发展的政策文本分析——以各省市《中长期教育改革与发展纲要》为例 [J]. 中国特殊教育，2011（8）：3-7.

❼ 林小英. 教育政策文本的模糊性和策略性解读——以民办高校学历文凭考试相关政策为例 [J]. 教育发展研究，2010（2）：23-29.

❽ 滕珺，李敏谊. 联合国教科文组织职业技术教育政策的话语演变——基于NVivo的文本分析 [J]. 教育研究，2013（1）：139-147.

本研究的理论视域演化总结为从"经验—技术"(empirical-technical)视域到阐释理论(interpretive theory)和议论批判视域(discursive-critical perspective)。经验—技术视域将政策看作客观存在的"事实",政策研究强调分析性因果关系的证明;阐释理论将政策看作人类社会对政策现象所做的意义阐释及建构,或是国家权威性的价值分配的陈述"文本",政策研究强调政策价值、意义、感受或信念以及意义渗透和阅读过程;议论批判视域将政策看作"议论"(discourse),即全部有效陈述的统合体,政策研究强调"文本"和"议论"两个分析维度的互相蕴含,政策演研究既包含文本内在意义的诠释学(hermeneutics)研究、文本质感(textuality)和互联性(intertextuality)研究,也包括议论层面具体场域背景下的诠释学研究。❶ 涂端午进一步聚焦讨论教育政策文本分析中三种不同方法——文本分析、内容分析、话语分析。前两者具有文本内部分析的特性,而话语分析突出对话语对政策主体、客体、情境的影响和权力及利益冲突在话语中的反映,基于文本又高于文本,挖掘微观文本分析背后历史情境脉络下文本的深层结构,揭示政策的价值分配及其斗争过程。❷ 由此可见,议论批判视域和话语分析有异曲同工之妙,均跳出内部文本分析的界限,侧重将内部文本分析与外部其他关联文本或场域、情境相结合,反映深层次的价值配置和利益博弈结构,批判地议论政策文本与指谓意义、作者意图、阅读行动和生活世界(life-world)的分隔。

文本诠释研究基本属于社会科学研究中的"诠释学"范畴,即说明文本(text)阐释的法则,❸包括政策文本的统一性意义,价值的权威性分配,文本的作者是谁,政策的意图,文本撰写时的社会、政治、文化脉络,读者是谁,读者如何解读政策和政策文本指谓世界与现实世界的分隔等内容。其中,价值分配是政策文本对于利益群体间博弈结果的文本呈现,会直接影响政策内容的走向,因此政策文本分析最根本和关键的是需要明确政策文本的权威价值分配。

权威价值分配或曰价值分配的分析视角来自戴维·伊斯顿权威的价值分配理论,他提示我们思考哪些价值可以进入政治决策的公共视域,取决于持有特定价值的群体的政治存在及影响力,因此政策往往会体现出多种价值取

---

❶❸ 曾荣光. 教育政策研究:议论批判的视域 [J]. 北京大学教育评论, 2007 (4):2-30.
❷ 涂端午. 教育政策文本分析及其应用 [J]. 复旦教育论坛, 2009 (5):22-27.

向，其中又分主导性价值和次要价值。❶ 除了群体持有价值的"输入"之外，意识形态对权威价值的分配也有重要的影响，因为其作为由不同利益主体构成的政治共同体运行的合法性基础，会在权威价值的分配过程中，发挥一定的中和作用。涂端午在《高等教育政策的价值结构——基于政策文本的实证分析》中将政策价值分为实体价值（包括经济价值、知识价值、权力价值、技术价值和福利价值）和符号价值（比如意识形态）。符号价值决定了实体价值在政策中实现的范围和程度，也影响实体价值的配置和话语表述方式。❷ 叶杰、包国宪将教育政策的价值分为管理价值、政治价值和法律价值。管理价值是我国教育行政的主导价值，但政治和法律价值的地位日趋重要，总结出教育部行政活动必须遵从执政党的意志，不断体现弱势群体利益，客观上维护教育部的部门利益等教育部行政活动的基本逻辑。❸ 也就是说，党、教育行政部门、群体的意识形态会影响政策文本呈现出来的政治价值、管理价值和法律价值。一般情况下，权威价值的分配体现在规划文本中的"指导思想"部分。

结合曾荣光和涂端午提出的教育政策文本研究旨趣转向，回顾现阶段的教育政策文本研究，可以发现，已有文献的研究视域多数落在文本分析和内容分析的层面，极少以定量研究方法分析价值配置，研究理论深度不足，理论与方法的契合度也有待提高。

二、研究设计

（一）分析思路

基于文献综述，本研究选择以曾荣光归纳的议论批判视域为分析视角，结合涂端午和叶杰等学者的研究思路，选取文本诠释的价值分配维度对北京市及七区县的"十三五"教育规划进行文本诠释的价值分配分析。首先，以北京市及七区县的"十三五"教育规划文本为研究对象，将目标文本调

---

❶ 徐银花．戴维·伊斯顿权威的价值分配理论存在背景及其内核 [J]．知识经济，2013（2）：26-27．

❷ 涂端午．高等教育政策的价值结构——基于政策文本的实证分析 [J]．清华大学教育研究，2010（5）：6-13．

❸ 叶杰，包国宪．我国教育政策的管理、政治和法律价值——基于1987—2013年教育部"工作要点"的文本分析 [J]．复旦教育论坛，2015（2）：2．

整为可以进行编码分析的文档格式,以区县为单位构建文本分析语料库;其次,以文本诠释视角的权威价值分配建立分析框架;再次,分别梳理各区县"十三五"教育规划文本的价值配置;最后,对所有文本资料进行词频、关键词和情感色彩的文本统计分析,深入解析价值配置的结构。综上所述,后文的分析内容包括两个部分:文本的价值配置分析;政策文本的数据统计分析。

(二)研究方法

本研究对象是北京市及7个区县的"十三五"教育规划文本,具体如表1所示。这7个区县涵盖了北京不同功能定位的区域:西城区属于核心功能区,朝阳区、海淀区、丰台区、石景山区为功能拓展区,大兴区为城市发展新区,门头沟为生态涵养发展区,后文的分析也将按照这样的顺序进行。国家层面的"十三五"规划和教育事业规划仅作为时间轴定位的参考,不做具体的文本分析。研究所采用的政策文本均是从相关部门的官方网站上获得的。

表1 文中涉及的政策文本及发布时间

政策文本	发布时间
中共中央关于制定国民经济和社会发展第十三个五年规划的建议	2015年10月29日
国务院关于印发国家教育事业发展"十三五"规划的通知(国发〔2017〕4号)	2017年1月10日
北京市"十三五"时期教育改革和发展规划(2016—2020年)	2016年9月
北京市朝阳区"十三五"时期教育发展规划	2016年10月13日
海淀区"十三五"时期教育改革和发展规划	2016年9月
西城区"十三五"时期教育事业发展规划	2016年11月
北京市丰台区"十三五"时期教育事业发展规划	2016年9月14日
北京市大兴区"十三五"时期教育改革和发展规划(2016—2020年)	2016年11月30日
北京市门头沟区"十三五"时期教育改革和发展规划	2017年1月5日
石景山区"十三五"时期教育事业发展规划	2016年10月9日

由于文本资料携带大量的语言信息,如何从浩如烟海的文字中抽取最核心、最有价值的信息纳入分析范围是文本分析中十分重要的问题。实际上,文

本中文字的分布、频率、结构等方面能够很好地反映文本的关键信息，而且近年来人们对于文本分析更加强调采用量化的数据分析技术来进行资料的抽取、编码和整合，以降低资料抽取过程主观化的程度。所以本研究选取文本数据分析方法，利用 NLPIR 大数据搜索与挖掘共享平台（以下简称 NLPIR）实现对文本的词频统计、关键词提取、情感分析等，再通过大数据分析与文本内容分析相结合，深入梳理资料背后的逻辑关系。

NLPIR 是一套专门针对原始文本集进行处理和加工的软件，它针对大数据文本内容处理的需要，融合了自然语言理解、网络搜索和文本挖掘的技术，提供了用于技术二次开发的基础工具集。NLPIR 网络搜索与挖掘共享开发平台在文本分析应用方面的主要功能有十余项。

三、政策文本的价值分配分析

1. 北京市"十三五"教育规划的价值分配

从指导思想的内容中，可以看到来自党和国家、市政府、市教育行政部门、学生和人民群众的多元价值取向或利益诉求交织在一起。有党的一系列重要会议和国家领导人十八大及十八届三中、四中、五中全会重要讲话精神的贯彻落实，包括"四个全面""五大发展理念"和"党的领导"三方面；有国家的价值倾向"京津冀协同发展"；有市政府"首都城市战略定位"和"建设国际一流的和谐宜居之都"的价值追求；有市教育部门"教育优先发展""立德树人""提高教育质量""全面推进首都教育事业科学发展"的价值理念；还有学生"健康成长""全面发展"以及人民群众"满意度""获得感"。由此可见，北京市"十三五"教育规划的价值分配主体主要是国家、地方政府、教育行政部门和受教育者，而中观层面的学校价值诉求没有体现在文本之中。

2. 西城区"十三五"教育规划的价值分配

在指导思想部分，西城区的价值分配涉及党的十八大及十八届三中、四中、五中重要会议精神，国家和市政府"中长期教育改革和发展规划纲要"以及"'十三五'规划纲要"；有教育行政部门的"立德树人，育人为本"理念、"深化教育综合改革"的战略、探索"西城模式"的思路、实现"西城区高水平教育现代化"的愿景，也有回应区县政府需求的教育服务区域经济社会"可持续发展"和回应人民教育需求的"促进人的全面发展的能力"。在这里，显见的主体有党、国家、地方政府和区县教育行政部门。区县政府和人民群众的教育诉求虽有所体现，但主体角色并不明显，更多的是基于教育部门对于教育社会化功能和人的发展的功能的一种陈述。

在工作原则部分，规划强调"优质均衡""创新驱动""统筹协调""绿色发展"，重点分配了人民群众教育需求和教育行政部门教育发展和改革的核心价值取向。其中"优质均衡"聚焦人民群众终身教育的优质均衡、公平和多样性教育需求，"绿色发展"强调学生的健康向上、以人为本、生命教育的价值追求，"创新驱动"和"统筹协调"表达了教育行政部门教育发展和改革的价值理念。

3. 朝阳区"十三五"教育规划的价值分配

朝阳区"十三五"教育规划的指导思想溯及从邓小平理论开始的党和国家的治国理念，包含十八大以来党和国家各项方针政策和习近平总书记讲话精神，主要有"依法治教""五大发展理念""社会主义核心价值观""率先全面建成小康社会""立德树人"，区政府"三区一率先"的发展追求❶，区县教育行政部门的"遵循教育规律""提升教育质量""先进教育理念""教育信息化"以及打造"优质朝阳教育品牌""全面提升教育发展水平"的发展诉求，教师群体的"高水平学术研究""高素质教师队伍"的诉求。其中，市政府、市教育行政部门和人民群众（如学生和家长）的教育诉求并没有明确体现。

基本原则部分，"优先发展""创新发展""优质均衡""开放合作"对应了区县政府、教育行政部门、学校、教师、学生和群众的教育诉求。"优先发展"是强调教育功能在各职能部门中的先导地位；"创新发展"是教育行政部门改革与发展教育的动力来源；"优质均衡"强调学校、校长、教师和学生的优质均衡；"开放合作"强调服务全民学习和多元化、终身教育需求。

4. 海淀区"十三五"教育规划的价值分配

海淀区"十三五"教育规划的指导思想涉及党的十八届三中、四中、五中全会和习近平总书记重要讲话精神，国家和北京市教育行政部门"中长期教育改革和发展规划纲要"，区政府"全国科技创新中心核心区建设"，区教育行政部门"人的全面发展""问题解决""深化改革""提升品质""依法治教"的管理价值和学生"成才"、教师"成长"、学校"发展"的

---

❶ 朝阳区已确定了"高水平建设国际商务中心区、文化创新实验区、和谐宜居模范区，率先全面建成小康社会"的发展目标。

价值取向。

基本原则部分，"以人为本""提高质量""统筹协调""改革创新""依法治教"分别反映了学生、教师和区县教育行政部门的价值取向。将以人为本和提高质量落到学生和教师层面去追求，统筹协调、改革创新和依法治教是海淀区教育行政部门的核心管理价值。

5. 丰台区"十三五"教育规划的价值分配

指导思想部分，丰台区纳入了党的十八大和十八届三中、四中、五中全会精神和"四个全面""五大发展理念"的治国方略，国家和北京市教育行政部门"中长期教育改革和发展规划"和"立德树人"理念，北京市政府"四个中心"首都城市发展定位和区域经济社会"可持续发展"，丰台区政府发展新常态，丰台区教育行政部门的"和谐教育生态""现代教育治理体系建设""优化教育布局结构""深化教育集群集团改革""提升教育质量"的管理价值诉求，学生"全面""个性化"成长和人民群众"满意"的目标。

基本原则方面，"优先发展""公平发展""创新发展""优质发展""和谐发展"对应教育行政部门、学生、学校、教师、家庭社会等教育主题的教育诉求。优先是政府对于教育重要性的重申，公平是对学生、学校教育均衡诉求的回应，创新是教育行政部门深化教育改革和发展的动力，优质强调学生、教师、学校不同层面的质量提升，和谐则是对学生、家庭、社会这些多元教育主体参与教育、协同治理的回应。

6. 石景山区"十三五"教育规划的价值分配

指导思想部分包含党的十八大和十八届三中、四中、五中全会精神和习近平总书记系列重要讲话精神及"四个全面""京津冀协同发展""五大发展理念""党建统领""立德树人"的战略思想，区域教育行政部门"提高教育质量""高端教育体系建设""促进公平""优化结构""深化改革""加强法治""教育现代化""更可持续发展"的管理价值。国家和北京市教育行政部门、市政府和人民的教育诉求和价值分配没有直接体现在文本之中，但通过高质量、公平等方面侧面反映出来。

工作方针的"优先发展""公平优质""立德树人""协调创新""高端绿色"则回应了国家大政方针、各级教育行政部门和人民群众的教育诉求，体现了五大发展理念和优质、公平、可持续的价值取向。

7. 大兴区"十三五"教育规划的价值分配

大兴区教育价值分配主要体现在指导思想部分。其中，党的十八大和十八届三中、四中、五中全会精神以及习近平总书记系列重要讲话精神和党的教育方针"立德树人""五大发展理念",教育的社会服务功能"为现代化建设服务""为人民服务"和社会化功能"培养具有社会责任感、创新精神和实践能力的社会主义合格建设者和可靠接班人"得到体现;教育行政部门"优化结构""促进公平""提高质量""强化保障""开放共享"的管理价值得以显现,学生"全面发展""更加公平""更高质量"的教育诉求和办好每一所学校的教育诉求得以回应。

8. 门头沟区"十三五"教育规划的价值分配

发展思路方面,门头沟区的"十三五"教育规划涵盖了党的十八大以来的会议精神和习近平总书记重要讲话精神、"五大发展理念""立德树人"的政治思想,区域政府"为区域经济社会发展提供人才支撑和智力支撑"的教育社会功能的价值取向,教育行政部门"优质均衡""集团化发展""内涵发展""综合改革""京西教育高地建设""教育现代化"的管理价值,民众"终身教育""终身学习""促进全区人民文明素质提高"的价值诉求。

四、政策文本数据统计

(一) 北京市"十三五"教育规划文本数据统计

1. 名词词频分析

由图1可以看出,北京市"十三五"教育规划的高频词汇主要有5种不同的类型。第一,教育主体。主体出现频率较高的是学校、高等学校和教师,由此可见,北京市"十三五"教育规划的关注主体涵盖了中观学校层面和微观教师层面。第二,教育供给及产出,涉及资源和人才。教育资源尤其是优质教育资源的供给和配置是"十三五"期间教育改革与发展的重要议题,人才的引进、培养、输出也是教育的重要功能。第三,教育治理。高频词中的体系、机制和制度都是教育治理的重要抓手。第四,学段教育。学校、高等学校和职业对应的是不同学段的文本内容,体现出北京教育分学段而治的特点。第五,地域特点。首都是北京教育发展的地域特点和区域环境。从词频来看,位列前三甲的依次是学校、资源和体系,分别代表了教育主体、教育供给和教育治理三个维度。

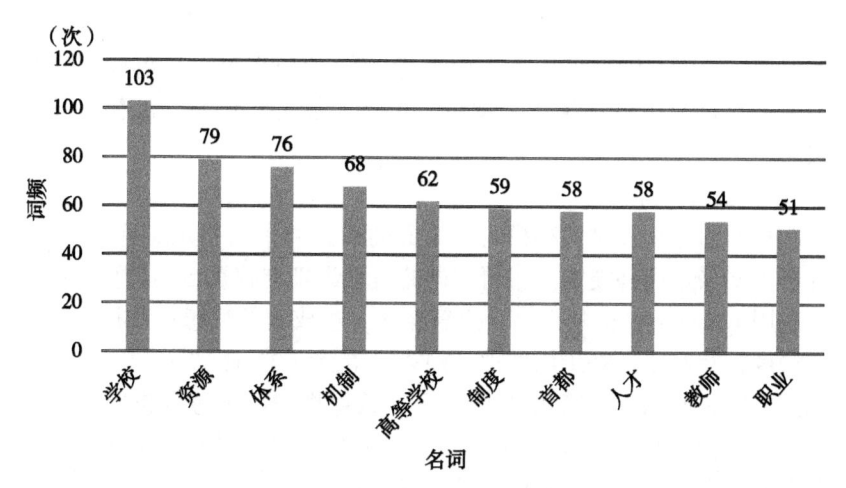

图1 北京市"十三五"教育发展与改革规划纲要文本名词词频统计

注：该词频统计的算法是完美双数组 TRIE 树的专利算法。NLPIR 的词频统计算法的效率较高，是常规算法的十倍以上。

2. 关键词提取

根据 NLPIR 的文字数据处理，抓取出的北京"十三五"教育规划的关键词如图2所示。从主体来看，人民群众、学生、学校、教师、干部这些核心主体赫然在列；从地域来看，中国梦、京津冀协同发展、首都三个不同层次的地域概念一并出现；从教育发展改革的具体内容来看，均衡发展、素质、课程、质量、育人、学习、能力、培训、职业、创业、机制、体系、科技、编制、项目、政策均纳入统筹范围；从教育发展改革的执行来看，规划、规范、建立、健全、扩大、提供、发展、改革、参与、推动、落实、保障、监督、责任、考

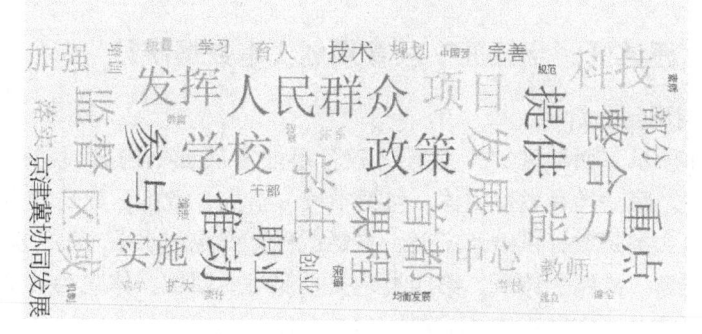

图2 北京市"十三五"教育规划关键词抽取

核涵盖教育发展改革的政策设计、教育供给、协同参与、督导、评估的入口、过程和出口。总的来看，最为醒目的几个关键词分别为人民群众、政策、学校、学生、首都、区域、课程、项目、科技、能力、参与、监督、发展、整合、重点。

3. 文本情感分析

NLPIR 情感分析提供两种模式：全文的情感判别与指定对象的情感判别。情感分析主要采用两种技术。①情感词的自动识别与权重自动计算，利用共现关系，采用 Bootstrapping 的策略，反复迭代，生成新的情感词及权重。②情感判别的深度神经网络：基于深度神经网络对情感词进行扩展计算，综合为最终的结果。如图 3 所示，北京市"十三五"教育规划的情感分析中 96.2% 是正向的，情绪分析中 91% 是好，7% 是乐，总体呈现出一种积极正向的表述风格和情感倾向。

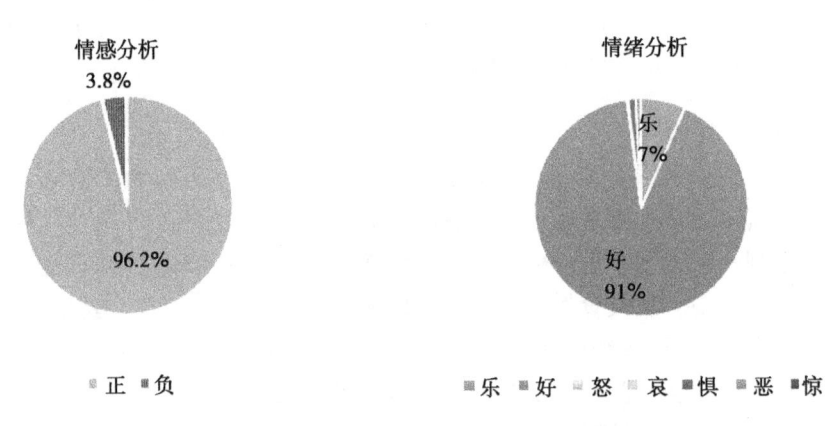

图 3 北京市"十三五"教育规划文本情感分析

（二）西城区"十三五"教育规划文本数据统计

1. 名词词频分析

如图 4 所示，西城区"十三五"教育事业发展规划的名词词频分析呈现出 4 种类型。第一类是教育主体，包括学校、学生、教师，都是较为微观的教育主体。第二类是教育供给及产出，主要是教育资源和水平。第三类是教育治理，包括规划、机制、体系。第四类是关联部门或领域，体现为社会和文化❶

---

❶ 文化也可以作为教育供给的资源或学校治理的维度。

两个高频词。从词频分析来看，教育主体和资源配置是西城区教育规划着墨较多的。前三位高频词全是教育主体，以学校出现频次最多，其次是学生，再次是教师。从教育主体、教育供给和教育治理三个维度看，西城区"十三五"教育规划首先侧重于教育主体；其次是教育供给，包括资源及供给方式，如资源和多元主体等；最后才是教育治理。

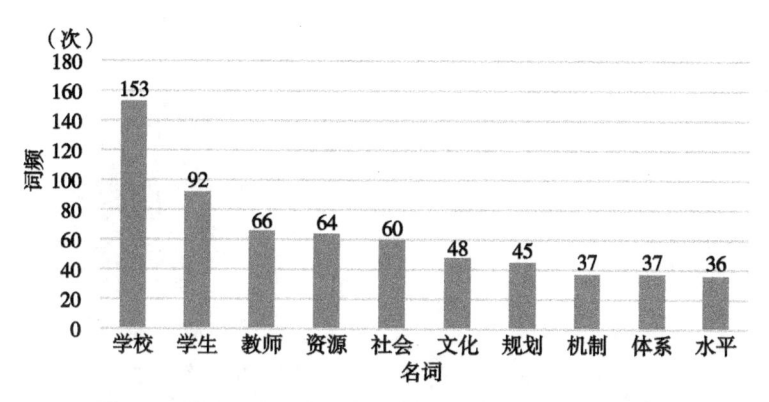

图4 西城区"十三五"教育事业发展规划名词词频统计

2. 关键词提取

从图5显示的结果来看，涉及教师、人才、队伍、社区、城市、社会等主体；教育发展和改革内容涉及目标、德育、教学、课程、育人、办学、义务教育、校外教育、民族精神、文化、职业教育、绩效、培训、基地等；教育治理的动作包含布局、建设、衔接、引领、促进、管理、规范、推动、实现、评价、评估、现代（化）、绿色、督导等。这其中不仅包括行政管理的逻辑，"衔接""引领""绿色"等词汇也体现出教育服务和协同、绿色发展的理念。

图5 西城区"十三五"教育事业发展规划关键词提取

3. 文本情感分析

从图6可见，西城区"十三五"教育规划的表述以正面情感为主，比例为96.81%；情绪分析方面92%是好，7%是乐，以积极向上的情绪表达语言为主体。

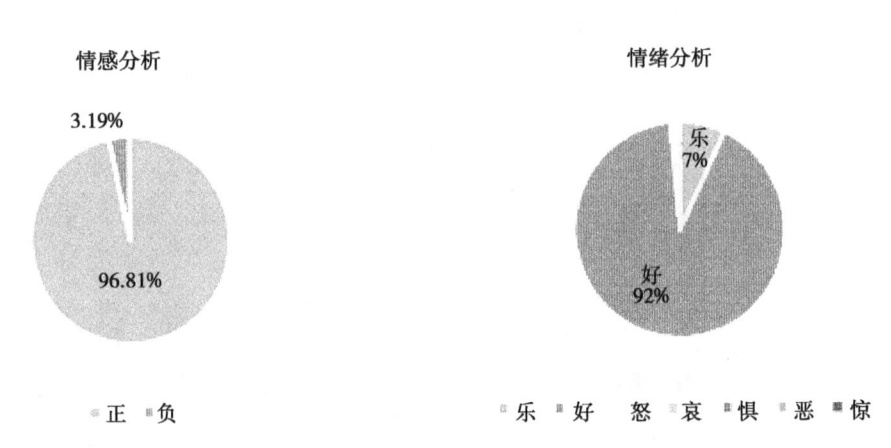

图6 西城区"十三五"教育事业发展规划情感分析

（三）朝阳区"十三五"教育规划文本数据统计

1. 名词词频统计

图7显示，朝阳区"十三五"教育发展规划的高频名词可分为4类：一是教育主体，包括学校、教师、学生；二是教育供给及产出，主要是资源、人才、能力；三是教育治理，涵盖机制、体系、规划；四是地域特点，即朝阳

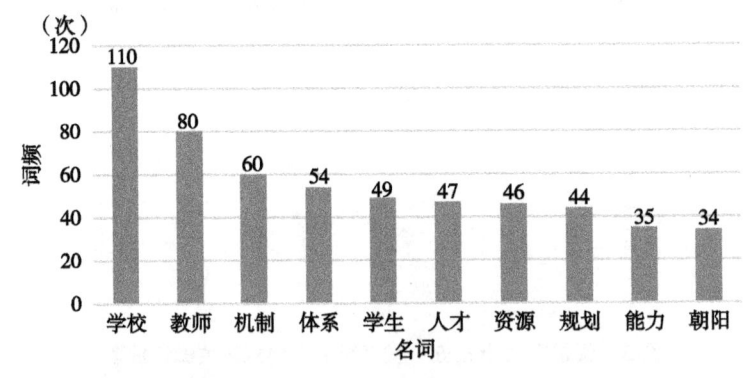

图7 朝阳区"十三五"教育发展规划名词词频统计

（区）。从词频分析来看，朝阳区教育规划在教育主体和教育治理体制机制建设方面着墨较多。首先是学校的出现频次最高，其次是教师，再次是机制和体系，最后是学生。朝阳区"十三五"教育规划在教育主体和教育治理方面的着墨要略多于教育供给。

2. 关键词提取

朝阳区"十三五"教育规划的关键词涉及的主体有学生、子女、教师、骨干、人才、机构、社会、区域；教育内容有目标、质量、学前教育、义务教育、区域教育、学习、研究、教学、指导、培养、文化、政策、职业、模式、活动、实践等；教育治理执行包括计划、自主、参与、提高、实现、开放、促进、优化、资源、投入、建设、融合、评估、内涵发展、整体、创新、保障、制度、体系等，体现出创新、开放、融合、内涵发展和整体发展的思路（见图8）。

图8 朝阳区"十三五"教育发展规划关键词提取

3. 文本情感分析

朝阳区"十三五"教育规划的情感分析中97.23%是正向的，情绪分析中91%是好，8%是乐，总体呈现出一种积极正向的表述风格和情感倾向（见图9）。

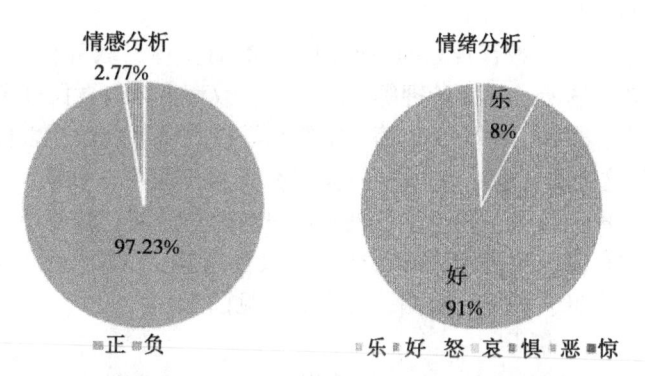

图9 朝阳区"十三五"教育发展规划文本情感分析

(四) 海淀区"十三五"教育规划文本数据统计

1. 名词词频分析

由图 10 可以看出，海淀区"十三五"教育规划的高频词汇主要有 4 种类型。其一，教育主体。主体出现频率由高到低排序依次是学校、教师和学生。其二，教育供给及产出，涉及资源、课程、人才和水平。其三，教育治理。高频词中的机制和体系都是教育治理的抓手。其四，地域特点。海淀教育规划势必要结合当地的地域特点和区域环境。从词频来看，教育主体和教育治理机制、水平和资源是海淀区教育规划中着墨较多的内容。学校出现频次最高，其次是教师，学生则排名最后。海淀区对教育主体和教育治理的着墨略多于教育供给。

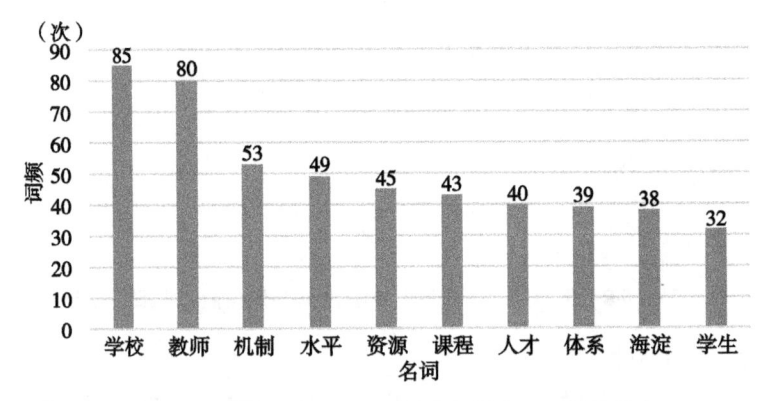

名词	词频（次）
学校	85
教师	80
机制	53
水平	49
资源	45
课程	43
人才	40
体系	39
海淀	38
学生	32

图 10 海淀区"十三五"教育规划名词词频统计

2. 关键词提取

海淀"十三五"教育规划的关键词涉及教育主体、教育目标、价值取向、教育内容、教育场所、教育治理等多种内容。教育主体包含民办学校、干部教师、教育集团、教师、中小学生等，主要在学校及以下层面；教育目标体现为"全国一流"这个关键词；价值取向体现在智慧、综合、创新、引领等方面；课程、义务教育、高中、终身学习是教育内容的关键词；教育场所的关键词有基地、校外教育等；教育治理涉及规划、教育需求、学位供给、资源、成长、管理、机制、项目、督导、监测、模式等（见图11）。

3. 文本情感分析

图 12 展示了海淀"十三五"教育规划文本的情感和情绪。整体而言，海淀区"十三五"教育规划的表述以正面情感为主，比例为 96%；情绪分析方

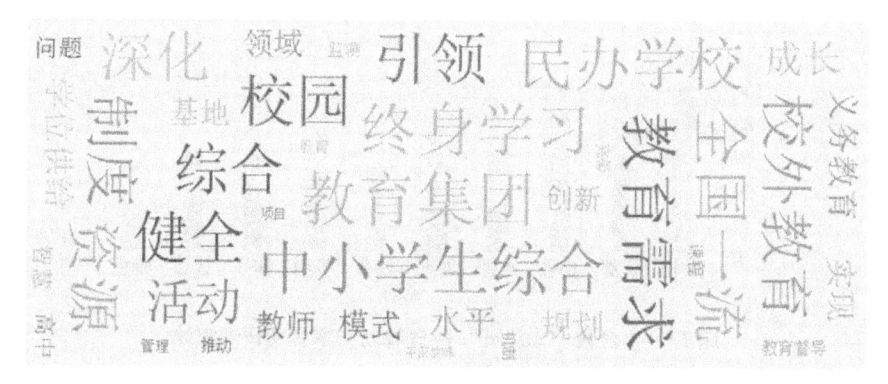

图 11 海淀区"十三五"教育规划关键词提取

面91%是好，7%是乐，以积极向上的情绪表达语言为主体。

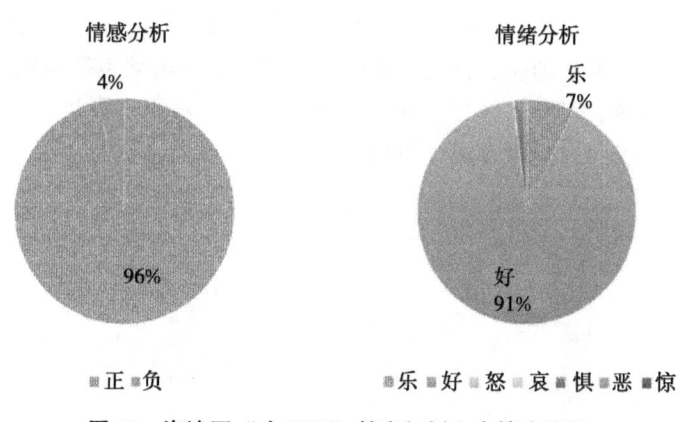

图 12 海淀区"十三五"教育规划文本情感分析

（五）丰台区"十三五"教育规划文本数据统计

1. 名词词频统计

图 13 显示，丰台区"十三五"教育发展规划的高频名词可分为 5 类：一是教育主体，包括学校、学生、教师；二是教育供给及产出，主要是资源和课程；三是教育治理，涵盖机制、体系、特色；四是关联主体——社会；五是地域特点——区域。其中，频次出现较高的内容首先是教育主体中的学校、学生和教师，其次是教育供给，最后是教育治理。

223

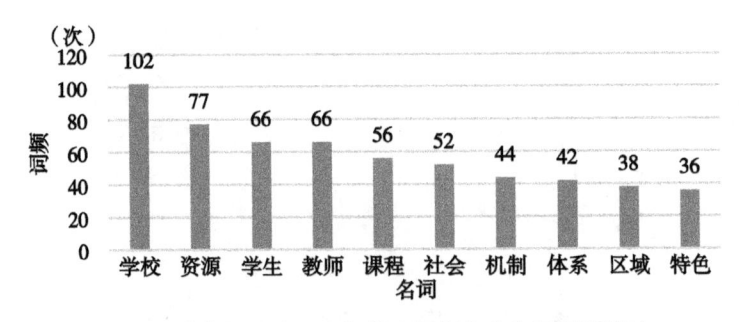

图13 丰台区"十三五"教育规划文本名词词频统计

2. 关键词提取

丰台区"十三五"教育规划的关键词涉及的主体有师生、政府、校长、干部、机构、社会，既包含了教育系统内部的主体，也包含了教育系统外的社会力量；教育内容有高中、职普、职业、学科、科技和活动等；价值取向主要有安全稳定、自主、创新、融通、适应、合作；教育治理包括规划、规范、制度、机制、布局、资源、优化、深化、教育投入、示范、引进、交流、完成、办学、依法行政、设施等方面（见图14）。

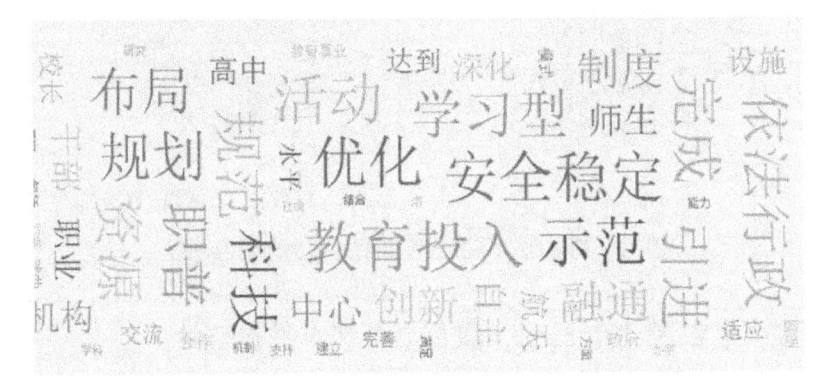

图14 丰台区"十三五"教育规划文本关键词提取

3. 文本情感分析

丰台区"十三五"教育规划的情感分析中94.8%是正向的，情绪分析中92%是好，6%是乐，总体呈现出积极正向的表述风格和情感倾向（见图15）。

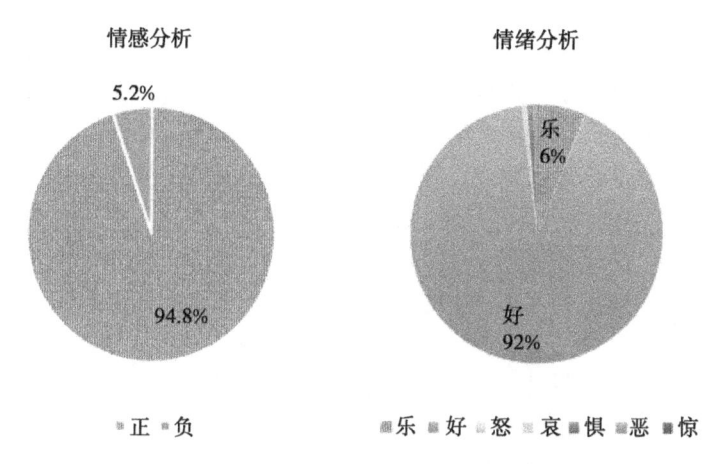

图15 丰台区"十三五"教育规划文本情感分析

(六)石景山区"十三五"教育规划文本数据统计

1. 名词词频分析

如图16所示,石景山区"十三五"教育事业发展规划的名词词频分析呈现出5种类型。第一类是教育主体,包括学校、教师、学生,都是较为微观的教育主体。第二类是教育供给及产出,主要是人才、课程和资源。第三类是教育治理,包括体系、机制。第四类是关联主体,体现为社会这一高频词。第五类是地域特征,即区域。频次最高的首先是学校,即教育主体;其次是体系和机制,即教育治理;最后是区域和人才等地域特征和教育供给维度。

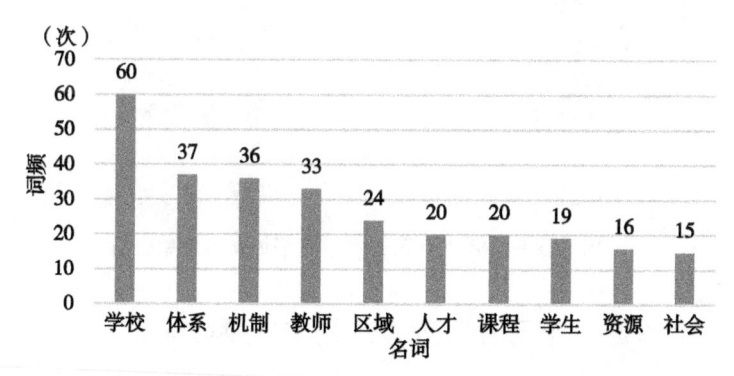

图16 石景山区"十三五"教育规划文本名词词频分析

225

2. 关键词提取

从图 17 显示的结果来看，涉及校长、教育集团、大学、师生、社会等主体；教育治理涉及计划、战略、组织、布局、自主发展、规范、服务、模式、制度、办学、环境；教育供给包括集团、一体化建设、专业、工作室、中心、基地、素养、教育经费、职业、终身等内容。

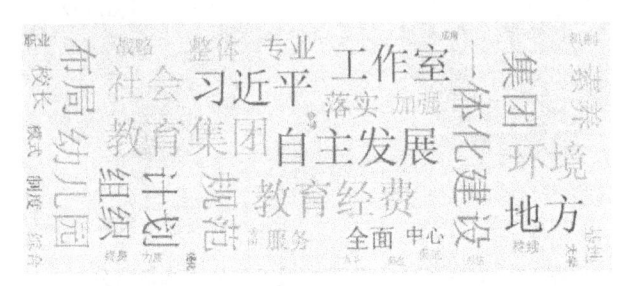

图 17　石景山区"十三五"教育规划文本关键词提取

3. 文本情感分析

由图 18 可见，石景山区"十三五"教育规划的表述以正面情感为主，比例为 97.4%；情绪分析方面，92% 是好，6% 是乐，以积极向上的情绪表达语言为主体。

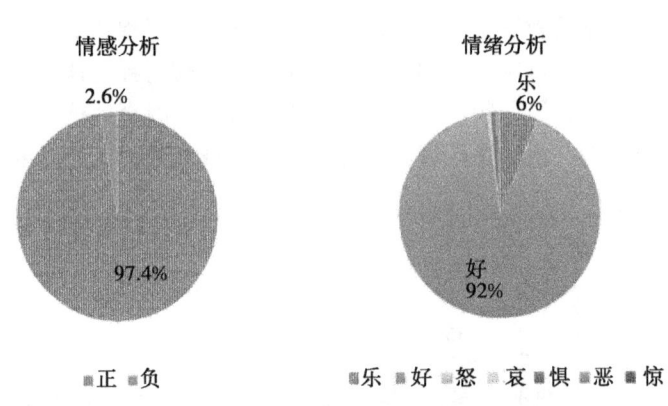

图 18　石景山区"十三五"教育规划文本情感分析

（七）大兴区"十三五"教育规划文本数据统计

1. 名词词频分析

由图 19 可以看出，大兴区"十三五"教育规划的高频词汇主要有 4 种类型。其一，教育主体。出现频率较高的是学校、教师、学生和社会。其二，教育供给及产出，涉及资源和课程。其三，地域特点。新区和北京是大兴区教育发展改革的地域定位和区域环境。其四，教育治理。高频词中的机制和制度都是教育治理的重要抓手。词频方面，教育主体中的学校、教师、学生位列前三甲，其次是资源、课程这些与教育供给相关的内容，之后是与教育治理相关的地域特性和体制制度维度。

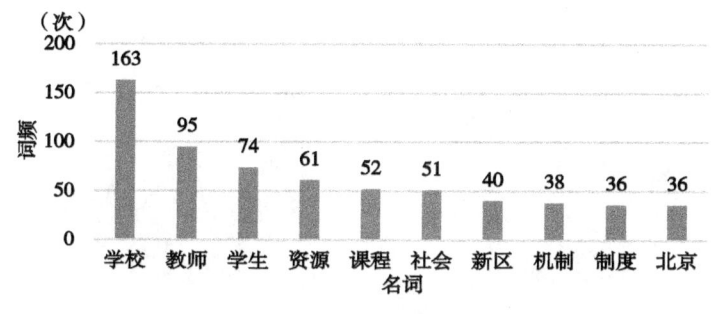

图 19 大兴区"十三五"教育规划文本名词词频统计

2. 关键词提取

图 20 显示，从大兴区"十三五"规划内容中的教育主体来看，政府、领导、校长、社会、企业、校企多元主体并存；从地域来看，北京市、全区、地区、协作区不同层次的地域概念一并出现；从教育供给来看，均衡发展、经费使用、德育、课堂、课程、教学、早期教育、入学、职业、网络、学习等方面有所涉及；从教育治理来看，政策、办学、需求、人口、交流、综合、问题、督导、重点、工程、生态、文化等涵盖教育发展改革的全过程。

图 20 大兴区"十三五"教育规划文本关键词提取

3. 文本情感分析

如图 21 所示，大兴区"十三五"教育规划的情感表达中 95% 是正向的，情绪分析中 87% 是好，9% 是乐，总体呈现出一种积极正向的表述风格和情感倾向。

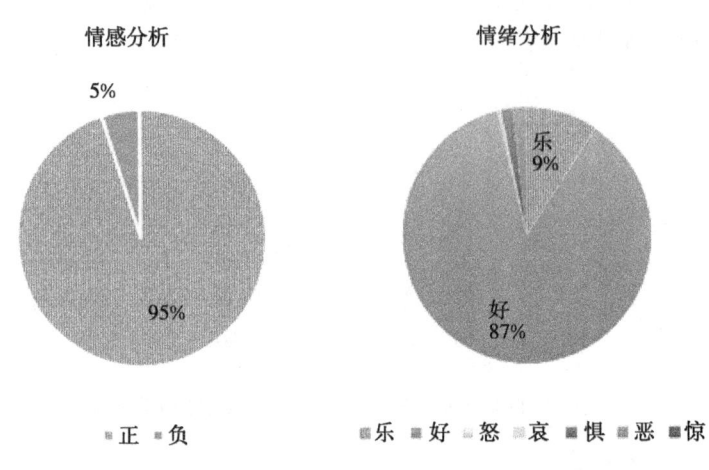

图 21 大兴区"十三五"教育规划文本情感分析

（八）门头沟区"十三五"教育规划文本数据统计

1. 名词词频分析

由图 22 可以看出，门头沟区"十三五"教育规划的高频词汇主要有 5 种类型。其一，教育主体。出现频率由高到低排序依次是学校、教师、学生、干部。其二，教育供给及产出，涉及资源、水平和人才。其三，教育治理，主要是机制。其四，地域特点。门头沟教育规划势必要结合全区的地域特点和区域环境。其五，关联部门或领域，这里主要是社会。以学校和教师为标志的教育主体出现频次最高，其次是教育供给中的教育资源，之后是教育治理中的

名词	学校	教师	资源	学生	机制	全区	干部	社会	水平	人才
词频（次）	102	58	41	34	33	29	27	23	21	21

图 22 门头沟区"十三五"教育规划文本名词词频统计

机制。

2. 关键词提取

门头沟区"十三五"教育规划的关键词涉及教育主体、教育供给、教育治理等多种内容。教育主体包含国家、青少年、名师、教职工、干部、小学、中学等，主要在学校及以下层面；教育供给方面出现的关键词有实验、资源改进、教育指导中心、需求、资源、优化调整、能力、需求、培训、分校、专业、智慧教育、教研、平台等；教育治理则包含督导、服务、领导力、一体化管理、评价等（见图23）。

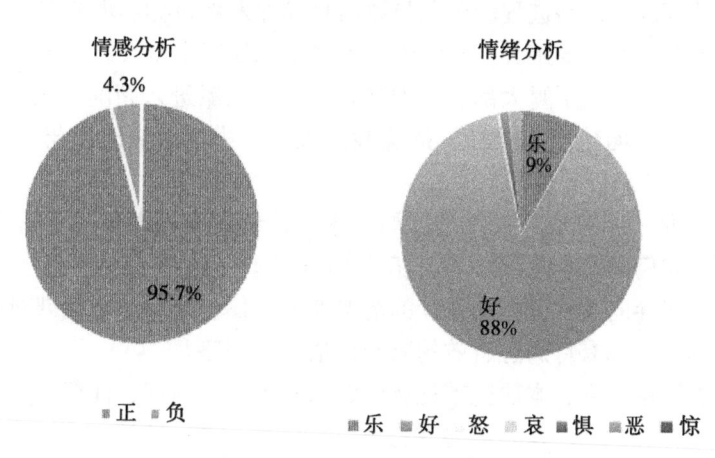

图23 门头沟区"十三五"教育规划文本关键词提取

3. 文本情感分析

图24展示了门头沟区"十三五"教育规划文本的情感和情绪。整体而言，门头沟区"十三五"教育规划的表述以正面情感为主，比例为95.7%；情绪分析方面88%是好，9%是乐，以积极向上的情绪表达语言为主体。

图24 门头沟区"十三五"教育规划文本情感分析

我国发达地区（京、沪、苏、浙、粤）"十三五"时期教育综合改革的政策分析

刘继青* 梁明伟**

摘　要："十二五"时期是我国教育改革发展最快最好的时期，按照《国家中长期改革和发展规划纲要（2010—2020年）》的部署，京、沪、苏、浙、粤等发达地区按照国家部署，根据自身实际，自上而下地有序推进教育领域综合改革，在重点领域和难点问题上取得很多新进展和新突破。"十三五"时期是我国全面建成小康社会的决胜期，也是教育领域综合改革深入推进的关键期。为促进教育现代化的实现，加快迈入人力资源强国行列，在国家顶层设计之下，以京、沪、苏、浙、粤等为代表的发达地区在"十三五"规划文本中对教育改革均做出了全面部署，呈现出不同的特点。

关键词：发达地区；教育改革；十三五规划；政策分析

对于教育改革发展进程的监测与评估是确保发展目标实现的重要手段，也是推动改革深化的有效工具。党的十八大和十八届三中全会的召开，对深化教育领域综合改革做出了重大部署，中国教育改革发展进入新的历史阶段。"十三五"时期是全面建成小康社会的决胜阶段，是中国教育改革与发展的关键时期。

2016年是"十三五"时期的开局之年。各地在完成教育"十二五"规划的基础上，如何部署和规划"十三五"时期的改革发展目标和任务，相关改革政策的价值导向及实施机制设计的情况如何，体制改革和制度创新还存在哪些问题，等等，都有待通过有效的监测评估予以回答。

作为阶段性研究，本研究首先选取北京、上海、浙江、江苏、广东五省市

---

* 刘继青，北京教育科学研究院教育发展研究中心研究员，主要从事教育现代化、教育战略研究。
** 梁明伟，河北大学教育学院副教授，主要从事教育管理、教育政策研究。

作为监测评估的研究对象。原因在于，根据社科院何传启课题组的统计数据，在内地，北京、上海和天津基本上处于现代化发展的同一时期，浙江、江苏、广东等省市紧随其后，这些省市构成了中国内地的发达地区和中等发达地区。❶ 作为教育现代化的先进地区，这些地区在国家现代化发展大局中起着示范和先导的作用。通过深入分析和系统监测评估上述地区改革进程，及时发现共性问题和特殊矛盾，总结改革成效，对于推动国家层面上的改革发展具有十分重要的理论意义和实践价值。

一、"十三五"教育规划关于教育改革的部署及其基本特点

（一）五省市"十三五"规划中关于教育改革的内容分析

国家教育"十三五"规划，关于教育改革部署了考试招生改革、办学体制改革、管理体制改革、教育督导改革和人事制度改革等内容。

1. 深入推进考试招生改革

国家教育"十三五"规划提出，积极推进中考改革，逐步在全国推广高考综合改革方案，推行初高中学业水平考试和综合素质评价，深化考试内容和方式改革。健全招生选拔和多元录取机制，完善高校自主招生办法。加快推进高职院校分类考试，实行"文化素质+职业技能"评价方式。

（1）北京市相关政策。认真落实《北京市深化考试招生制度改革的实施方案》，稳妥推进考试招生制度改革，到2020年基本建立符合首都实际的现代教育考试招生制度，形成分类考试、综合评价、多元录取的考试招生模式。深化制度改革：义务教育阶段坚持免试就近入学，积极推行学区制和九年一贯制对口招生。完善配套措施：及时制定完善全市初中和高中学业水平考试、学生综合素质评价、高等职业教育分类考试、普通高等学校考试招生、来京务工人员随迁子女在京接受义务教育后升学等方面的具体实施办法和年度工作方案，给考生和社会明确、稳定的预期。

（2）上海市相关政策。实施高效考试招生制度改革，探索基于统一高考和高中学业水平考试成绩、参考综合素质评价的多元录取机制。改革中等学校招生考试制度，逐步将学生学业水平考试成绩和综合素质评价作为高中阶段学

---

❶ 何传启. 中国现代化报告 2011 [M]. 北京：北京大学出版社，2011：270.

校招生录取的重要依据。完善考试招生保障制度，构建政府宏观管理、招考分离、监督有力的考试招生运行机制。改进评分方式，加强评卷管理，完善考试招生诚信和安全管理制度。健全信息公开和监督查处制度。

（3）江苏省的相关政策。完善义务教育免试就近入学办法，推进学区制，完善学区划片，统筹做好外来务工人员随迁子女入学工作。推行初中学业水平考试制度，完善初中综合素质评价办法。改进高中阶段学校招生方式，实行优质普通高中、中等职业学校（含技工院校）招生名额合理分配到区域内初中的办法，保证热点高中招生指标的分配比例不低于70%。改革普通高校考试招生制度，稳步实施江苏普通高校考试招生改革方案，健全普通高中学业水平考试和综合素质评价制度，推行普通高校基于高考和高中学业水平考试成绩的综合评价多元录取机制。

2. 加快办学体制改革

国家教育"十三五"规划提出，落实新修订的《民办教育促进法》以及民办学校分类管理的配套政策，修订《民办教育促进法实施条例》，依法落实民办学校及师生的待遇和保障。实行差别化扶持，建立健全非营利性与营利性民办学校分类管理政策体系。健全主体多元、机制灵活的办学体制，鼓励社会力量和民间资本通过多种方式提供多样化教育服务。

（1）北京市相关政策。落实学校办学主体地位：推进学校章程建设，依法确立和落实学校办学主体地位，保障学校依章程自主办学。完善学校内部治理结构：坚持和完善普通中小学和中等职业学校校长负责制，建立健全校务委员会、教职工大会和家长委员会等制度，进一步推进学校内部精细化管理。推动公办学校办学机制改革：完善面向社会开放办学的机制，积极探索利用社会资源促进学校特色发展，促进教育资源和社会资源融通共享，激发学校办学活力。

（2）江苏省相关政策。健全政府主导、社会参与、办学主体多元、办学形式多样、充满生机活力的办学体制，鼓励非义务教育阶段公办学校尤其是职业学校通过多种途径吸引社会力量参与办学。支持公办学校之间、公办学校和民办学校之间联合组建教育集团。积极鼓励、大力支持民办教育发展，鼓励社会力量和民间资本提供多样化教育服务。健全财政扶持制度，根据情况可以探索设立各级民办教育发展专项资金，落实民办学校税收优惠和用地等政策。推进民办学校分类管理，制定民办学校分类管理指导意见，促进非营利性与营利性民办学校分类发展，积极引导社会力量举办非营利性民办学校。

（3）广东省相关政策。促进民办教育规范特色优质发展，实施民办学校分类管理，加强民办学校党的建设，加大对非营利性民办学校的扶持力度，鼓励社会力量和民间资本提供多样化教育服务，鼓励采取股份制、合作制、合伙制设立民办学校，鼓励公办学校和民办学校资源共享、人才交流和深度合作。

3. 深化管理体制改革

国家教育"十三五"规划提出，明确各级政府责任，规范学校办学行为，促进管办评分离，形成政事分开、权责明确、统筹协调、规范有序的教育管理体制。

（1）北京市相关政策。持续推进简政放权，明确政府管理权限和职责，优化管理流程，提高管理效能，形成政事分开、权责明确、统筹协调、规范有序的管理体制，提升政府教育治理能力。

（2）浙江省相关政策。加快简政放权和政府职能转变，全面实行权力清单、责任清单、负面清单制度，依法依规落实各级各类学校的办学自主权，推动教育行政管理由直接管理向间接管理、由办教育向管教育、由管理向服务转变，提高综合运用立法、拨款、规划、标准、监测、督导、信息服务、政策指导和必要的行政措施等管理指导教育工作的能力。指导学校以章程建设为重点，不断完善内部治理结构。

4. 强化教育督导改革

国家教育"十三五"规划提出，完善督政、督学、评估监测制度体系，促进各项督导职能的一体化。强化教育督导队伍建设，加强教育督导人员专业化。建立和健全各项重大政策的专项督导制度，完善教育督导报告发布制度，加大教育督导公开和问责力度。

（1）北京市相关政策。建立现代督导体系，深化管办评分离，创新教育督导体制机制与模式，建立与首都教育治理体系和治理能力现代化相适应的现代教育督导体系，全面提升教育督导的法制化、专业化和现代化水平。全面推进督政、督学、评估监测三位一体的督导工作，着力加强教育督导保障。

（2）上海市相关政策。建立教育督导机构在本级政府领导下依法独立行使监督职能的工作机制，建立督政、督学和评估监测三位一体的教育督导体系。建立教育督导问责制和结果公示公告制度。建立教育督导与行政执法联动机制。

（3）广东省相关政策。健全督政、督学和评估监测三位一体的教育督导体系。完善教育督导报告发布制度，加大教育督导公开和问责力度。加强中小学督导责任区建设，提升责任督学挂牌督导工作水平。建立教育督导部门归口管理的评估监测制度，健全各级各类教育质量监测指标体系，建立健全教育督导评估信息系统。

5. 深化人事制度改革,提升教师综合素质

(1) 北京市相关政策。全面加强师德建设,加强高素质专业化师资队伍建设。保障教师地位和待遇:完善教师绩效工资,探索按岗位、任务、业绩确定报酬的公平合理的收入分配制度,调整绩效工资结构,提高绩效工资的激励作用。健全教育人事管理制度:逐步实行城乡统一的中小学教职工编制标准,对乡村学校实行倾斜政策。

(2) 上海市相关政策。创新高层次人才引进机制,进一步加大高校海外高层次人才引进制度。完善教育人才培养培训制度,建立各级各类教师长效培训机制。创新教育人才管理机制,完善教育人才流动机制,加大在绩效工资、业务培训等方面的倾斜力度。

综上所述,"十三五"时期教育综合改革的相关政策相较于"十二五"时期的政策,涉及方面更加广泛。例如,"十三五"时期强化了教育督导改革,北京市、上海市和广东省都颁布了教育督导方面的相关政策,建立和健全各项重大政策的专项督导制度,加大教育督导公开和问责力度,以保障教育政策落实和教育事业科学发展。再如,北京市和上海市都将教育人事制度改革列入教育综合改革的范围之内,切实保障教师的权益,加强高素质专业化师资队伍建设。此外,对于考试招生制度改革,各省市进一步强调分类考试、综合评价、多元录取的考试招生模式。对于办学体制改革,各省市建立健全非营利性与营利性民办学校分类管理政策体系,鼓励民办学校大力发展,鼓励社会学校和民间资本为教育服务。对于管理体制改革,北京市和浙江省仍将其作为综合改革的重点,强调简政放权、权责分明和政府职能转变的管理模式。

(二) 五省市"十三五"规划关于改革部署的基本特点

1. 改革政策的文本形式特点

本研究从政策文本体例、政策文本结构、政策颁布时间、政策制定与程序和发布方式等维度,对五省市"十三五"教育规划进行分析。五地规划文本既有共同点,又体现了自己的风格,相比国家教育发展规划文本,有了不小的灵活性。

(1) 政策文本名称。国务院印发的是《国家教育事业发展"十三五"规划》,五省市相比于国家教育发展规划的文本,更加具体和灵活。北京使用了"北京市'十三五'时期教育改革和发展规划(2016—2020年)"的名称,

强调"十三五"时期，直接点明"改革"和"发展"的主题。上海使用了"上海市教育改革和发展'十三五'规划"，将"教育改革和发展"放在前边，更加突出。江苏省"江苏省'十三五'教育发展规划"，浙江省以"浙江省教育事业发展'十三五'规划"，广东省以"广东省教育发展'十三五'规划（2016—2020年）"为题；三个省都沿用了国家"十三五"的规划名称，直接点题"发展"而避开了"改革"，说明三个省重点突出教育的发展。❶

（2）政策文本体例。在政策文本体例方面，规划基本直接采用常规的序号来规划文本内容。四个省市采用"一""二"等序号作为一级标题，"（一）""（二）"等序号作为二级标题。广东省采用"章"作为文章的标序，在章下设节，作为二级标题，更加细化。

（3）政策文本结构。首先，五省市在"十二五"的发展基础上展开论述，并提出对未来五年的总体要求，以表格的形式展示了"十二五"期间主要目标的完成情况或者"十三五"期间的教育事业主要预期指标。其次，表明了各省市的发展任务，分别从素质教育、基础教育、职业教育、高等教育、继续教育和终身教育等几个方面阐述了各个领域的发展目标。再次，对深化教育领域综合改革提出了具体的要求。最后，对整个"十三五"期间各项任务实施的重要保障措施进行了阐述。

（4）颁布时间。从政策颁布时间来看，国家规划是2017年1月10日正式颁布的，北京市于2016年9月27日正式颁布，上海市于2016年9月18日颁布，江苏省于2016年11月4日颁布，浙江省于2016年8月16日颁布，广东省于2017年1月9日颁布。五个省市的发布时间均早于国家规划的发布时间，其中浙江省发布最早，广东省发布最晚。

（5）发布方式。规划制度完成之后，各地均以召开新闻发布会、公开发布的方式予以公布，同时都由教委负责人发表文章对规划进行解读，组织专家对相关内容进行分析。

---

❶ 北京市"十三五"时期教育改革和发展规划（2016—2020年）[EB/OL]. http://www.csdp.edu.cn/article/2074.html. 上海市教育改革和发展"十三五"规划[EB/OL]. http://www.shanghai.gov.cn/nw2/nw2314/nw2319/nw12344/u26aw49535.html. 江苏省"十三五"教育发展规划[EB/OL]. http://www.jznu.com.cn/s/52/t/123/1e/fd/info7933.htm. 浙江省教育事业发展"十三五"规划[EB/OL]. http://www.zjjyzx.com/a/news/education/2016/0920/61765.html. 广东省教育发展"十三五"规划（2016—2020年）[EB/OL]. http://zwgk.gd.gov.cn/006940116/201701/t20170109_689216.html.

2. 改革政策的内容特点

通过对比五省市的"十三五"教育发展规划可以看出,"十三五"时期五省市的教育发展规划政策内容方面呈现以下几个共同特点。

(1) 指导思想方面。五省市均以邓小平理论、"三个代表"重要思想、科学发展观为指导思想,深入贯彻习近平总书记系列重要讲话精神,按照"四个全面"战略布局,紧紧围绕提高教育质量这一战略主题,贯彻落实创新、协调、绿色、开放、共享的发展理念。全面贯彻党的教育方针,巩固教育优先发展地位,深化教育综合改革,办人民满意的教育。五省市又结合自身的发展实际,分别提出了自己的重点发展方面和发展目标。

(2) 发展目标方面。五省市的发展目标都围绕"教育现代化"这个总目标展开,积极响应国家规划中"到2020年,基本实现教育现代化,基本形成学习型社会,进入人力资源强国行列"的战略目标。五省市积极回应人民群众的教育期待,深化综合改革,全民推进实现教育现代化,用现代先进的教育思想和科学技术武装教育,使教育观念、教育内容、教育装备、师资队伍、教育管理现代化。

(3) 发展的价值导向方面。积极推动优质教育资源共享,促进教育公平。不断扩大优质资源的覆盖面,合理配置教育资源,惠及每个受教育者。积极推进义务教育城乡一体化发展,进一步缩小城乡、区域、校际教育发展差距,切实改善家庭困难学生、留守儿童、残障学生的教育状况,全面推动教育精准扶贫,更加关注教育过程公平,使每个学生都有接受良好教育的机会。

(4) 发展的战略重点方面。五省市都聚焦教育质量,创新人才培养模式。注重教育发展的内涵,把提高教育质量作为教育改革发展的重中之重,深化教育结构性改革,提升教育的适应性、开放性、灵活性。创新人才培养模式,优化人才培养结构,使其与产业结构、经济高结构、社会结构相适应,满足现代产业体系和公共服务体系多样化的人才需求。增强学生的创新精神和实践能力,使每一位学生都成为栋梁之材。

(5) 战略举措方面。各省市都积极响应国家教育创新战略。例如,北京构建"互联网+教育",提高融合创新能力。推进信息技术与教育教学融合创新,强化数据资源管理和共享,创新教育教学模式,探索未来教育的新模式。推动教育创新,改革人才培养模式,把科学精神、创新思维、创造能力和社会责任感的培养贯穿教育全过程。

二、五省市"十三五"时期教育综合改革推进的体制机制创新与进展状况

(一) 推进改革的体制机制创新

五省市在"十三五"规划中都突出强调教育体制改革和制度创新。比如,上海《规划纲要》提出,推进教育体制改革的关键是正确处理政府、学校、社会、市场之间的关系,提高政府教育公共服务能力,增强各级各类教育机构办学活力,建立政府与各类社会组织分工协作、市民广泛参与的教育公共服务新体制。为此,上海《规划纲要》具体提出教育公共服务机制创新、教育管理体制改革、办学体制改革、学校内部体制改革以及招生考试制度改革五个方面的改革思路和举措。

再如,江苏省构建更具活力的体制机制。适应社会主义市场经济体制、符合教育发展规律的教育体制机制全面建立。办学体制逐步优化,政府办学为主体、全社会积极参与、公办教育和民办教育共同发展的格局基本形成。现代学校制度建设加快推进,政府依法管理、学校自主办学机制不断健全,学校对政府管理和服务的满意度达90%以上。公共财政投入为主、多渠道筹措教育经费的教育投入机制更趋完善。教育对外开放不断扩大,全方位、多层次、宽领域的国际交流合作广泛开展,教育国际竞争力明显增强。

为有效推进改革,五省市在推进改革的工作机制方面均进行了创新性探索。表现在如下几个方面。

一是统筹分步推进,强化责任落实。上海市为推进教育综合改革,成立了由市委副书记和分管副市长担任双组长,全市32个委办局参加的上海市教育综合改革领导小组,统筹谋划、审议决策和整体推进市级各项重大教育综合改革任务。教育部门层面,在上海市教育卫生工作党委、市教委内部成立教育综合改革工作协调小组,由市教育工作党委书记和市教委主任担任双组长;协调小组下设10个专项组,每个专项组由两名两委班子成员担任双组长,统筹负责研究、组织、协调和推进既定的教育综合改革任务。

二是科学制定方案,认真组织实施。各省市在对各试点单位充分调研、充分协商的基础上,进一步细化、实化、具体化,形成试点项目实施方案。并且方案要具有科学性和可操作性和实效性。根据《规划纲要》中"重大教育决策出台前要公开讨论,充分听取群众意见",制定实施方案要充分听取试点单

位广大师生员工、教育工作者和家长、专家和社会各界的意见。

三是加强检查指导，建立实施保障机制。改革试点启动后，各省市人民政府建立督促检查机制，按照试点实施的计划进度开展跟踪调研，定期进行评估，在实践中不断完善试点方案。例如北京市教委完善督促检查机制，按照试点实施的计划进度，开展定期跟踪和随机抽查。上海市教委启用项目跟踪管理信息平台，对试点项目实时监控和动态管理。北京、江苏等地在推进改革中还成立了教育改革专家咨询机构。

四是加强宣传引导。教育体制改革政治性、政策性强，社会各界高度关注。推进教育体制改革也是全社会的共同责任，充分调动广大师生和教育工作者的积极性，鼓励他们参与改革、投身改革。同时，对改革实践中出现的新思路、新举措，都应该给予保护和支持。各省市政府坚持正确的舆论导向，引领社会预期，做好政策宣传等工作，营造良好的教育改革社会氛围。

（二）改革政策的推进状况

以高等教育领域改革为例，五省市均承担了高等教育改革的试点任务，进展比较显著。

1. 北京市——以部属高校共建为契合点，教育改革顺利进行

北京市以试点项目"探索在京中央高校与市属高校共建新模式"为契合点，创新中央部属高校与市属高校合作模式；部属高校和市属高校统筹发展，形成错位发展的格局；考虑把"双培计划"纳入京津冀协同发展的框架中，将天津大学、南开大学等京外高校纳入"双培计划"中。包括：中央部属高校与市属高校建立"北京实验室"；支持高校之间、高校与企业、科研机构之间联合建立"协同创新中心"；支持16所高校组建"北京市卓越工程师教育培养计划高校联盟"等改革措施，在实验室开放、实验基地共享、教师队伍共建、学生联合培养等方面深入合作，初步建立起区域高等教育协同发展新框架。以北京大学为例，其作为中国顶尖高等学府，率先进行综合改革：在人才培养模式方面，建立以学生为中心的学生事务联动机制，创建了多个学生社会实践基地；在科研体制机制方面，在11个院系试点开展国际同行评议，以评估促进学科健康发展，启动了"国际战略研究协同创新中心"等建设工作，探索建立了13个理工医新体制交叉科学科研机构，组织申报多个国家重点实验室；在管理服务体制方面，逐步建立以发展为导向配班子、以职责为中心管干部的工作模式，并开展院长公开选聘试点工作。

2. 上海市——创新教育综合改革推进机制，推进各高校试点改革

上海市自 2014 年率先启动教育综合改革以来，进一步加强对教育工作的领导，着力创新教育综合改革推进机制，教育现代化建设迈出坚实步伐。上海市通过试点项目推动引导上海高校合理定位，建立分类绩效评价指标体系，开展分类指导、分类管理工作。通过深化部属与市属高校合作机制，建立部市共建在沪部属高校的协商平台，加强共建工作，提升高校服务地方经济社会发展的能力。根据教育部与上海市政府签署的共建协议，教育部将继续对在沪部属高校的"高峰"学科发展和高校新型智库建设给予更大投入和支持。此外，教育部还支持在沪部属高校开展科研、人事、经费管理等改革，动态调整学位点。以"双一流"建设为抓手，统筹推进高等教育改革，推动高水平大学和学科进入世界一流行列。上海的"钱袋子"改革，将资金交由专业人士管理，提高了经费的使用效率，增大高校的办学自主权。2016 年上海市高校深化综合改革的典型案例有：复旦大学的创新教学时间传播教学学术致力于构建教师教学发展长效机制；同济大学进行实践育人创新创业改革和学科动态调整；华东师范大学加强自我评估，提升教育质量和加强科教融合，协同培养拔尖创新人才；上海外国语大学建设卓越学院拔尖人才培养平台等。这些高校的综合改革都是可推广借鉴的改革经验。

3. 江苏省——出台改革建设方案，细化教育体制改革试点项目

江苏省为推动教育综合改革，出台了《江苏高等教育综合改革试验区建设方案》，提出 10 项改革措施。江苏省在推进高等教育综合改革试验区建设过程中，高度注重高等教育综合改革顶层设计，承担了"高等教育综合改革""开展地方促进高等职业教育发展综合改革试点""扩大来华留学生规模""探索独立学院规范管理和科学发展的有效方式"等国家体制改革试点项目，并将"高等教育综合改革"项目细化为 10 个子项目，组织一批高校先改革、探索经验。同时，以转变政府职能为重要抓手，积极探索管办评分离，推进高等教育智力体系和治理能力现代化。江苏省还以品牌专业建设工程、教学质量提升工程、各类卓越人才培养计划和研究生培养创新计划为抓手，深入推进人才培养模式改革。此外，江苏省还充分发挥高校创新源头作用，积极促进区域创新体系建设，建立健全技术创新需求导向机制、产学研合作受益共享机制等一系列机制，促进更多的科技成果转化为现实生产力。推进"校企联盟"行动计划，组织高校建设"校企联盟"7000 余个。对进入国家"双一流"计划的高校予以支持，对具有综合优势的高校整体扶优扶强，统筹组织实施优势学科建设工程、协同创新计划、特聘教授计划和品牌专业建设工程。力争到 2020

年，15 所以上大学进入全国百强，100 个左右学科进入基本科学指标数据库（ESI）全球同类学科前 1%行列，其中 5 个以上学科进入前 1%行列。

4. 浙江省——启动"重点高校建设"和"一流学科建设"计划，加强高水平大学建设

浙江省从 2006 年开始就持续实施重中之重学科建设和人文社科基地建设，已累计投资 30 多亿元，相继建设了 14 个重中之重一级学科、20 个重中之重学科及 19 个人文社科重点研究基地，由此促进浙江省高校一批学科水平迅速提高。"十三五"时期浙江省将进一步加强高水平大学建设，2016 年相继启动"重点高校建设计划"和"一流学科建设计划"。目前，已确定将中国美术学院、浙江工业大学、浙江师范大学、宁波大学、杭州电子科技大学 5 所高校为浙江省第一批重点建设高校，省财政每年投入 5 个亿予以支持，同时省里还给予这 5 所高校"一校一策"支持。一流学科建设也已启动，计划分 A、B 两类进行建设。A 类 5 年内达到国内领先水平，B 类 10 年左右达到国内领先水平。现已遴选 98 个 A 类学科、232 个 B 类学科。配以其他措施，目标是，到 2020 年力争 10 所左右本科高校在全国同类型高校中处于前列；有 40 个以上的一级学科进入全国排名前 10%，100 个以上的一级学科进入全国排名前 30%；有 50 个学科进入全球 ESI 排名前 1%。

5. 广东省——统筹安排各重点改革任务，率先启动推进高水平大学建设

广东省为有效推进省级政府教育统筹改革试点工作，出台了《广东省人民政府关于深化教育领域综合改革的实施意见》，形成了教育部、广东省人民政府共同推进教育体制综合改革联席会议机制，统筹安排各重点改革任务，率先启动推进高水平大学建设。2015 年 4 月，全省高水平大学建设工作会议召开，将高水平大学建设具体落实到特色重点学科培育上；同年 11 月，提出五年内投入 150 亿元建设华南理工大学、南方科技大学等 7 所高水平理工科大学。在中外合作办学方面，香港中文大学（深圳校区）、深圳北理莫斯科大学、广东以色列李东大学等相继成立；在产学研模式创新方面，深圳虚拟大学城聚集清华大学深圳研究院等 58 所新型科研机构，并累计为深圳培养各类科技人才超过 21 万人。此外，2016 年，广东还启动了高水平大学人事制度改革，出台《高水平大学建设人事制度改革试点方案》，首次向试点高校下放岗位设置权、公开招聘权、职称评审权、薪酬分配权和人员调配权。

三、五省市"十三五"时期深化教育改革的政策建议

由于"十三五"方进入开局之年,本研究主要针对规划文本进行分析。根据"十三五"时期改革发展的目标,为推进教育改革发展,如下几个方面需要重点关注。

(一)扩大优质教育资源供给,促进教育公平

随着"二孩"政策的全面放开,未来几年我国新生儿数量将快速增加。持续增长的人口与教育资源之间的矛盾日益突出,优质资源的供给不足与社会经济发展的需求、人民群众迫切需求的矛盾日益突出,这将导致教育不公平的现象更加严重;城乡差距依然存在,教育均衡发展的问题有待进一步解决。因此,应从本地实际出发,增加优质教育资源的供给,有效解决教育不均衡问题,满足人民群众对优质教育的需要。

(二)创新人才培养模式,提升教育质量

通过对发达地区教育综合改革政策的梳理和分析可以发现,我国很多地区教育质量的保障和人才培养模式不能满足国家实施创新驱动战略的需要,高校发展整体能力仍然不高,创新型人才、应用型人才的培养有待加强。为了有效解决这一问题,应该进行教育制度和人才培养模式的改革,促进高校整体发展能力的提升,改进教育制度,创新人才培养模式,从而保障人才培养质量。

(三)提高教育对外开放程度,增强教育区域合作

我国的教育与国际化大都市建设不适应:留学生规模有待扩大,高校师资国际化程度不够高;未来几年应该扩大对外开放程度,与国际接轨。另外,教育区域合作仍然处于比较低的水平和状态,应加强教育区域合作,相互学习和交流,取长补短,形成共赢共利的局面。

(四)完善教育治理体系,落实学校办学自主权

推进教育体制改革的关键是正确处理政府、学校、社会、市场之间的关系,提高政府教育公共服务能力,增强各级各类教育机构办学活力,建立政府与各类社会组织分工协作、市民广泛参与的教育公共服务新体制。我国教育综合改革应以完善教育治理体系作为顶层设计的目标之一,加强教育治理现代化

的发展，以落实学校办学自主权。

(五) 推进新型教育智库建设，完善第三方教育评估机制

教育改革的实施主体是学校和教育行政主管部门，二者构成了教育领域的第一方和第二方。传统评价体系中，教育行政主管部门担负着管理和监督评价改革的职责，在实践中存在很多弊端。按照《国家中长期教育改革和发展规划纲要（2010—2020年）》的要求，在"十三五"期间亟须进一步完善第三方评价的体制机制，有效监测评价教育改革进程。因此，要积极推进教育智库建设，推进教育科研机构向教育智库转型，发挥智库参与决策、提供公共监测与评估服务的功能。健全第三方教育评价机构，增强评价的专业性、独立性和客观性。定期发布评估报告，以评估促进改革。

2017年全球教育改革动态研究

李 旭[*]

摘 要：伴随着当今世界日益深刻而复杂的变化，人才和教育作为提升竞争力的核心要素，在国家发展战略中的重要作用日益凸显。2017年，全球教育发展更加注重增强教育的公平性与包容性，更加注重"为未来做准备"的能力学习，更加注重教育要素的对外交流与合作，更加注重教师队伍的稳定发展与能力建设，更加注重问责基础上的教育协同治理，更加注重教育评价的人本性与监测性。

关键词：2017年；全球教育；改革动态

2017年，伴随着多国政坛领导人的选举更迭、"美国优先"政策的推行及英国"脱欧"进程的正式启动，国际关系格局在新的力量掣肘中发生了错综复杂的调整变化。与此同时，全球化的多领域拓展和国际安全形势的加强，则不断将各国融合为休戚与共的人类命运共同体，汇聚了和平发展的强大力量。这一年，面对竞争与合作相互角力下不断增加的不稳定因素，全球经济增长和科技创新依然在"逆风"中强势提速，并将人才与教育发展的重要性推上了新的战略高度，使之成为各国应对风险、赢取未来的重要筹码。从全球范围来看，2017年的教育发展变革主要呈现出以下热点与趋势。

一、更加注重通过增进教育公平与包容促进社会公平与融合

作为近几年教育改革中的重要取向，"公平"与"包容"在2017年的国

---

[*] 李旭，北京教育科学研究院教育发展研究中心助理研究员，博士后，主要从事区域教育比较及教育政策分析。

际教育舞台上依然保持着有增无减的热度。随着教育战略地位的凸显，各国对于这一问题的关注逐渐从教育范畴拓展至社会范畴，突出体现为更加注重通过增强教育的公平性与包容性，削减社会的不公平，促进社会融合，从而赋予了公平和包容以更丰富的内涵和更高的使命。

（一）注重通过增进教育公平与包容，削减社会的不公平

2017年2月，经济合作与发展组织（OECD）发布《关注差距：教育之不公平》报告，指出"不公平"在经济、社会、文化、区域等领域存在多种形式。它们会对教育产生影响，同时也受到教育影响。因此，更好地理解如何才能确保所有学生，不论其具有怎样的社会背景都能在学校内外获得成功，便显得格外重要。报告指出，自20世纪80年代以来，收入不公平现象在大多数OECD成员国持续加剧，目前已达到30年来的最高水平，并给社会凝聚力和经济持久发展带来了不同程度的损害。而教育作为可以切断"优势的代际传递"（intergenerational transmission of advantage）这一导致不公平的重要引擎的有效工具，在打破上述恶性循环的过程中发挥着关键作用。已有研究表明，个体的受教育程度与其失业概率和未来收入密切相关，因此提高每个人特别是处境不利者的教育表现，对于经济和社会发展而言都大有助益。❶最新的PISA数据同样显示，学业成就在很大程度上取决于学生的社会经济背景。平均来看，欧盟超过三分之一的处境不利家庭的学生，其学业成就都处于较低水平。这种家庭背景导致的学业差距使社会的不平等进一步加剧，而学校则在促进社会公平方面发挥着日益增强的影响力。❷通过教育公平促进社会公平的理念于是受到了越来越多国家的关注。例如，新加坡副总理在2017年9月一次题为"教育变化如何创造未来"的高校演讲中明确提出，为了避免形成"永久的下层阶级"，社会各界要特别关注弱势家庭儿童的需要，不仅要及早给予帮助，而且要促进其取得成功，这也是新加坡政府近年来大力推动学前教育及推出"幼儿培育辅助计划"的初衷。

（二）注重通过增进教育公平与包容，帮助所有人更好融入社会

2017年各级各类研究体对弱势群体的学习成绩、社会处境等问题展开了

---

❶ OECD. Mind the Gap: Inequity in Education [M]. Paris: OECD Publishing, 2017.

❷ European Commission.Youth Initiative: Commission Sets out Strategy for High Quality, Inclusive, Future-oriented Education [EB/OL]. http://europa.eu/rapid/press-release_ IP-17-1401_ en.htm, 2017-05-30.

广泛研究，结果显示：在大多数国家，社会经济条件优越和处境不利的 15 岁学生在阅读熟练程度上都存在巨大差距，而这个年龄段的技能差距会对其未来收入产生终身影响；❶ 在全球努力增加全民教育机会的行动中，残疾儿童正在掉队，发展中国家残疾儿童与非残疾儿童之间的差距正在急剧扩大；❷ 处境不利儿童比处境优越儿童更易于遭受校园欺凌，且易于对其社会化进程产生消极影响，等等。鉴于这些问题的加剧，消除隔阂，促进融入，成为教育公平与包容发展的内在诉求，为此，各国做出了诸多努力。例如，在法国，巴黎学区 2017—2020 年计划提出的三大目标之一便是建立面向所有人的、公平的、雄心勃勃的学校，包括面向所有学生、包容个体差异、帮扶弱势学生、采取个性化的教学方式、为学生提供连贯而多样的学校教育等一系列举措。巴黎市政府更于 2017 年 3 月推出"面向 2021 的残疾人融入战略"，专门面向残疾市民制定了未来五年计划落实的九项帮扶政策，包含对满 18 个月的幼儿进行孤独症鉴别诊断，提高学校对残疾学生的接收能力等。英国、澳大利亚、新西兰、爱尔兰等国也纷纷通过增加教育投入、完善教育资源支持等方式为贫困家庭子女享受同等受教育机会与条件提供多方面的物质保障。

需要注意的是，新时期的教育改革在促进公平性与包容性的同时，也越来越重视教育质量提升对于改善弱势群体学习效果的积极作用。正如 OECD 所强调的，高质量的教育是确保社会发展和包容的关键工具。世界上最成功的教育体系关注增强教育公平同时促进学业卓越，这应该是弱化 OECD 成员国教育不公平的关键一步。❸

二、更加注重"为未来做准备"的能力学习

所谓"第四次产业革命"所带来的全新技术和数字变革正在彻底改变全球的经济蓝图和工作场域。2017 年 2 月，世界银行行长金墉在"世界政府首脑会议"（World Government Summit）上发表了题为"教育促进增长与繁荣"的演讲，指出当前教育系统培养的学生技能与劳动力市场所需的就业能力之间

---

❶ OECD. Adult Skills in Focus No. 5: Do Socio-economic Disparities in Skills Grow Between the Teenage Years and Young Adulthood? [M]. Paris: OECD Publishing, 2017.

❷ Global Partnership for Education & The World Bank. Disability Gaps in Educational Attainment and literacy [EB/OL]. http://documents.shihang.org/curated/zh/396291511988894028/Disability-gaps-in-educational-attainment-and-literacy, 2017-11-27.

❸ OECD. Mind the Gap: Inequity in Education [M]. Paris: OECD Publishing, 2017.

明显不匹配，全球市场人才供需普遍存在着严峻的结构性失衡现象。因此，"促进年轻人获得21世纪所需技能"以及"解决毕业生从学校向就业的过渡问题"便成为世界银行将要聚焦的两个重要发展目标。他强调，为年轻人提供合适技能是解决人才短缺问题的最佳途径，并将确保年轻人自己具有创业或与产业合作创造、创新、孵化和传播新理念、新技术的能力。❶ 同年5月，欧盟委员会在向欧洲议会、欧洲理事会等机构提交的学校教育战略总体构想中指出，今天的许多孩子长大以后可能会从事以前从未出现过的行业，因此仅仅以一套固定的知识或技能体系来武装现在的年轻人是远远不够的，他们需要顺应时代的变化掌握更强的学习与应变能力。❷ 同年9月，由世界经济论坛（World Economic Forum）发布的《2017年人力资本报告：为未来工作准备人才》指出，无论是发达国家还是发展中国家，都尚未充分实现人力资本对经济的贡献力，而缺乏新技能培训和接受终身教育机会正是其中重要的阻碍因素。论坛创始人兼执行主席克劳斯·施瓦布（Klaus Schwab）表示，"第四次工业革命不仅对劳动力就业造成冲击，也带来了全社会对新技能需求的'用工荒'。面对这样的全球人才危机，我们必须以新的思维方式来变革现有的教育系统，使其真正适应未来劳动力市场的需要"。❸ 从整体来看，面向未来做准备，年轻一代所应该发展和掌握的技能主要包括以下四个方面。

（一）增强协同解决问题的能力

OECD指出，当前的用人机构普遍要求职员能够通过与他人交流观点和共同协作以促进问题解决。为了检验当代学生是否已做好应对这一劳动力市场需求的准备，2015年开展的PISA项目首次对15岁学生"协同解决问题的能力"进行了测试，❹ 并于2017年11月发布《2015年PISA测试结果（第五卷）：协同解决问题》。这也是聚焦于该项能力发展的第一份全球评估报告。报告指

---

❶ Jim Yong Kim. Education for Growth and Prosperity [EB/OL]. http：//www.worldbank.org/en/news/speech，2017-02-13.

❷ European Commission. Youth Initiative：Commission Sets out Strategy for High Quality, Inclusive, Future-oriented Education [EB/OL]. http：//europa.eu/rapid/press-release_IP-17-1401_en.htm，2017-05-30.

❸ World Economic Forum. The Global Human Capital Report 2017：Preparing People for the Future of Work [EB/OL]. http：//www.useit.com.cn/thread-16496-1-1.html，2017-09-14.

❹ OECD指出，学生在多人构成的小组团队中能与其他人沟通协调，大家带着共同的目标合力解决问题。在此过程中，学生个人所具备的必要的知识、技能、行动力以及沟通协调能力均构成该生的协同解决问题能力。

出，具有较强阅读能力或数学能力的学生在协同解决问题方面表现更好，因为学生对于信息的理解与推理能力都是解决问题所必需的。新加坡、日本、韩国、加拿大、芬兰等 PISA 表现较好的国家，其协同解决问题的评估成绩也名列前茅，正说明了这一点。调查显示，在 OECD 成员国中，仅有 8% 的学生具有卓越的协同解决问题能力，6% 的学生很难融入团队合作；平均 28% 的学生只能解决简单的协同问题。这些发现从不同层面揭示出青少年一代在协同解决问题能力发展上的诸多不足。在此次评估中，新加坡学生的得分最高，日本居次；而参加测试的中国四省市学生的表现都不是很好，❶ 在一定程度上揭示出我国学生在协同解决问题能力的发展上仍落后于国际先进水平，应引起高度重视。

（二）培养财经素养

面对快速变革的社会经济与数字化技术，以及日益复杂扩张的金融服务体系，现代年轻人面临着更多富有挑战性的财务决策和充满不稳定性的就业前景；能够帮助其做出理性经济决策并提升"财政幸福感"（financial well-being）的基本"财经素养"（financial literacy），随之被公认为是未来社会一项必不可少的生活技能。2017 年 5 月，OECD 发布《2015 年 PISA 测试结果（第四卷）：学生的财经素养》，基于对 15 个国家和经济体的 4.8 万名 15 岁学生的测评，呈现出全球青少年学生掌握金融、理财等相关知识与技能的整体情况；其中，参与测试的中国四个省市（北京、上海、江苏、广东）的平均得分最高，其次是比利时佛兰芒地区、加拿大的部分省份、俄罗斯、荷兰和澳大利亚。结果显示，全球范围内仍有众多学生未能达到财经素养的基准精熟度水平；其中约有 1/4 的学生甚至无法做出有关日常开支的简单决定，只有 1/10 的学生能够理解诸如所得税等较为复杂的金融知识。即使在学生财经素养达到或高于 OECD 平均水平的国家，也有至少 1/5 的学生表现低于基准精熟度水平，意味着这些学生甚至不能理解一辆车的价格与成本之间的关系。报告分析指出：其一，家长在向儿童传递财政价值观、习惯和技能等方面具有重要作用，学生的财经素养水平与其所处的社会经济地位密切相关；其二，阅读和数学成绩越好，学生的财经素养水平有可能发展得越好，但并不能证明前者是后者的必要条件；其三，尽管在幼年阶段所获得的金融服务为学生提供了财经方

---

❶ OECD. PISA 2015 Results（volume Ⅴ）：Collaborative Prblem Solving [M]. Paris：OECD Publishing，2017.

面的学习与锻炼机会，但同时也带来了诸多新挑战，需要其加强金融风险意识。❶

财经素养在未来工作生活中的重要性及其在现阶段发展的明显不足，促使越来越多的国家开始关注年轻一代的财经素养培养问题，并展开了诸多教育改革探索。例如，2017年俄罗斯财政部与世界银行合作，在境内四个地区试行了一项旨在提升国民预算素养（Budget Literacy）的计划。作为该计划的一部分，规定在十年级开设预算素养课程，并鼓励高中生将与预算有关的知识技能结合到现实生活情景中加以研讨和实践。❷ 澳大利亚早在十年前便开始实施"帮助我们的儿童理解金融"（Helping Our Children Understand Finance）政策和其他相关计划。在总结相关经验的基础上，2017年有学者指出，与教师合作开发真实世界的、适合地方需求和兴趣的财经素养课，可能会提高相关教学活动的效果。❸ 从中不难看出，加强真实体验和个性化定制都是这些先行改革国家在提升学生财经素养过程中的重要指导理念。

（三）提升数字素养❹

2017年1月，全俄社会舆论研究中心通过对近2万名俄罗斯民众进行随机电话采访发现，近半数（47%）受访者认为大学四年所学的知识不足以应对就业需要。这从一个侧面反映出第四次产业革命背景下，平面化的知识技能已经难以追赶劳动力市场需求的快速变化。同年10月，OECD发布《计算机与未来技能需求》报告，指出数字化正在以无限增强个体与集体潜能的方式将全世界大多数人聚集在一起，这在促进不同主体间相互联系的同时，也不断增加着发展环境中的不稳定性、不确定性和复杂性。对于有合适知识、技能与品质的人而言，这种变化可能令人激动；但对于没有做好充分准备的人而言，这可能意味着他们在工作与生活中将会面临的更多不稳定性及应对危机的脆弱性。报告认为，计算机科学家正在使用人工智能、机器学习与机器人技术复制

---

❶ OECD. PISA 2015 Results（volume Ⅳ）: Students' Financial Literacy [M]. Paris: OECD Publishing, 2017.

❷ The World Bank. Budget Literacy: What's In It for Russia? [EB/OL]. http://www.worldbank.org/en/news/feature/2017/06/19/budget-literacy-whats-in-it-for-russia, 2017-06-19.

❸ 唐科莉. 澳: 15岁学生的财经素养呈现下滑趋势 [EB/OL]. http://www.bjesr.cn/gjjyxx/2017-06-22/29765.html, 2017-05-24.

❹ OECD的专家们认为，数字素养是指获得工作场所和社会生活各个方面的全部精致能力，个人需要领会全部技术潜力，学会运用能力、批判精神与判断能力。

人类所有技能,这将对就业和教育产生深远影响。❶

对于未来所需的技能,《纽约时报》专栏作家托马斯·弗雷德曼强调,未来不是要我们知道什么,因为数字图书馆和强大的搜索引擎能够确保我们以最快速度找到有关任何事物的各种细节;事实上,未来需要我们具备的是能够在可知的基础上知道如何去做的能力。这必将影响世界对年轻一代的教育方式,因为让人类不同于计算机的是人性与同理心,而这些不能在任何算法中找到。❷ 因此,为了为未来做好准备,不仅需要学生掌握技术操作层面的信息化知识与技术,而且更需要将计算机智能与人类的创造性、社会性及情感能力等相匹配,这种趋势正在推动劳动力市场对工作技能的需求发生惊人的变化。澳大利亚学者在2017年11月发表的论文中指出,数字技术的进步正在改变当今的工作场所。据预测,未来将有超过40%的工人会被机器人取代,人工智能和机器学习领域的发展将影响所有经济部门。对于"哪些技能能够确保人们在人类和机器工人并存的世界中保持就业能力"这一问题,作者强调了三点:一是对于高技能工人的需求越来越大;二是沟通和人际交往技能越来越重要;三是数字化素养比编程技能重要,前者包含批判思维、分析系统能力等。❸ 在澳大利亚,2017年1月开始实施的新国家课程大纲即特别关注助力年轻人一生成功所需具备的"软技能"培养,包括信息与沟通技术、批判与创新思维、人际与社交能力、道德理解能力、跨文化理解能力等。世界银行教育署经理哈瑞·帕特瑞诺指出,随着自动化产业革命对新技能的需求不断增加,全球面临的更大挑战是预测未来到底需要哪些技能。❹ 由此可见,信息化、自动化、数字化等科技革命对教育所带来的影响正逐渐从教育方法和教育途径层面向教育目标和教育内容层面转变。

帕特瑞诺研究指出那些接受过高等教育或阅读素养较高的人应对自动化的风险最低,因此呼吁各国都要致力于教育质量和新技能获得机会的提升,这在

---

❶ OECD. Computers and the Future of Skill Demand [M]. Paris: OECD Publishing, 2017.

❷ Jim Yong Kim. Education for Growth and Prosperity [EB/OL]. http://www.worldbank.org/en/news/speech, 2017-02-13.

❸ Mason, C., Reeson, A. & Sanderson, T. Demand for People Skills is Growing Faster Than Demand for STEM Skills [EB/OL]. http://theconversation.com/demand-for-people-skills-is-growing-faster-than-demand-for-stem-skills-86754, 2017-11-14.

❹ Patrinos, H. A. The Skills That Matter in the Race Between Education and Technology [EB/OL]. https://openknowledge.worldbank.org, 2017-03-01.

发展中国家更为紧迫。❶ "经济学人智库"（Economist Intelligence Unit，EIU）在 2017 年 9 月发布的一份覆盖全球 35 个国家或经济体的研究报告显示，在各国如何有效培养年轻一代具备未来劳动力市场所需技能方面，新西兰、加拿大、芬兰、瑞士、新加坡分列前五位，中国排第 31 名。报告分析指出，新西兰排名全球第一主要得益于大学与产业之间的密切合作以及优质的教师教育支持；新加坡排名亚洲第一的主要原因在于课程框架的设计能够较好支持面向未来的技能教育，以及在全国建立起了年轻人技能培养的综合国家战略。❷ 发达国家的先进经验为发展中国家探寻相应的改革策略提供了参考。

（四）学会学习

面对第四次产业革命下劳动力市场的快速变化，有研究者指出，对于多年以后学生需要什么技能或能力的准确预测十分困难，因此要着重培养学生的适应性技能，以帮助他们将来能够从容面对一个充满不确定性的新世界。美国《教育周刊》在 2017 年 9 月发布的特别报告"学校和工作的未来"中强调，在快速变化的职场中，获取新知识的能力是一种宝贵的技能。未来学家预测瞬息万变的职场中将会有越来越多的员工被要求在短时间内频繁更新学习，未来的雇主将更加需要灵活、适应性强、能够快速有效地吸收新内容和新技术的员工。❸ 因此，较之于"学习什么"，培养"学会学习"的能力显得更为重要。

三、更加注重加强教育科研的对外交流与合作

国际竞争的日趋深入，使得"软实力"在构建一国核心竞争力中的重要作用日益凸显。如果说硬实力对于综合国力的促进作用主要体现为"推动力"（push），那么软实力则主要以"拉动力"（pull）发挥作用。❹ 作为软实力的重要组成部分，教育在国家发展中的战略价值日渐凸显。英国波特兰公关公司

---

❶ Patrinos, H.A., Kattan, R.B.& Macdonald, K.The Implication of Automation for Education [EB/OL]. https://www.baidu.com/link?url=VQ14d0_dplqQD9srq-YvRmEVr Yqb40hUfR2ArCe2lhBak9rPcslFx6IVGYuatuOjOnVeh2mDO7HRvt-BAgBuGqgDNogK8VZkSHNjIO PJSKO&wd=&eqid=dd1eb51e00047a64000000025abc6a4e, 2017-11-09.

❷ 教育快报. 国际教育动态 [J/OL]. http://www.bjesr.cn/jkyebook/201737/index.html#p=14, 2017-11-08.

❸ Education Week. Schools and the Future of Work: What Will Our Students Need to Know? [EB/OL]. https://www.edweek.org/ew/collections/schools-and-future-of-work/index.html, 2017-09-27.

❹ Nye. J. Power and Foreign Policy [J]. Journal of Political Power, 2011 (4).

(Portland）联合美国南加州大学共同发布的 2017 年全球软实力报告（*The Soft Power 30*）将教育列为衡量一国软实力的六大核心指标之一，并赋予其较高权重。[1] 在这种形势下，教育的国际交往与合作被赋予了更高的战略价值，受到世界各国的广泛关注，并在 2017 年呈现出以下两方面值得关注的变革趋势。

（一）国际留学生市场变化微妙，学生向外流动备受重视

长期以来，欧美发达国家都是全球特别是发展中国家留学生的主要流入地，在国际教育交往舞台上占据着突出的主导优势。然而随着近些年一些新兴经济体的崛起，国际教育交往格局也在新的力量制衡中发生着日新月异的变化。例如，有统计和研究表明，英国海外学生的数量出现明显减少趋势，欧洲也正在逐渐失去对非洲国家和中东地区国家的吸引力。这些外部压力加之国内劳动力市场对于学生国际交往能力日益提升的需求，引起了一些西方老牌留学目的地国家自身危机意识的增强，这使得越来越多的发达国家政府开始思考做出积极的应对和改变。除了加强本国教育的吸引力、完善相应签证和移民政策外，越来越多的国家开始注重鼓励本土学生向外流动，这也是其教育国际化战略的重要取向。

英国一直是国际学生最为青睐的留学国之一，但从世界范围来看，近些年其向外流动的学生比例已经落后于很多国家。就具有国际流动经历的本土学生比例而言，美国、澳大利亚和德国分别达到了 15%、19% 和 25%，德国更提出到 2020 年要将这一比例提高到 50%，而英国的这一比例仅有 6.6%，呈现出明显的落后趋势，这为英国促进教育对外流动提出了不进则退的紧迫形势要求。而事实上，英国国内对具备国际流动经历的学生的需求也呈现出从未有过的水平。2017 年，英国工业联合会（Confederation of British Industries，CBI）和培生集团（Pearson Ltd）的研究表明，39% 的雇主对所招收毕业生的国际文化意识不满意，47% 的雇主对他们的语言技能不满意，揭示出英国本土学生在国际素养上的诸多不足。鉴于国内外日益增长的发展需求，2017 年 11 月，"英国大学组织国际部"（Universities UK International，UUKi）启动了为期三年的"走向国际"行动计划，旨在鼓励本土学生向外流动，不断增加英国赴海外工作、学习或参与志愿服务的学生数量；计划到 2020 年，使英国本土学生向外流动的比例翻番，达到 13%；在此过程中，帮助英国学生在学业和就

---

[1] Portland, USC Center on Public Diplomacy. The Soft Power 30：A Global Ranking of Soft Power [EB/OL]. https：//softpower30.com/，2017-12-30.

业中获得更多成功。❶ 在 UUKi 的号召下，英国 50 余所大学已经签署了行动协议，致力于为学生的海外流动提供切实支持。

在加拿大，渥太华大学国际政策研究中心（Centre for International Policy Studies at the University of Ottawa）与多伦多大学蒙克全球事务学院（Munk School of Global Affaires at the University of Ottawa）在 2017 年 11 月联合发布的报告《加拿大人的全球教育：促进加拿大年轻人取得海外成就》（*Global Education for Canadians: Equipping Young Canadians to Succeed at Home and Abroad*），通过丰富的数据呈现了学生留学海外助益于国家和个人发展的重要意义，提出政府应鼓励大学生到海外留学，以增强加拿大在未来市场的占有率和竞争优势。对此，报告建议加拿大政府建立促进大学生赴海外留学的国家计划，并强调加拿大学生的留学目的地不应仅仅局限于美欧范围内的传统留学强国，而是应该进一步拓展到各新型经济体中，这将有助于加拿大建立多样化的全球贸易链。❷

此外，俄罗斯政府也在 2017 年决定将全球教育公派留学项目的执行期从 2014 至 2016 年延长到 2025 年，同时将公派留学毕业生在莫斯科和圣彼得堡的就业比例提高到 25%，为促进俄罗斯本土学生的海外流动提供强大的政策与资金支持。

（二）高技能人才竞争加剧，加强跨国科研合作成为大势所趋

2017 年 5 月，世界银行发展研究小组首席经济学家卡格拉·欧登（Caglar Ozden）等人撰文指出，高技能人才在推动知识日益走向前沿和促进经济增长方面发挥着重要作用，包括突破性创新等直接贡献。在此过程中，高技能人才的国内及跨国流动对于提高生产力至关重要。2017 年的数据显示，尽管 OECD 成员国占世界人口的比例不足 1/5，却接纳了来自全球 2/3 的高技能移民，其中 70% 集中在美国、英国、加拿大和澳大利亚四个英语国家，仅美国就接纳了流向 OECD 国家中近一半的高技能移民。这种人才会聚的不均衡性不仅体现

---

❶ Universities UK. UUKi Calls for Students to Go International: Stand Out [EB/OL]. http://www.universitiesuk.ac.uk/International/Pages/uuki-calls-for-students-to-Go-International-Stand-Out.aspx, 2017-11-02.

❷ The Globe and Mail in Canada. Canada Urged to Fund Program to Send Students Abroad [EB/OL]. https://beta.theglobeandmail.com/news/national/education/canada-urged-to-fund-program-to-send-students-abroad/article36872788/, 2017-11-08.

在国别之间，也体现在不同城市和科学领域之间，且在高端人才领域更为显著。❶ 高技能人才的集聚及一流大学、高科技企业和研究中心的伴随性汇聚，尽管有助于在"技能集群"（skill clusters）基础上更好地促进技术交流，深化劳动力市场的专业化分工，并提高互补性投入，但也显露出全球人才竞争力分布的明显不公及其在虹吸效应下可能导致的不公加剧等现实危机。为了在日趋激烈的高技能人才竞争中把握主动权，除了提高自身科研能力外，加强跨国科研合作正成为越来越多国家的战略选择，而跨国合作本身所具有的优势特点，也成为第四次产业革命时代所关注和需要的大势。正如 OECD 在《2017 年技能展望》报告中分析指出的，技能可以帮助各国融入全球化市场并专注于最先进的科技产业，从而在全球价值链中获得更大收益；而只有当技能开发与参与"全球价值链"（global value chains）同步而行时，各国才能实现生产力的最强劲增长。❷ 鉴于此，越来越多的国家加大了对跨国教育及科研合作的重视与支持力度，跨国合作能力也随之成为衡量一国综合国力的重要指标。

2017 年 2 月，日本科学技术与学术审议会国际战略委员会发布的报告显示，日本研究人员的国际流动性不足以及占据世界前 10% 的高水平论文的减少已然成为亟待解决的严峻课题，而后者问题出现的一大原因是高质量国际论文的产出滞缓。与国际相比，英国、德国的国际合著论文数量大约是日本的 3 倍，法国大约是日本的 2 倍，日本在研究的国际化方面明显落后于欧美发达国家。在此基础上，日本文部省于同年 8 月发布了《关于科学技术、学术领域的国际影响力：提升日本的国际竞争力》报告，提出 2018 年以后日本为提升自身科技与学术竞争力而需强力推进的一系列重要举措，包括对高水平的国际共同研究项目提供支持，构建致力于研究国际化的互联平台，实现基础研究机构和大学等教育研究环境的国际化，从人才培养角度出发提升年轻研究人员的国际化水平等。❸ 同年 10 月，爱尔兰宣布启动"国际学术交流项目"（The International Academic Mobility Programme），由爱尔兰高等教育局负责提供 50 万欧元资金资助 100—150 位来自爱尔兰各大学、学院和技术研究机构的学者到

---

❶ Ozden, C., Kerr, S., Kerr, S., & Parsons, C. Global Talent Flows: Causes and Consequences of High-skilled Migration [EB/OL]. http://blogs.wordbank.org/developmenttalk/global-talent-flows-causes-and-consequences-high-skilled-migration, 2017-05-31.

❷ OECD. OECD Skills Outlook 2017: Skills and Global Value Chains [M]. Paris: OECD Publishing, 2017.

❸ 教育快报. 国际教育动态 [J/OL]. http://www.bjesr.cn/jkyebook/201736/index.html#p=1, 2017-10-27.

世界各地与全球主要战略合作伙伴开展合作,以期通过加强国际合作促进爱尔兰高等教育的发展,并更好地应对全球性挑战。❶

需要指出的是,从澳大利亚教育研究委员会(Australian Council for Educational Research,ACER)从2016年发布的《绘制研究人员的流动情况:对APEC经济体内研究合作的测评》报告中可以看出,只有在中国和俄罗斯,检索到的所有出版物中不到15%是与其他APEC经济体研究者合作完成的,这一比例远远落后于其他国家或经济体。❷ 在国际化需要日益呼唤跨国合作的今天,这一问题亟待引起两国与相关研究机构的重视。

四、更加注重教师队伍的稳定发展与能力建设

随着对教育质量要求的普遍提高,教师作为保障教育质量的核心要素也受到越来越多的关注。然而,2017年全球教师队伍发展现状却显露出诸多问题,突出表现在以下三个方面。

一是教师短缺状况日益严峻,教师岗位吸引力降低。美国学习政策研究所(Learing Policy Institute,LPI)曾在2016年的一份研究报告中预测,到2018年全美每年的教师缺额将达到11.2万名;❸ 2017年该研究所的最新研究报告显示,美国教师短缺情况依然严峻。为了解决教师短缺问题,全美有超过10万名不符合资质的教师进入课堂。在教师短缺现象引起人们逐步关注新教师招募问题的同时,该研究却发现90%的岗位空缺源自教师离职,其中一部分是由于退休,但高达2/3的教师离职是由于其他原因,包括缺乏行政支持、薪资收入低、对测试和问责压力不满、缺乏晋升机会以及对工作环境不满等。研究同时发现,教师的高流失率对学生成绩产生了较大危害,由缺乏经验或资质的教师填充岗位空缺更是对学生学习带来了诸多负面影响,受损害的最终是学生和国家利益,因此遏制教师流失迫在眉睫。为此,报告呼吁美国联邦、州和学区的政策制定者应该认真考虑改善与教师流失有关的关键因素,包括薪酬、教

---

❶ Department of Education and Skills of Ireland. Minister Bruton and Minister Mitchell O'Connor Announce New Fund to Increase Collaboration with Global Universities [EB/OL]. https://www.education.ie/en/Press-Events/Press-Releases/2017-Press-Releases/PR2017-10-02.html,2017-10-02.

❷ Radloff, A. Mapping Researcher Mobility: Measuring Research Collaboration Among APEC Economies [M]. Singapore: Asia-Pacific Economic Cooperation, 2017.

❸ Sutcher, L., Darling-Hammond, L., & Carver-Thomas, D. A Coming Crisis in Teaching? Teacher Supply, Demand and Shortages in the U.S. [M]. Palo Alto, CA: Learning Policy Institute, 2016.

师培养与支持以及教学条件等。❶ 在英国，教师岗位的空缺数量自 2015 年以来增长了将近 1/4，使得 2017 年教师增补危机加重到令人担忧的地步。2017年 9 月开学季，英国有 30 万名学生面临着没有固定教师的窘境。有分析人士指出，依据来自英国 1/4 学校的数据推算，该学期初即有 13969 个教师空缺岗位，比 2015 年 9 月增长了约 24%。英国教师工会以及学校联合会的负责人表示，政府一直拒绝承认这一问题，主管部长们没有制定解决问题的清晰计划，政府对于当前及未来教师需求的分析也存在严重缺陷，这不仅加深了英国教师招聘及留任危机，也给英国儿童教育发展带来了更多挑战。该机构对 1800 余名教师开展调查显示，有 2/3 的受访者表示他们正在考虑在三年内离职，这表明教师流失与短缺问题在未来将进一步加剧；过重的工作量、较低的工作干劲儿、持续降低的薪资等都是这一结果出现的重要原因，而政府对公共支出的削减则导致这一情况变得更糟。一方面，教学岗位不能吸引足够多的毕业生；另一方面，学校则要想方设法留住现有教师，由此带来的重重压力使得学校不得不采取应急举措。其造成的局面便是，有超过 60 万名学生正在接受不具备相应资质的教师授课，有 50 万名小学生在超大班额中学习，凸显出英国教师岗位短缺对学生学习发展所带来的不利影响。❷ 尽管英国教育部并不全然认同上述调查结果，但也意识到挑战的存在，并在一定程度上加大了对教师发展的投入。英国议会下院的教育特别委员会（Education Select Committee）则呼吁政府制定长期规划，为解决教师短缺问题特别是减少教师离职现象做出更积极的努力；同时呼吁政府停止对学校施压，让学校有时间支持教师的专业发展，而不是被不停出台的各种政令所打扰。在德国，随着 2010 年的教师退休潮和 2015 年的难民潮爆发，其教师短缺危机愈演愈烈。截至 2016 年底，德国中小学教师缺口至少有 4 万人，即约 30 万中小学生没有足够教师授课，其中教授数学、计算机、技术、自然课等学科的小学教师尤为紧缺。❸ 2017 年新学期开学之际，教师短缺问题有增无减。各地都表示招不到足够数量的教师，特别是小学教师队伍缺口尤为明显。不仅新教师招收困难，而且全德特别是德国东部

---

❶ Carver-Thomas, D. & Darling-Hammond, L. Teacher Turnover: Why It Matters and What We Can Do About It [M]. Palo Alto, CA: Learning Policy Institute, 2017.

❷ Pells, R. UK Teaching Vacanicies 'Up Nearly a Quarter Since 2015' [EB/OL]. http://www.independent.co.uk/news/education/education-news/uk-teaching-vacancies-rise-quarter-2015-classes-schools-pupils-a7930856.html, 2017-09-05.

❸ 冯雪珺. 德国中小学教师缺口大 [N]. 人民日报, 2017-08-02.

地区现任教师队伍平均年龄普遍偏大所潜藏的退休潮，❶ 以及据预测德国学生数量的持续增长，❷ 则从不同层面预示着德国教师队伍可能面临的青黄不接局面及更为严峻的师资短缺问题。❸ 很多联邦州不得不招收大量未受专业师范培训的跨行教师以弥补缺口，或以返聘退休教师、从文理中学借调、缩短见习期、降低录用标准等不同方式应对危机，这些举措在缓解燃眉之急的同时，也为学校教育埋下了诸多隐患。师资力量短缺，必将影响德国下一代的人才培养。德国教师协会主席海因茨-皮特·麦丁格尔对此发出警告："德国教育界正在面临一场危机。"

二是教师工作压力大，身心状况堪忧。2017 年，美国教师联盟（American Federation of Teachers，AFT）和犀利教师协会（Badass Teachers Association，BATs）对近5000名教育工作者的工作生活质量调查显示，大约2/3（61%）的教育工作者"总是"或"经常"感到工作充满压力，这一比例是其他劳动者的两倍。27%的教育工作者表示他们曾受到威胁、欺辱或困扰（这一比例在其他劳动者中仅有7%），其中35%的受访者将源头指向校长、管理者或监督者，50%将源头指向学生。同时，大多数受访者都感到不被美国教育部部长（86%）、媒体（61%）及州和联邦政府官员（59%）尊重，这也造成了他们在工作中带有低落情绪，而这显然不利于教学。调查显示，教育工作者的压力有增加趋势。在 2015 年的调查中，有 34% 的受访者表示他们的精神健康在过去一个月的七天或更长时间中都处于"不好"状态；而在 2017 年的此次调查中，这一数字攀升至 58%。报告指出，在行政管理者与教师之间建立紧密的合作关系，有助于减轻教育工作者的压力以促进学校和教育发展。❹ 在德国，师资力量的严重不足直接导致了在岗教师工作负担的加重。慕尼黑工业大

---

❶ 比如柏林，有超过一半的教师年龄在 50 岁以上。根据萨克森州教育部门的预测，超过一半的教师将在 2026—2027 学年退休。从 2006 年起，德国每年退休教师人数在 18000以上，2010 年更是逐年递增迎来退休高峰。

❷ 德国各州文教部长联席会议在 2013 年曾预测，2025 年德国的学生总数为 724 万。但 2017 年德国学者克劳斯（Klaus Klemm）和迪尔克（Dirk Zorn）却预到 2025 年德国学生总数会达到 826 万，到 2030 年还会继续增加到 859 万。两者之间存在将近 100 万的差距。两位学者指出前者的预测未曾料到难民潮的爆发，所以导致了结果偏差。他们认为学生数量增长所引发的首要问题就是巨大的师资缺口。

❸ 德国《明镜》周刊网站. 德国面临严重的教师短缺危机 [J]. 廖圆圆, 编译. 世界教育信息, 2017（22）：74-75.

❹ The American Federation of Teachers, & The Badass Teachers Association. 2017 Educator Quality of Work Life Survey [EB/OL]. https：//www.aft.org/2017-educator-quality-life-survey, 2017-10-30.

学预防医疗和运动医学中心于 2017 年 6 月公布的一项调查显示，40% 的德国小学教师长期生活在过度疲劳和筋疲力尽的工作状态下，并承受重压。❶ 由此导致许多教师因健康原因不得不提早退休，进一步加剧了德国教师数量紧缺的局面，形成了不良循环。在日本，文部省于 2017 年 4 月发布的上一年度日本教师工作实况调查结果显示，每周加班时间超过 20 小时的初中教师达 57.7%，小学教师达 33.5%，都超过了国家"过劳死警报线"。相比上一次的 2006 年调查，日本教师的平均工作时间攀升明显。报告认为，这一情况出现的主要原因在于课外活动指导与课堂时间的增加。❷

三是教师教育教学能力有待提高，特别是新教师教学准备度备受关注。大量研究已经表明，作为学校层面影响学生学习成果的最重要因素，教师必须为教学做好足够的准备，方能更好地帮助学生学习。随着国际教育已从关注教育的获取转向教育质量和学习，教育决策者和其他利益相关者对如何提高教师能力提出了愈发迫切的渴求。为此，2017 年联合国教科文组织国际教育规划研究所（International Institute for Educational Planning，IIEP）组织了全球在线研讨会，对提高教师教育和学生学习成果的关键问题进行集中讨论。❸ 同年 2 月，OECD 发布《教学知识与教学职业不断变化的特征》报告指出，"具备高资质与能力的教师"是确保教育体系公平有效的基础，这需要以高层次的教学知识为保障促进教师教学能力的提高。❹ 随着新知识的不断涌现与分享，教师拥有的高度专业化知识不断变化更新，教师的教学能力也同时受到来自各方的更高、更复杂的期望与要求，这不仅需要教师加强自身修养，也亟待各国不断完善有助于教师职前、入职及专业发展的相关政策，其中新教师的能力建设更是备受关注。据 OECD 在 2017 年 5 月发布的"教学与学习情况国际调查"（Teaching and Learning International Survey，TALIS）显示，在其成员国中具有不超过三年工作经验的新教师在教师队伍中的平均占比达到 10%，其中葡萄牙（1%）、意大利（3%）、西班牙（3%）的新教师比例最低，新加坡的新教师比例最高（30%），英格兰次之（16%）。OECD 认为，一些国家相对较高的

---

❶ 冯雪珺. 德国中小学教师缺口大 [N]. 人民日报，2017-08-02.
❷ 日本教师工作时间超过"过劳死警报线"[EB/OL]. 李冬梅，编译. http://www.bjesr.cn/gjjyxx/2017-05-24/29346.html，2017-04-29.
❸ International Institute for Educational Planning of UNESCO. E—Seminar 2017：Transforming Teacher Education to Improve Learning Outcomes [EB/OL]. https://learningportal.iiep.unesco.org/en/forum/transforming-teacher-education-to-improve-learning-outcomes，2017-06-02.
❹ Guerriero, S. (ed.) Pedagogical Knowledge and the Changing Nature of the Teaching Profession [M]. Paris：OECD Publishing，2017.

新教师比例可以在一定程度上反映出其在吸引潜在教师投身教职方面的现有政策更为成功，这可能与更高的教师职业地位或其他激励措施、整体供需问题或其他因素有关。在充分肯定了新教师入职准备颇具重要性的基础上，调查从所教学科的教学内容、教学法与课堂实践三个领域，对新教师和有经验教师是否感到自己已做好教学准备的问题进行了比较，结果发现多数教师都对此表现出较高自信。但两个教师群体之间仍存在差异，主要表现为新教师更倾向于认为在教学内容上做出了更好的准备，而教学法则是多数国家中两类教师群体间准备度差异最大的领域；这表明在一些国家，由于缺乏职前和在职培训，新教师可能需要更多的支持以发展有效的教学法策略。这份调查揭露出在许多国家和经济体中，教师教育机构都过于强调学科内容知识，而忽视了诸如教育学、一般教学法或教育科学与跨学科领域新知识等教师必备知识。因此，教师教育课程改革需要以基于证据的研究为引领，以期使潜在教师在教学法、课堂实践、学科内容等领域都具备充足的知识。同时，相对于通过职前培训培养各方面准备充足的教师，从新教师进入课堂的第一天直至其整个职业生涯，都为他们提供能够作为专业学习者持续成长与发展的环境，对于提高教育质量才具有更现实的重要意义。❶ 2017年9月日本文部省发布的"2016年度学校教师统计调查结果"中期报告书显示，日本公立小学和初中教师的平均年龄呈现逐年下降趋势，这主要源于在大批教师退休背景下，年轻教师的增补录用规模不断扩大，从而导致教师队伍的年龄结构逐步凸显出不均衡性，并易于使年轻教师因经验不足而引发一系列潜在问题，如备课时间拉长、教师工作压力加大等，亟待引起各方关注，及时采取措施帮助年轻教师更好地积累经验，适应岗位所需。❷

世界银行"全球教育实践"高级主管杰米·萨维德拉（Jaime Saavedra）于2017年10月撰文指出，尽管科技手段越来越多地涌入教室，但教师依然位于教室的中心，正如诸多关于教师质量提升效果的研究明确指出：好的教师能带来一切不同。❸ 因此针对上述问题，各国纷纷展开多重举措稳定教师队伍并

---

❶ OECD. Teaching in Focus #17：Do New Teachers Feel Prepared for Teaching？[M]. Paris：OECD Publishing, 2017.

❷ 日本发布"学校教师统计调查"中期报告书［EB/OL］. 李冬梅，编译.http：//www.bjesr.cn/gjjyxx/2017-10-16/30492.html, 2017-09-14.

❸ Saavedra, J.Pending Homework：More Teachers Who Inspire［EB/OL］. https：//www.baidu.com/link? url=_ BGsza3DIOcC91-p2JIgWJvp30K4Sgw-hQ8AXu2-k1Mcg HTiJskC1Apz3 sUylOxiqlk51 yEDZ 7z0x8XSci7Rc2uFS4YKsc_ N_ 9dAVROhGMA-j-dWDMQU dMFUEV4e4Xoa&wd = &eqid = fc5ad 7b00000 adda000000035ab80877, 2017-10-07.

促进教师能力建设。从整体而言，主要包含以下几个方面。

（一）完善教师选拔招聘机制

从长远来看，稳定教师队伍、提高教师能力及其工作积极性的关键在于吸引有能力且有动力的人从事这一职业。对一些教育质量较高的国家或地区的研究发现，其优选的教师队伍功不可没。例如，韩国学习教育学的学生来自高中毕业生中位于前10%的学生，其中只有5%的报考者能够通过教师职业的招生考试；新加坡、日本等国的情况同样如此。可见，面对教师数量短缺危机，相对于各种吸纳缺乏专业资质的人员补充缺口的做法，如何招到合格且优质的师资显然更触及改革的根本。为此，许多国家做出了不懈努力。例如，2017年初，澳大利亚维多利亚州教育部即宣布，将通过提高高中毕业考试成绩的要求对希望注册本科"教学课程"的学生实施更严格的准入标准，其大门只为高中毕业生中最优秀的那30%学生开放，以期吸引最好的教师到学校任教，从而促进该州学生成绩的提高。除此以外，该州教育部还要求这些学生在升入大学前参加一项全新的必考测试，对他们是否具备胜任教师职业的非学术能力（如问题解决能力、同理心、领导力等）做出评估。此举获得了来自各界的支持，但也有教育人士认为，如果新评估标准的实施不辅以各种可选的准入计划，那么它很有可能给该州教师队伍带来毁灭性打击，并最终加剧教师短缺、班额变大等恶果。在英国，2017年11月教育部宣布其与全国教学与领导力学院（National College for Teaching and Leadership，UCTL）将组建一个新部门，旨在通过协同合作，吸引最优秀和最有能力的专业人员加入教师队伍，并为教师职业生涯的各个阶段提供支持。[1]

虽然教师选拔制度非常重要，但OECD在2017年3月发布的《PISA关注：表现卓越国家的教师选拔与职业发展》报告也指出，世界上并不存在可以甄别并选拔最优候选者从事教学工作的简单或唯一方法，其最先遇到的困难便是如何对"好教师"进行准确界定。诚然，具有所教学科领域的深厚知识积淀、掌握课堂管理技巧及致力于帮助学生学习等都是成为教师的先决条件，但这些要素已不足以满足教师日益增加的角色需求。在当今飞速变化的世界中，教师还被期望能够教育多元化的学生群体、适应新的技术与课程变革，且

---

[1] Department for Education of UK. Plans to Further Boost Teacher Recruitment and Development [EB/OL]. https：//www.gov.uk/government/news/plans-to-further-boost-teacher-recruitment-and-development，2017-11-14.

熟悉学生在不远的将来所需要具备的技能、价值观与态度。OECD 通过分析表现卓越的国家在教师选拔与职业发展中的经验发现，选拔机制虽然可以储备更为优秀的教师后备人才队伍，但并不能确保学生具有良好表现。一些国家为进入教学培训项目或开始教学工作而设的竞争性考试可以构建一个精选的后备教师人才库，甚至有助于促使教学工作成为一个享有社会盛誉的职业。然而在教师短缺问题严重的环境里，这些选拔机制却有可能在无意中将那些有意从事教学事业的潜在适宜候选者拦在门外。同时，在参与 PISA 的国家中，这些选拔机制与学生表现之间也没有任何可以辨别的联系。尽管表现卓越的国家采用了多种机制选拔最优秀的候选者进入教育行业，但这种充满竞争性的选拔要求在一些表现不佳的国家同样存在，这表明早期筛选尽管十分重要，但并不足以确保建立一支高水平的教学队伍。❶

（二）为教师减负并提高薪酬以留住教师

为了解决师资短缺的问题，除了从入口关完善教师选拔机制以期为未来教师队伍储备充足的优质力量外，各国还基于对教师离职原因的分析，立足"如何更好地留住现有教师"着手做出改进。芬兰、新加坡等教育卓越国家的经验纷纷表明，教师队伍的高水平建设，首先需要全社会都将教师看成是一项受尊敬并富于挑战的职业，进而确保教师工资水平能使其全心投入学生，而不必担忧去挣取额外收入以补贴生活，这为相关改革提供了方向。

2017 年 7 月，OECD 发布的第 53 期《教育指标关注》聚焦于教师工资问题，强调工资在留住教师方面发挥着重要作用。教师工资越高，其离职的可能性越小。然而 2005—2014 年的数据显示，许多国家的教师薪酬都呈现出明显下降趋势，如英格兰和葡萄牙的学前、小学和中学教师工资降幅超过 10%，希腊的降幅更是达到 30%。与此同时，教师实际工资普遍低于同等学历其他劳动力的现状也令人担忧。从 2014 年 OECD 成员国的平均水平来看，较之于接受过高等教育的 25—64 岁全职、全年就业劳动者而言，学前、小学、初中和高中教师的实际工资仅分别达到前者实际工资的 74%、81%、85% 和 89%。

---

❶ OECD. PISA In Focus #70: What Do We Know About Teachers' Selection and Professional Development in High-performing Countries? [EB/OL]. http://www.oecd-ilibrary.org/education/what-do-we-know-about-teachers-selection-and-professional-development-in-high-performing-countries_87acdc87-en, 2017-03-21.

在信息可得的几乎所有国家，教师的实际工资都低于受过高等教育的工作者的工资。❶ 诸多研究纷纷指出，教师工资偏低的现状已然构成教师离职加速并加剧师资短缺问题的重要原因，亟待各国政府重视和改变。为此，许多国家开始注重改善教师工资待遇。例如，2017年8月，美国华盛顿哥伦比亚特区市长、华盛顿哥伦比亚特区公立学校校长和华盛顿哥伦比亚特区教师工会共同宣布了一项新合同的初步协议，旨在大幅提高公立学校教师的工资，同时还将为特区教育预算增加额外资金，这成为特区历史上相关领域的最大承诺。该合同重视为教师创造积极的工作环境，提供成长机会和薪酬，以鼓励特区公立学校教师安心从事教师工作。❷

此外，教师工作压力过重也在主观和客观层面共同导致了教师的离职意愿，为此，许多国家也加强了对于在职教师身心健康状况的关注与保护。例如，在日本，为遏制教师濒临"过劳死"警戒线的危机，东京都教育委员会于2017年11月发布了"学校工作方式改革推进计划（暂称）"中期报告书，明确东京都教育委员会将从确切掌握教师在校时间、精简教师业务内容、完善教师人事机制、减轻教师课外文体活动指导负担、构建教师工作生活协调发展的和谐环境五大层面深化学校工作方式改革，以期确保每一位教师身心健康，为提升学校教育质量创设能令教师安心、积极投入工作的良好环境。❸

（三）以标准建设促进教师职业发展

在各国对教师能力建设提出迫切需要和更高标准的今天，如何界定"好教师"受到了普遍关注，对教师能力发展制定目标或标准随之成为各国教育政策的重要议题。例如，2017年美国研究学会（American Institutes for Research，AIR）卓越教师及领导者中心（Center on Great Teacher and Leaders）对已获得国家专业教学标准委员会（National Board for Professional Teaching Standards，NBPTS）认证的卓越教师开展了广泛调研，向他们了解教师职业生

---

❶ OECD. Education Indicators in Focus No. 53：How Have Teachers' Salaries Evolved and How Do They Compare to Those of Tertiary-educated Workers？ [EB/OL]. https：//www.oecd-ilibrary.org/docserver/b5f69f4c-en.pdf?expires=1522517557&id=id&accname=guest&checksum=DB7644B6C552711EB9234DFACB489B61，2017-07-07.

❷ District of Columbia Public Schools. Mayor Bowser, DC Public Schools, and the Washington Teacher Union Announce New Contract [EB/OL]. https：//dcps.dc.gov/release/mayor-bowser-dc-public-schools-and-washington-teachers-union-announce-new-contract，2017-08-14.

❸ 东京都．出台新政以扭转教师"过劳死"工作现状 [EB/OL]. 李冬梅，编译．http：//www.bjesr.cn/gjjyxx/2017-12-15/31287.html，2017-11-09.

涯发展中最为重要的支持或经验，发布了题为《从优秀走向卓越的原因调查：模范教育工作者认为对自己最重要的学习经验》的报告，反复强调了向卓越教师学习的重要性，从经验角度呈现了"好教师"的塑造标准。❶ 同年7月，东京都教育委员会发布了《东京都公立学校校长、副校长以及教师资质提升相关指标》，为促进教师根据自身职业生涯的不同阶段实现贯穿终身的能力提升提供了依据，以期培养出充分热爱教师事业、拥有丰富人性与关怀他人之心、能够激发儿童潜质并富有责任感的教师。在此基础上，该委员会在10月发布"2018年东京都教师研修计划"，提出通过"在职培训"（On the Job Training）、"脱产培训"（Off the Job Training）和"自我提升"三项举措实现上述目标。同年9月，联合国教科文组织在多哥首都洛美举办了"教育2030国际教师特别工作小组第十届国际教师政策对话论坛"（10th International Policy Dialogue Forum of the International Task Force on Teachers for Education 2030）。此次论坛以"教学：一项职业"（Teaching：A Profession）为主题，针对教师职业所需知识与技能在国家、区域和国际层面的经验以及教师行为准则等问题展开了集中讨论，为促进各国更好地应对师资短缺和提升教师专业品质等挑战打开了思路。

此外，教师资格认证作为教师卓越教学工作的专业标志，在保障教师能力标准建设方面也受到了越来越多的关注与强调。例如，2017年年初，美国天普大学费城校区和费城教师联合会宣布联手重建"国家教师支持计划"（National Board Teacher Support Program），旨在通过为后备教师提供指导、奖学金及其与已认证教师的协作机会等举措，更好地在本地区落实优秀教师的国家认证制度。❷ 同年9月，美国内华达州教育厅实施了一项支持国家认证（National Board Certification）的新项目，计划在两年内为该州国家专业学习机构委员会（Nevada National Board Professional Learning Institute）提供超过70万美元的经费以促进教师成为领导者和学习者，借此为国家教师认证制度下的教师专业学习与发展创建一个全州范围内的新模式，从而进一步扩充内华达州现

---

❶ Center on Great Teachers & Leaders at American Institutes for Research. Investing in What It Takes to Move from Good to Great：Exemplary Educators Identify Their Most Important Learning Experiences ［EB/OL］. http：//www.gtlcenter.org/sites/default/files/Invest_ Good_ to_ Great.pdf，2017-05-30.

❷ College of Education in Temple University. Temple University, the School District of Philadelphia and the Philadelphia Federation of Teachers Partner to Launch National Board Certification Support Program ［EB/OL］. https：//education.temple.edu/news/temple-university-school-district-philadelphia-and-philadelphia-federation-teachers-partner，2017-04-19.

有国家认证教师的队伍规模,并为教师提供专业学习与支持,使其能够更好地满足学生需要。❶

(四) 加强教师队伍建设的数据和调研支撑

随着大数据时代的深入,在调研和数据基础上了解教师队伍发展现状并探寻合理的改革路径正成为越来越多国家的共同行动。2017年教育国际(Education International, EI)启动了一项广泛的、开创性的全球调查旨在探讨全球范围内教师的发展现状和国际看法。这项每三年进行一次的教师地位调查将有助于厘清关于教师专业化的发展现状,并为所提出的建议提供论据。❷ 同年8月,美国数据质量运动(Data Quality Campaign)在一份名为《运用数据确保新教师是准备好的学习者》的政策简报中指出,州教育机构早已对诸如教师资格证书、教学地点、学生成绩提升情况等教师相关信息进行了采集,但是这些信息并没有与师资培育机构(educator preparation providers)进行持续共享,这不仅阻碍了师资培育机构准确把握自身问题,也加大了他们不得不将有限精力投入信息收集与整理的额外负担和重复性劳动。为此,报告建议各州要通过更好的信息共享与应用来支持师资培育。该报告指出在运用数据促进师资培育机构发展方面,目前主要存在四方面的挑战,包括关于教师绩效的数据没有与师资培育机构共享、师资培育机构当前要收集的数据没有回应问题或引起行动、师资培育机构运用数据进行持续改进的能力有限、已公开的报告没有表明师资培育机构为课堂准备教师的能力。在此基础上,报告为各州政策制定提出了五点行动建议:一是采集最有助于公开和持续促进师资培育机构发展的数据;二是确保用于改进师资培育机构的与K-12教育结果相关的数据是优质的和安全的;三是面向师资培育机构用于持续改进而最迫切需要的信息,在地方教育机构、州政府与师资培育机构之间建立反馈环;四是帮助师资培育机构发展其现有文化与能力以促进持续改进;五是确保有关师资力量和师资培育机构的信息易于获取,以使K-12学校的领导、政策制定者和公众能够寻求问题的

---

❶ Shearer, N. Nevada National Board Professional Learning Institute to Support Nevada Teachers [EB/OL]. https://www.unr.edu/nevada-today/news/2017/national-board-professional-learning-institute, 2017-09-25.

❷ Education International. EI Consults Teachers Globally on Professional Status [EB/OL]. https://www.ei-ie.org/en/detail/15462/ei-consults-teachers-globally-on-professional-status, 2017-10-17.

解答并做出明智决定。❶

五、更加注重"问责"基础上的教育协同治理

2017年10月,联合国教科文组织发布《2017—2018学年全球教育监测报告——教育问责:履行我们的承诺》,指出全球教育系统在实现联合国可持续发展目标四("提供包容和公平的优质教育,让全民终身享有学习机会")的过程中,虽进展卓著,但依然面临着学习效果不佳、教育机会不足等重重挑战,而在众多解决方案中,加强问责成为首选。《教育2030行动框架》通篇可见"问责"(accountability)一词,可见联合国教科文组织及国际社会对于通过追踪评估职能促进和监测教育进展的高度重视。

这里的"问责"被定义为一种旨在帮助行动者履行责任并达成目标的过程,基于法律、政治、社会或道德上的原因,教育行动个体或机构都有义务报告其责任履行情况。该报告强调问责不能轻易指向某个单一主体,因为作为一项集体事业,可持续发展目标四的达成需要所有行动者共同努力履行责任,这包括各国政府、学校、教师、家长与学生、国际组织、私立机构等众多利益相关体,当然政府是问责的首要主体。如果政府将责任推卸给别人,那么就逃避了自身建立强大、支持性教育制度的责任。报告指出,一个有效的问责体系必须有可靠的、目标明晰的教育规划作为基础,有开放的、富有意义的咨询机制作为保障,并建立开放透明的信息公开机制以及相应的法律和监管途径。

基于对问责重要性的高度肯定,报告审视了不同主体为达成可持续发展目标四所应履行的责任,包括规定、测试、监测、审计、媒体监督、基层运动等,并由此指出,问责机制设置是否合理直接关系到问责实效的达成,因此问责方式十分重要。例如,没有证据表明根据考试分数惩罚学校能够提高学生成绩,相反,基于成绩或狭隘绩效标准的问责制很有可能会助长学校的"钻空子"(game the system)行为,给学习带来消极影响;而市场化问责方法也易于创造竞争压力,给处于弱势地位的家长和学校带来更多的不利影响。❷

联合国教科文组织总干事伊琳娜·博科娃(Irina Bokova)表示,教育发

---

❶ McCabe, K. Report. States Can Support Continuous Improvement of EPPs Through Better Data Sharing [EB/OL]. http://edprepmatters.net/2017/08/report-states-can-support-continuous-improvement-of-epps-through-better-data-sharing/, 2017-08-08.

❷ UNESCO. Global Education Monitoring Report 2017/2018: Accountability in Education: Meeting Our Commitments [M]. Paris: UNESCO Publishing, 2017: i.

展需要有明确的责任界限,且知道这些界限何时何地被突破以及需要采取何种行动来应对,这就是问责的意义。为此,报告呼吁各国政府对学校和教师建立支持性而非惩罚性的问责机制;促进民主参与,尊重媒体自由以监督教育,建立独立机构处理投诉;为公共和私人的所有教育提供者制定可信和有效的规定,确保不歧视和保证教育质量等。❶

六、更加注重教育评价的人本性与监测性

近些年来,教育评价一直是教育改革的热点领域。从世界范围来看,2017年的教育评价主要呈现出两方面的亮点:一是注重人本性,这一方面体现在评价内容更加关注学生的内在感受和学习"软环境",另一方面体现在教育评价更加关注服务学生学习需求;二是注重对于教育政策或规划的监测性评估。

(一)教育评价开始关注学生的幸福感

这突出体现在教育评价更加深入地践行以人为本的教育理念,评价内容不再一味注重学生认知能力的发展,而是开始注重考查学生在学习过程中的满意度或幸福感,并将之作为改善教育教学水平或各级政策决策的重要依据;不再一味关注学生的学业成就,而是开始有意识地将教育与学生所处的社会人文环境相联系,注重考察学生学习所得对学生现实生活和未来工作的积极影响。2017年4月19日,OECD发布了首份有关学生幸福的报告——《2015年PISA测试结果(第三卷):学生的幸福》。报告中的"学生幸福"指向学生过上快乐而满意的生活所需的心理、认知、社交和身体素质与能力,这主要通过学生在学校的表现、在学校的社交生活、其父母和家庭环境以及校外时间支配情况四个方面进行衡量。报告显示,OECD国家学生在"生活满意度"指标上的平均分达到7.31(以0—10分赋值),表明大多数学生都对生活具有较高满意度;但相比之下,各国间差距显著。在OECD中,多米尼加共和国(8.50分)、墨西哥(8.27分)和哥斯达黎加(8.21分)学生的生活满意度较高,而土耳其(6.12分)、韩国(6.36分)则排名垫底。分析表明,课业焦虑(主要源于学生所感知到的教师和学校所给予的支持程度)、校园欺凌、学校

---

❶ 教科文组织发布全球教育监测报告 强调各国政府对普及优质教育负有责任[EB/OL]. https://www.baidu.com/link?url=THPQxK-sxfGc_YIdbuppSzkqk1hEgOrjKd1CZH4OjdrUfCJloCaiCk-IJLvAEGX5pZy5BAMWgB13KUKuIJzJVK&wd=&eqid=a6d26b3c0000d53b000000035aa8e1d6.

归属感下降、沉溺网络等因素都对学生的幸福感产生负面影响；而与父母和教师保持良好关系的学生则更有可能具有更佳的学业表现，并具有更高的生活满意度。为此，OECD建议可以通过增强学生在校期间的身体锻炼、学习动机与自信，构建积极的同伴关系与师生关系，加强学校与家庭间的协作，并且为学生提供更多关于健康生活习惯的学习机会等途径进一步提升学生的幸福感。❶德国学者的相关研究同样揭示出学校和家长在提高学生幸福感方面的重要作用，但同时也指出，学生幸福感和学业能力之间尚不具有直接联系。例如，中国和韩国学生尽管学业成绩良好但幸福感却很低，墨西哥和多米尼加共和国的学生表现却正好相反。❷ 在英国，英格兰高等教育拨款委员会（Higher Education Funding Council for England，HEFCE）开展的2017年全国学生调查（National Student Survey 2017）结果显示，英国高校中84%的准毕业生（final-year）对其大学所学课程的整体质量表示满意，尤其是对教师的教学能力、学习资源、学习机会等方面给予了更多的积极反馈。HEFCE的首席执行长认为，该年评价体系中加入学习共同体、学习机会和学生声音三个新指标，及时反映了英国高校教学领域的新方法，进一步增强了该调查在收集英国高等教育领域学生经历体验方面重要数据的作用，并对相关机构如何进一步改善学生满意度评估提出了更高要求。❸

需要注意的是，在关注学生幸福感的同时，校园欺凌问题引起了国际社会的高度关注。2017年7月，OECD发布的《PISA关注》聚焦"校园欺凌问题有多严重？"，对2015年PISA测试首次收集的有关学生遭受校园欺凌的数据进行了分析，结果显示校园欺凌现象非常普遍。OECD成员国中，平均约有11%的学生称他们经常（至少一个月几次）被取笑，8%的学生称他们在学校经常成为恶毒谣言的目标，7%的学生称他们经常遭受排挤，4%的学生称他们经常被打或者被推搡，还有相似比例的学生称他们经常受其他人威胁或者其个人物品被破坏或拿走。平均而言，OECD各国有约1/5的学生经常成为以上至少一种欺凌行为的受害者。其中，男生比女生更可能被打或被推搡，女生比男

---

❶ OECD. PISA 2015 Results（Volume Ⅲ）：Students' Well-being［M］. Paris：PISA，OECD Publishing，2017.

❷ Unterberg, S. Pisa-studie zum Wohlbefinden：Wie ein Abendessen am Familientisch die Leistung der Schüler Verbessern Kann［EB/OL］. http：//www.spiegel.de/lebenundlernen/schule/pisa-studie-zum-wohlbefinden-pruefungsangst-unabhaengig-von-testhaeufigkeit-a-1143674.html，2017-04-30.

❸ Higher Education Funding Council for England. National Student Survey 2017 Results Show High Levels of Student Satisfaction and Engagement［EB/OL］. http：//www.hefce.ac.uk/news/newsarchive/2017/Name，115244，en.html，2017-08-08.

生更可能成为恶毒谣言的受害者；而在有数据的29个国家和经济体中，处境不利学校的学生往往比优质校的学生更可能遭受校园欺凌。报告指出，校园欺凌严重影响了学生的学业和身心发展。数据显示，平均约有26%经常被欺凌的学生表明他们对生活的满意度较低。对此，报告强调需要学校、教师、家长和学生的共同努力，以改善校园氛围，减少校园欺凌的发生。❶事实上，各国也采取了多种措施应对这一新兴的校园危机。例如，2017年2月挪威政府公布了旨在强化对校园欺凌"零容忍"的新法律草案，对学校处理欺凌事件提出更严格的规定，并强调给予学生和家长更多权利。3月，法国教育部公布了加强校园安全的六项新举措，包括在教育部内部成立国家危机管理中心、为教职人员提供危机应对手册等内容，以期更好营造安全、稳定、和谐的校园环境。8月，日本文部科学省发布了"运用社交网络服务（Social Networking Services，SNS）构建商谈机制的当前考虑"中期报告书，计划在2018年启动儿童学生运用SNS围绕校园欺凌等烦恼进行商谈咨询的相关机制。10月，美国纽约市教育局拨款800万美元用于开展一系列新的反欺凌举措，包括资助欺凌诉讼、开展预防和减少欺凌的社区研讨会、增强心理健康教育等，旨在为学生和家长防范相关问题提供更好的帮助，并确保每所学校都具有安全的学习环境。❷

（二）教育评价更加关注服务学生的学习需求

2017年9月，世界银行发布了首份以教育为主题的研究报告《2018年世界发展报告：学习以兑现教育承诺》（*World Development Report 2018*：*Learning to Realize Education's Promise*），指出在过去25年，教育在提高人们就业能力、生产力与健康、家庭幸福，促进性别平等与社会包容，减少暴力与犯罪、推动经济增长等方面都取得了巨大进步。但在全球很多国家，学生的阅读、数学能力以及基本生活技能仍十分落后，这种学习危机不止出现在发展中国家和低收入国家，同时也存在于中等收入国家。对此，世界银行强调，学校教育并不等同于学习，没有实现学习的学校教育，不仅是教育资源和人类潜力的浪费，也日益拉大了社会差距，放大了全球儿童和年轻人中的巨大不公，特别是严重束

---

❶ OECD.PISA in Focus No.74：How Much of a Problem is Bullying at School？［EB/OL］. http：//www.oecd-ilibrary.org/education/how-much-of-a-problem-is-bullying-at-school_ 728d6464-en，2017-07-25.

❷ New York City Department of Education. Chancellor Fariña Announces Reforms to Strengthen and Expand Anti-bullying Programs in Schools［EB/OL］. http：//schools.nyc.gov/default.htm，2017-10-30.

缚了最需要良好教育的处境不利学生的发展；没有学习，教育将不能兑现消除极端贫困和为所有人创造共享机会与繁荣的承诺。由此可见，当前全球教育发展面临的一个严峻挑战即是"如何确保学校教育带来真正的学习"。

在分析了带来这一挑战的直接原因和深层原因之后，世界银行呼吁各国要将学习而不是将教育作为优先任务，以真正兑现教育促进发展的承诺。而其策略的核心即在于加强以学习为中心的评估，不仅要找到评估适当目标的适当指标，并在合适的多层问责框架中实施评估，而且要基于证据采取行动，让学校为所有学习者服务，同时注意清除顽固的系统层面的技术与政治变革障碍，吸引和激励整个教育体系为学习服务。❶ 在英国，新任教育大臣贾斯丁·格里宁（Justine Greening）在 2017 年 9 月宣布实施帮助儿童通过初级评估制度的计划，其重点在于帮助学生成功，使其掌握读写和计算能力，并消除教师不必要的工作量。为此，政府提出了五项措施，包括在 2020 年引入新的教师介导评估（teacher-mediated assessment）以更好地追踪小学生在校期间的学习进展情况，在幼儿教育结束时检查学生的入学准备情况、在 2019—2020 学年引入乘法口诀表以帮助学生熟练学习数学等。这些措施与世界银行提出的以增强学习兑现教育承诺的倡导如出一辙。❷

（三）对教育政策或规划的监测性评估引起广泛关注

随着对教育发展重要性及教育体系复杂性的认识日益深入，如何更好地设计并落实教育改革规划受到日益增长的关注，并引起越来越多的国家、学者和国际组织投入相关理论、方法和工具的研究与开发中，形成了近年来教育改革的新兴热点。

2017 年 9 月，世界银行全球教育实践负责人、秘鲁教育部长杰米·萨维德拉（Jaime Saavedra）提出，成功的教育改革需要三个关键要素，首要一点便是必须制定经过合理精心设计的政策或规划，而一个好的改革设计必须配备评估机制，以监测政策或规划的落实是否遵循了正确的道路，考察并衡量其实

---

❶ World Bank. World Development Report 2018: Learning to Realize Education's Promise [EB/OL]. http://www.worldbank.org/en/publication/wdr2018, 2017-09-26.

❷ UK Department for Education. Helping Children Learn Through a Proportionate Primary Assessment System [EB/OL]. https://www.gov.uk/government/news/helping-children-learn-through-a-proportionate-primary-assessment-system, 2017-09-14.

施效果，从而不断完善相关改革政策。❶ 联合国教科文组织总干事伊琳娜·博科娃在谈及问责机制时也强调，所有国家都应该发布国家教育监测报告，用以阐释本国在履行教育承诺上所取得的进展，然而当前全球仅有大约一半国家能够这样做，并且其中多数国家所发布的教育监测报告都是不定期的。在她看来，这种状况显然不利于各国教育系统有效实现教育可持续发展目标，因为只有借助定期监测，才能更好地解释教育发展的证据、查明存在的问题并找到解决问题的办法。《2017—2018 学年全球教育监测报告——教育问责：履行我们的承诺》也强调，可靠的教育规划是问责的基础，它应该包含清晰的责任目标与实现路径。❷ 为了更好地收集学区或学校层面的数据以深入理解教育改革的复杂性及学生学习中的制约因素，世界银行开发了一套"改善教育效果的系统方法之服务工具"（Systems Approach for Better Education Results Service Dilivery Tool，SABER SD 工具），于 2017 年在老挝和阿富汗两国试点运用，包括支持老挝教育与体育部监测"2016—2020 发展计划"的实施等。❸ 该年年底，世界银行在官网上发布了这一完整的工具箱，为完善全球教育基础数据收集、帮助各国查明教育中的瓶颈问题、更好地监测政策实施差距等提供了新的评价服务工具。同年，澳大利亚教育研究委员会（Australian Council for Educational Research，ACER）的全球教育监测中心（Centre for Global Education Monitoring）与联合国教科文组织统计所（UNESCO Institute for Statistics，UIS）着手合作研制能够对学习结果进行全球比较并有助于各国增强学生学习监测能力的工具、方法与途径，以支持全球到 2030 年实现联合国"可持续发展目标四"这项合作研究的核心工作在于构建一套"通用学习指标"（common learing metrics），用以描绘和量化阅读与数学领域的学习进展。❹

---

❶ Saavedra, J. Three Critical Ingredients for Successful Education Reform [EB/OL]. http://blogs.worldbank.org/education/three-critical-ingredients-successful-education-reform?cid=EXT_WB-BlogSocialShare_D_EXT, 2017-09-05.

❷ UNESCO. Global Education Monitoring Report 2017/18: Accountability in Education: Meeting Our Commitments [M]. Paris: UNESCO Publishing, 2017.

❸ The World Bank. Systems Approach for Better Education Results: Strengthening Education Systems to Achieve Learning For All [EB/OL]. http://saber.worldbank.org/index.cfm?indx=5&sub=5, 2017-12-30.

❹ Australian Council for Educational Research. Learning Progression Explorer [EB/OL]. https://www.acer.org/gem/learning-progression-explorer, 2017-05-31. & Australian Council for Educational Research. ACER Contributes to the Global Alliance to Monitor Learning [EB/OL]. https://www.acer.org/gem/news, 2017-12-20.

七、结　语

　　随着经济全球化、政治多极化、文化多元化、科学聚合化的深入发展与生态危机、道德危机、安全危机、经济危机等新老问题的交织叠加，当今世界呈现出日益深刻而复杂的变化趋势，竞争与合作作为其中共同发展的两股强劲力量，以更加鲜活的姿态演绎着时代发展的主旋律。在这种国际背景下，作为提升国家（地区）竞争力的核心要素，人才和教育的基础性地位日益凸显，构成了各国（地区）发展战略的重要组成部分，并表现为多姿多样的改革路径与形态。从整体来看，公平、包容、优质、多元、国际化、信息化、可持续、面向未来等主题词正以更加丰富的内涵占领世界舞台的中心地带。随着教育改革发展日益全面和深入，各国对于教育发展规划的可监测性也给予了越来越高的关注与诉求。美国、澳大利亚、联合国教科文组织等主体作为教育规划监测的先行者，无论是在监测目标的设置，还是在监测方案的实施上，都形成了相对成熟的体系与突出特点。他山之石，可以攻玉。如何向发达国家及国际组织学习其在教育规划监测上的先进经验，以期推进首都教育规划监测机制的完善，进而更好地在国际一流的和谐宜居之都的建设过程中发挥教育领域的巨大助力，将是我们下一步深入探讨的重要问题。

后　记

北京市教育规划监测与评估虽正式起步于"十五"规划中期，距今已近15年，但严格来说，教育规划监测与评估的研究和实施仍处于探索期，理论上还存在不少争论和困惑，实践中困难重重。例如，教育规划监测与评估如何区分与结合；面对庞大而复杂的规划，如何选取和建构监测标准、监测点和监测方法；如何应对教育规划文本自身的可监测性不够强、基于规划实施的管理信息系统尚未建立、规划执行数据信息不易获取和处理的难题，等等。本研究虽试图回答这些问题，破解诸多困境，但只是一家之言和具有探索性、局部性的改进。

教育规划监测与评估的产生源于社会对现代政府教育公共服务绩效的问责和改进的渴求。随着国家和北京市的教育改革步入"深水区"，"四梁八柱"基本搭建完毕，将进入"全面施工、内部装修"阶段，对专业化、高水平的教育规划监测与评估研究将更为迫切。如果将教育规划比作教育事业改革和发展的"路线图"，教育规划监测与评估无疑承担着"记录仪"乃至"导航仪"的角色。为此，北京市教育规划监测与评估研究与实践必须尽快实现"自我更新"：一是要积极走向前台，不只参与规划执行过程中、执行终结后的监测与评估，更要在规划研制期发挥作用，增强规划的科学性和可监测评估性；二是要想方设法打破"黑箱"，通过促进教育规划管理信息系统的建立或教育决策大数据平台的建立，缓解乃至解决教育规划监测数据信息供给严重不足之困；三是要敢于创设自己的模式，兼顾科学、有效、可行，在集中深入研讨的基础上，给予各子课题更大的探索空间。

本研究还将以更大的热情持续下去，在此对给予我们长期支持的北京市教委相关领导和工作人员以及众多业界同行表示诚挚的谢意！

北京教育科学研究院教育发展研究中心

雷　虹

2018年4月